熬通宵也要读完的

大明史

覃仕勇 著

台海出版社

图书在版编目（CIP）数据

熬通宵也要读完的大明史 / 覃仕勇著. —北京：
台海出版社，2019.7（2020.3重印）

ISBN 978-7-5168-2377-4

Ⅰ.①熬… Ⅱ.①覃… Ⅲ.①中国历史—明代—通俗

读物 Ⅳ.①K248.09

中国版本图书馆CIP数据核字（2019）第124700号

熬通宵也要读完的大明史

著　　者：	覃仕勇		
责任编辑：	员晓博	装帧设计：	仙　境
版式设计：	马宇飞	责任印制：	蔡　旭

出版发行：台海出版社

地　　址：北京市东城区景山东街20号　　邮政编码：　100009

电　　话：010-64041652（发行，邮购）

传　　真：010-84045799（总编室）

网　　址：www.taimeng.org.cn/thcbs/default.htm

E-mail：thcbs@126.com

经　　销：全国各地新华书店

印　　刷：三河市嵩川印刷有限公司

本书如有破损、缺页、装订错误，请与本社联系调换

开　　本：710mm×1000mm　　1/16

字　　数：282千字　　　　　　印　　张：19

版　　次：2019年8月第1版　　印　　次：2020年3月第2次印刷

书　　号：ISBN 978-7-5168-2377-4

定　　价：48.00元

序 言

  中国古代诸王朝中，我研究得比较多的就是大明王朝。

  关于大明王朝方面的著作，我已经写了好几本。但除了一本《是谁在抹黑明朝》外，其他如《奏折上的晚明》《大明末世乱象》《明灭》，以及近期正在着手写的《戚家军》，主要侧重于写晚明和明末。

  这本《熬通宵也要读完的大明史》所要讲述的，却是整个大明王朝中的大事、要事和好玩的事。

  但也因为此前写过太多明朝中后期事件，所以，本书明显偏向于明朝前期的事件。

  当然，这不是主要原因。

  最主要的原因，还是明初历史格外精彩。

  明太祖朱元璋出身贫寒，家无立锥之地，无背景可依，父母早死，自己当过和尚，做过乞丐，从社会最底层崛起，削平海内群雄，结束元朝的统治，完成了千古未有之人生大逆袭，这里面有太多的传奇色彩，有多太令人回肠荡气的东西。

  登上帝位后的朱元璋，放言"天为民而生君，君为民而职臣"，不忘农家子弟本色，以民为本，提出"为治以安民为本"的治国理念，制订出一系列"保国之道，藏富于民"的方针，取得了令人瞩目的成就。

更难能可贵的是，继明太祖朱元璋之后，明成祖朱棣、明仁宗朱高炽、明宣宗朱瞻基以及明孝宗朱祐樘等多位皇帝都能沿袭同一理念治国，大明王朝因此"治隆唐宋"，力压其前面由蒙古人建立的元朝和后面由满人建立的清朝。

所以说，大明王朝的历史很精彩，但明初开国、治国的历史更精彩。

当然，除了细说明初开国、治国的传奇，本书还着力拨开历史迷雾，剖析和还原发生在大明历史上的众多历史迷案。

如一代枭雄刘福通的死亡之谜、天完皇帝徐寿辉的能力辨析、朱元璋有无产生过降元的心思、明初四大案的来龙去脉、刘伯温神算之名的得来、耿炳文的生死之谜、满仓儿谜案、明武宗身世之谜等等。

另外，对明朝的文臣武将及奇人异士如于谦、如俞大猷、如王世贞、如徐文长，以及徐霞客等等也着力作专门的刻画，力求把一个大明王朝的世情风貌展现在读者眼前。

目 录

第一章 元末形形色色的枭雄 / 1

◎一代枭雄刘福通的死亡之谜 / 1

◎天完皇帝徐寿辉是个草包 / 4

◎方国珍一心为寇，无心称王 / 7

◎混世恶魔陈友定最后成了元朝的"忠臣" / 9

◎郭子兴生前对朱元璋呼来喝去，死后封王 / 13

◎察罕帖木儿来势太猛，朱元璋差点要降 / 18

◎杨完者和察罕帖木儿忠心耿耿，却被元廷出卖 / 23

第二章 乱世中的将帅 / 27

◎濠州分家，朱元璋带走的二十四人发展如何 / 27

◎世间谬传：从共吃一头牛到赏赐一只鹅 / 30

◎常遇春的死，有些蹊跷 / 34

◎郭英为功臣中武力最高者，曾箭射陈友谅 / 40

◎邓愈十六岁即为万人首领 / 43

◎廖永安被擒，本有生机，却被朱元璋掐灭 / 45

◎云南沐王府，大明朝永远的藩篱 / 50

第三章　明初奇案疑云 / 54

◎李善长年纪这么大，背叛朱元璋了吗 / 54

◎胡惟庸死得很冤吗？其实他死有余辜 / 59

◎明初大将蓝玉做的那些龌龊事 / 62

◎官员携带空印文书，朱元璋为什么这么生气? / 66

◎朱元璋拜刘伯温为相，刘伯温为何要推辞 / 71

◎刘伯温生前已有神算之名，但他本人很反感 / 76

◎朱元璋大封功臣，名列末位的刘伯温感激涕零 / 79

◎刘伯温属自然死亡，朱元璋却编造出谋杀的说法 / 84

第四章　功臣如此凋零 / 91

◎朱文正被鞭杀是因为叛逆造反吗 / 91

◎因为阴私被朱元璋侦知，李文忠惊惧致死存疑 / 97

◎傅友德学萧何买田自污，仍逃不过朱元璋的屠刀 / 101

◎廖氏双雄对朱元璋忠心耿耿，却先后被卖 / 106

◎王弼百战百胜，却无端被朱元璋赐死 / 109

◎朱元璋忍冯胜忍了二十六年，终于痛下杀手 / 112

◎周德兴全家被斩，理由是他儿子调戏宫女 / 115

◎朱亮祖祸乱地方，死有余辜 / 117

◎耿炳文领兵平叛，最终生死成谜 / 119

第五章　朱元璋治国 / 124

◎朱元璋奖励天下孝子，却有一"孝子"被罚惨了 / 124

◎朱元璋对底层士兵感情有多深 / 128

◎功臣贪新厌旧，朱元璋怒而将之革职 / 130

◎朱元璋杀了胡大海之子吗 / 133

◎朱元璋杀尽岳父郭子兴的儿子吗 / 137

◎明初兴起活人殉葬是朱元璋精心设计的吗 / 141

第六章　靖难之变中的人 / 146

◎建文帝说过"毋使负杀叔父名"之类的蠢话吗 / 146

◎建文帝真死于靖难之役了吗 / 151

◎此妖僧，播乱天下成大业，毁誉参半 / 153

◎朱元璋给建文帝留下此良臣猛将，可惜用废了 / 156

◎朱元璋物色了两个人助建文帝削藩，可惜建文帝

　没用好 / 159

◎两个好朋友相约为故主殉难，结局各异 / 162

◎"意外"死亡的驸马爷 / 164

◎此人已入"奸臣"之列，却得一再重用 / 166

第七章　明君与昏君 / 169

◎这一军事重镇，明朝十四任皇帝亲自镇守 / 169

◎小时候被当成女孩子养，长大后成为中兴之主 / 175

◎万贵妃性格前后为何大异 / 179

◎《明实录》有抹黑明武宗吗 / 185

◎宁王说明武宗朱厚照不是朱家的血脉，可信吗 / 188

◎名臣杨廷和有没有谋杀明武宗嫌疑 / 193

◎豹房是不正经场所？它其实很正经 / 201

◎官员眼里的桀纣，却是百姓心中的尧舜 / 204

◎为什么说明朝是中国历史上最刚烈的王朝 / 206

第八章　名臣与佞臣 / 211

◎人人都说于谦是忠臣，但皇帝还是要冤杀他 / 211

◎俞大猷弃文练武，横挑少林寺 / 214

◎晚明名将陈璘，辟土开疆功盖古今 / 215

◎手杀倭国三大悍将的李如梅，威名淹没于史册 / 217

◎熊廷弼：身兼文、武两科解元的牛人 / 219

◎汪乔年遭李自成五牛分尸 / 221

◎曹化淳本可拯救国运，惜被分解 / 224

◎吴三桂献关对清朝的贡献真那么巨大吗 / 227

◎皇太极真有施反间计以除掉袁崇焕吗 / 233

第九章　奇人异士 / 240

◎两朝皇帝亲自过问的满仓儿案 / 240

◎山寨皇后王满堂 / 246

◎两高官子弟的生死搏杀 / 249

◎才情盖世的徐文长，却杀妻自残，潦倒一生 / 250

◎义仆王环义薄云天 / 255

◎徐霞客单靠"穷游"走遍了半个中国吗 / 257

◎英军舰队竟遭明军肆虐 / 261

◎要与袁崇焕同死的义士后来怎么样了 / 264

第十章　忠臣义士 / 269

◎浑河血战，戚家军的余响 / 269

◎天下将亡，郑成功拔剑而起 / 277

◎焦琏以三百骑破清兵数万，居南渡第一功 / 280

◎明末武进士，只身闹法场，打得张献忠招架不住 / 283

◎阎应元慷慨殉难，乾隆隆重赐谥 / 287

◎闯王在世时名声不显，后来大放异彩的郝摇旗 / 291

◎明朝的灭亡，竟以李自成家族的覆灭而告终 / 294

第一章　元末形形色色的枭雄

 一代枭雄刘福通的死亡之谜

论及元末起义军中第一大英雄，非刘福通莫属。

历史上著名的起义口号，"莫道石人一只眼，挑动黄河天下反"，就是刘福通和韩山童策划的。

韩山童有异志，以白莲教主的身份鼓吹"弥勒佛下生""明王出世"，广收门徒，积蓄力量。

刘福通原是汝宁府颍州西刘营（今界首市城区颍河南岸旧刘兴镇）巨富，因遭元朝钦差贾鲁的欺压，家宅被毁，悲愤莫名，成了韩山童的信徒。

至正四年（1344）五月，黄河暴溢，沿河郡邑均遭水灾。元廷强征民夫治水。

至正十一年（1351），朝廷强征15万民夫修筑黄河堤坝，民怨沸腾。

韩山童、刘福通先在社会上散布"莫道石人一只眼,挑动黄河天下反"的谣谚,然后在河滩下面埋了一个独眼石人。而当民工挖河掘出,韩、刘两人即跳出来举事,韩山童自称为宋徽宗八世孙,当为中国主;福通自称系南宋将领刘光世后代,当辅之,一齐鼓吹起兵乃是上应天意、下达民情,揭开了元末农民大起义的序幕。

起义之初,韩山童被捕牺牲,刘福通拥其子韩林儿为主,冲州撞府,不断把事业做强做大,一度成为北方各支红巾军的共主。

至正十五年(1355)二月,韩林儿在亳州(安徽亳县)称帝,但因遭到元军的猛烈围攻,被迫迁居安丰(安徽寿县)。

至正十八年(1358)五月,刘福通发起四路大军北伐,自己亲率中路军攻占了北宋旧都汴梁(河南开封),遂迎韩林儿居之。

可惜的是,次年八月,元军察罕帖木儿以雷霆万钧之势摧击汴梁,刘福通难于支撑,不得不和韩林儿逃回安丰。

至正二十三年(1363),盘踞吴地的张士诚趁红巾军穷途末路,遣大将吕珍率雄兵十万长袭安丰。

韩林儿万般无奈,只好向原属红巾军体系的朱元璋呼救。

朱元璋认为"安丰破,士诚益张,不可不救",毅然派兵救援安丰。

这次救援的结果是,朱元璋打败吕珍,将小明王韩林儿安置于滁州(安徽滁县)。

将韩林儿安置于滁州,那是没有什么疑问的。

但是,起义军中第一大英雄刘福通却下落成谜,众说不一。

按照《明太祖实录》卷十二的记载:龙凤九年二月,"张士诚将吕珍攻刘福通等于安丰,入其城,杀福通等。先是,福通等兵势日蹙,以安丰来附,至是为珍所杀。三月,上(朱元璋)率常遇春等击安丰。珍兵大败,俘获士马无数,上乃还"。

《明太祖实录》乃是官方史料,属最权威著作,此说一出,张廷玉《明史》、夏燮《明通鉴》、毕沅《续资治通鉴》、高岱的《鸿猷录》,以及查继佐的《罪惟录》、郎瑛的《七修类稿》、陈邦瞻的《元史纪事本末》、谷应泰的《明史纪事本末》,均持此说,即刘福通没能支持到朱元璋来救，已死于吕珍之手。

朱元璋的第十七子宁献王朱权编辑《通鉴博论》，称："廖永忠沉韩林儿于瓜步，大明恶永忠之不义，后赐死。"

这一条记载，单说韩林儿之死，不提刘福通，即是与《明太祖实录》里刘福通阵亡于安丰的说法一脉相承。

不过，明末钱曾却直言："此非宁王之书法，圣祖之书法也。"

另外，时在朱元璋军中任典签的刘辰著《国初事迹》又记："张士诚围安丰，福通请兵救援，太祖亲援。初发时，太史刘基谏曰：'不宜轻出，假使救出来，当发付何处？'太祖不听。先遣常遇春引兵至安丰，士诚遂解围。福通奉韩林儿弃安丰，退于滁州，居之。"

钱谦益的《国初群雄事略》卷一云："安丰被张氏围困，城中人相食，刘太保等饥饿无措，遣人求援。上（朱元璋）亲率大军援之，大败张氏。邀请小明王及母、妹并臣刘太保，悉领五奕官军，弃城，悉诣庐州营中。上设銮驾伞，迎驻滁州。"

这两部书记载都认定刘福通并未死难，而是得朱元璋解救，与韩林儿一同被护送到滁州去了。

元末明初人权衡所著的《庚申外史》甚至记韩林儿和刘福通根本等不到朱元璋前来解救，早已成功突围到了滁州，后来被朱元璋迎归建康，同在瓜洲渡溺水身亡："小明王驻兵安丰，为张士诚攻围，乘黑夜冒雨而出，居于滁州。至是（1366），朱镇抚（朱元璋）具舟楫迎归建康。小明王与刘太保（刘福通）至瓜洲渡（江苏六合东南），遇风浪掀舟没，刘太保、小明王俱亡。"

权衡的说法影响力很大，明朝吴宽《平吴录》、近人柯绍忞《新元史》以及当代史家吕振羽的《简明中国通史》就支持了他的说法。

而从韩林儿和刘福通反元斗争的经历来看，他们的确有多次放弃都城、另寻出路的经验，即在苦等朱元璋不来的情况下，寻隙突围至滁州也不是不可能的事。

当然，有人曾提出，刘福通既然有能力突围，以他的性格论，他就不会受控于人，但史书却杳无与之相关的记载，说明他应该已阵亡于安丰。

可惜的是，《元史》和《新元史》的顺帝纪，《新元史》和《明史》的《张士诚传》均无吕珍杀刘福通的记载。《新元史·韩林儿传》的记载其实与权衡的《庚申外史》是一样的。

想想看，《元史》是由朱元璋手下大儒宋濂、王祎为首主编的，他们肯定不敢明写刘福通和韩林儿同死于瓜步。但他们不写吕珍杀刘福通，这不就是暗中给后人留下了线索吗？再者说，刘福通是元末反元势力中的重要人物，如果他真死于吕珍之手，这可是一件大事，没有理由一字不提。

综上所述，刘福通并非壮烈就义于张士诚的狼虎之军，而是郁闷就死于朱元璋的阴狠之手。

天完皇帝徐寿辉是个草包

提起元朝末年的反元活动，有两大势力不可不提。

其一为刘福通、韩林儿建立的韩宋政权。

另一为徐寿辉的天完政权。

正是这两大势力的猛烈摧陷，最终动摇了元朝的根基，明太祖朱元璋得以乘势而起，荡清六合，一扫胡尘。

刘福通、韩林儿的韩宋政权是由刘福通和韩林儿之父韩山童趁元廷毁堤治理黄河之机，以"莫道石人一只眼，挑动黄河天下反"为号，斩木为兵，在大别山北面发动几万黄河民工起义，把事业一点点做大的。

至于徐寿辉的天完政权，很多史料都记载说，其以"摧富益贫"为口号，赢得了广大贫苦农民的拥护，先后攻占今湖北、江西、安徽、福建、浙江、江苏、湖南等大片地区，在水陆要冲之地蕲水（今浠水）建都，国号"天完"（"大"上加"一"为"天"，"元"上加"宀"是"完，"天完"表示压倒"大元"），定年号为"治平"，徐寿辉本人在蕲水清泉师太殿上即位皇帝。

但徐寿辉是如何从一介布衣而成为民众推举和拥护的领袖的，各书记载各不相同，抵牾之处颇多，过程相当诡异。

下面择《国初群雄事略》中收录的几种，简要说一下。

《湖广总志》里面的记载是："至正辛卯，中原盗起，寿辉行山中，获鉴铁十斤。麻城铁工邹普胜居耦寿辉，夜梦有黄龙蟠其铁砧。明日，寿辉携铁过之，令制鐶钮，蹲坐铁砧上。普胜心异之，告之曰：'今天下尚须鐶钮活耶？当炼一剑赠君耳。'于是两人深相结，阴谋举大事。会彭和尚妖党作乱，普胜乃与众共推寿辉为主，举兵，以红巾为号，借圣人堂于多云山中。溪水日再潮，溪傍有巨石状类舣舟，寿解命凿一穴，树桅其上，祝之曰：'天助寿辉，当扬帆出溪口。'石为行十余丈，寿辉遂决意反。"

这段记载说的是元至正十一年（1351），天下纷乱，群雄并起。徐寿辉不知从哪儿弄来了十斤生铁，让做铁匠的邻居邹普胜帮铸造一尊大印。邹普胜梦见黄龙蹲坐在自己打铁的铁砧上，看徐寿辉来要铸印，就以"炼剑"之语相试，深相结交。后来，在以"天降弥佛"自称的彭莹玉和尚四处鼓动人民起义的背景下，两人用妖言惑众，举兵造反。

在这则记载里，徐寿辉还算有胆有识，隐然一大枭雄。

《元史》卷四十二《顺帝五》因此记："蕲州罗田县人徐贞一，名寿辉，与黄州麻城人邹普胜等，以妖术阴谋聚众，遂举兵为乱，以红巾为号。"

俞本《纪事录》则记："彭祖师感荆、襄民，徐贞一带蕲州称市，征饶郴民，率众掠江浙。"

但《草木子》的记载就比较搞笑了。

其文为："初，徐贞一本湖南人，姿状庞厚，无他长，生平以贩布为业，往来蕲、黄间。是时，浏阳有彭和尚，能为偈颂，劝人念弥勒佛，遇夜，燃火炬、名香，念偈拜礼，愚民信之，其徒遂众。将为乱，思得其主。一日，贞一于盐塘水中浴，众见其身有光，皆惊异，遂立为帝，反于蕲春，东南遂大乱。湖广、江西、浙江三省城池多陷没，开莲台于蕲存。然资性宽纵，权在臣下，徒存空名尔。"

按照这段记载，徐寿辉最初只是一个忠厚老实，并无任何特长的布贩子，只不过天热，在池塘中洗澡，雪白的背部在阳光的映照下吸引到了彭莹玉和尚及其徒众的眼球，"皆惊异"，把他从水里拖上，强行给他披上黄袍，俯身磕头，"遂立为帝"。

表面看，这段记载比《湖广总志》更不可信——只在池塘洗了个澡，就因为背部皮肤太光滑，映耀了阳光，被推上了皇帝位，真是形如儿戏。

但是，这段记载很可能更接近历史真相。

要知道，起义初期的"皇帝位"，是一个大火坑，基本上坐一个死一个。

韩山童、韩林儿、张士诚、徐寿辉、陈友谅……不都是一个接一个地到阴曹地府报到了吗？

朱元璋能笑到最后，是他听从了谋士朱升的劝告："高筑墙、广积粮、缓称王"。

天完皇帝徐寿辉的发迹史，各记载不一，是枭雄还是草包，您来判断。

彭和尚彭莹玉的见识不在朱升之下，他到处鼓动民众造反，却从来只做老二，不做老大。

至元四年（1338），彭莹玉在袁州首次起义时，就让自己的徒弟周子旺出面担任皇帝——"大周国皇帝"，自己做幕后老板，执掌实权，操控一切。

结果，此次起义被蒙元绞杀，周子旺的下场很惨，九族被诛。

这之后，彭莹玉又连续立了好几个皇帝，这几个皇帝接二连三遇难，彭莹玉却全须全尾，保全得好好的。

至正十一年（1351）这年，彭莹玉原先是要推举邹普胜为"皇帝"的，邹普胜跟随了彭莹玉多年，知道他的套路，死活不干。于是，"幸运"才降落在池中洗澡的徐寿辉的头上。

我们看《太祖实录·徐贞一本传》里的记载，与之是一脉相承的。为："寿辉即贞一，体貌魁岸，木强无他能，以烧香聚众起。初，袁州慈化寺僧彭莹玉以妖术惑众，其徒周子旺因聚众欲作乱，事觉，元江西行省发兵捕诛子旺等。莹玉走至淮西，匿民家，捕不获。既而麻城人邹普胜复以其术鼓妖言，谓：'弥勒佛下生，当为世主。'遂起兵为乱。以寿辉相貌异，众乃推以为主，举红巾为号。"

我们再看徐寿辉往后的遭遇：虽说彭莹玉过早死亡，徐寿辉没有被彭操控太久，但由于他"木强无他能"，先是被倪文俊戏耍，后被陈友谅欺负，最终身死于陈友谅之手，即我们可以得出这样的结论：徐寿辉绝非时之枭雄，而是洗澡撞上狗屎运的大草包。

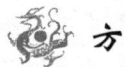 **方国珍一心为寇，无心称王**

元末乱世，群雄并起，天下纷争，中原逐鹿。

按照《明英烈》上的说法，那是十八路反王、六十四路烟尘，往来驰骋、互相拼杀，好不热闹。其中有南汉王陈友谅、九江王陈友定、江西王赵福盛、南洋王毛贵、庐州王左金弼、驰州王倪通、颍州王刘福通、临江王周伯燕、吴王张士诚、洪县王傅有德、台明王方国珍等等。

自古乱世出英雄，乱世中无论有多少人称王、有多少人称帝，皆不足为怪。

但小说演义中提到的"台明王"方国珍，实未称王。

方国珍是元末群豪中最早起事的革命元老。他的身世与唐末枭雄黄巢相类，世代以贩盐为生。在中国古代，盐、铁等物资都由国家掌握，严禁私人贩卖。所以，方国珍从娘胎出世，就是黑道上的人。

既是黑道上的人，就有黑道上的样。

长大成人的方国珍体力强健、膂力过人、奔若惊马。

至正八年，方国珍与人结仇，被仇家举报，遭到官府缉拿。

方国珍一怒之下，带兄弟将仇家灭门灭族。然后，散尽家财，招兵买马，征集数千人，干起了海盗营生。

元政府岂能容忍？发兵征剿。

方国珍在大海风波里横行多年，以大海为战场，一一将来剿之敌歼灭，成了独霸一方的海盗王。

元政府无可奈何，只好认输，给方国珍封官赐银，招安。

方国珍过惯了自由自在的生活，官也要，银也要，海盗也仍旧当，表面上是接受了招安，但根本不受元廷管束，该干吗干吗，坐拥广元、温州、台州等地，搅得东南沿海一带海波不平。

沿海百姓看方国珍逍遥自在，既威风又快活，心生羡慕，纷纷依附。

有术士名叫张子善，颇具见识，劝方国珍逆长江而上，进逼江左，以成帝业。

方国珍嘿嘿一笑，说道："吾始志不及此。"继续在海上为盗为寇，大块吃肉，大口喝酒，自在快活去也。

江淮大乱，元廷要从东南富庶取粮，只好和方国珍谈条件，并提供大批船舱以维持海运。

方国珍鼠目寸光、胸无大志，高高兴兴地与元廷合作，甚至出兵帮助元廷进攻张士诚，打到张士诚向元廷举手投降。

朱元璋收取了应天府，遣胡大海据浙东重镇金华，与方国珍势力接壤，双方进行了多次政治交锋。

方国珍无意争雄天下，只愿做一个快活自在的海盗，表面上对朱元璋纳贡称臣，实际上却是不以为然。

朱元璋受困于陈友谅、张士诚两路夹击之中，也只能听之任之。

至正二十二年二月，蒋英谋杀胡大海，携胡大海首级投方国珍。

方国珍为维持与朱元璋的关系，毅然击杀蒋英。

可是，驻守在温州的方国珍的侄子方明善却听信谗言，偷袭已经归降朱元璋的平阳城。

方国珍大惊，赶紧破财消灾，以每年进献三万两白银来换取和平。

然而，至正二十七年，朱元璋彻底消灭了江浙劲敌张士诚，方国珍便成了必须铲除的一方割据势力。

方国珍如梦初醒，赶紧向北密结扩廓帖木儿，试图夹击朱元璋以自救。

但已经太迟了。

该年九月，朱元璋正式向方国珍展开军事攻击。

方国珍哪是对手？陆上据地尽失，只能浮舟海上，亡命于波涛之中。

旬月之后，方国珍水米难继，走投无路，只好上表称降。

朱元璋念其并无大恶，授广西行省左丞。

入明后数年，方国珍病死于京师，是最终归宿比较好的元末豪杰。

混世恶魔陈友定最后成了元朝的"忠臣"

关于讲述大明开国的小说、评书《明英烈》，林林总总有十几二十种。

其中，乔云斋先生著述的评书版《明英烈》里有十八路反王，分别是南汉王陈友谅、九江王陈友定、饶州王陈友福、广信王陈友信、江西王赵福盛、南洋王毛贵、登州双孝王薛凤皋、青州王田丰、庐州王左金弼、驰州王倪通、颍州王刘福通、任州王刘福寿、临江王周伯燕、吴王张士诚、洪县王傅有德、徐州王芝麻李、台明王方国珍、南通州大梁王马中师。

十八反王前面的四王，陈友谅、陈友定、陈友福、陈友信，名字非常接近，他们四人似乎有某种联系。

果然，该书在《武科场》一回里是这样说的："南汉王陈友谅科场赴会，此人那是赤燃火龙降世临凡。因陈友谅好杀，上天派左金童徐寿辉管他。这陈友谅有几个兄弟：九江王陈友定、饶州王陈友福、广信王陈友信……"即这四人乃是同胞兄弟。

但真实的历史是：陈友谅和陈友定非但不是同胞兄弟，还是一对死对头。

陈友谅的名字，因他与朱元璋展开了那场举世瞩目的鄱阳湖大战而深为后人所牢记；陈友定的名字却不为大多数人所知。

陈友定原籍福清，其祖父一辈迁到当时属于汀州清流县的明溪，安家在大焦村。

陈友定的父母死得早，生活没有着落，吃了上顿没了下顿，衣衫褴褛，身上的衣服从春天穿到冬天，几乎都没有换洗过，没有讲究卫生的条件，致使周身患上了癞渣、头顶长满了瘌痢，穷形尽相，人见人嫌。

某天，陈友定在村口老王家门口睡觉。这老王老眼昏花，以为是一头猛虎蹲坐门前，吓了一大跳，等认出了是陈友定，竟然鬼迷心窍，认为陈友定是白虎星下凡，将来一定会出人头地，也不管女儿同不同意，强行要她以身相许。

陈友定一觉睡醒，大喜已然从天而降，真是惊喜若狂。

老王对这个"佳婿"深感满意，拿出自己的多年积蓄，让他去做生意。

但陈友定根本不是做生意的料，连做四笔生意，也就连亏了四次，最后血本无归。

不过，陈友定从老王那儿知道了"白虎星下凡"的事儿，心理上受到了暗示，觉得自己真的是天上将星转世下凡，变得天不怕、地不怕起来，做事也有了一股子狠劲，决定投身行伍，搞出名堂。

至正十二年（1352），红巾军起义，天下大乱。

宁化县人曹柳顺也扯起了大旗，起兵占据了曹坊寨，拥众数万，侵犯邻县。

某日，曹柳顺派八十人到明溪索讨马匹。

狠人陈友定要横，带领壮丁把这八十人全部收拾了。

这下撩到虎须了。

曹柳顺怒发冲冠，亲率步骑兵几千人，扬言要血洗明溪。

陈友定毫无惧色，率千余壮丁迎击，一下冲垮了曹柳顺军营，并追杀到曹坊，把曹柳顺给灭了。

这一仗打出了威风。

陈友定一鼓作气，把周边巨寇的寨堡一一扫平。

就这样，陈友定当上了明溪寨巡检，后又当上了清流县尉。

至正十八年（1358）五月，天完元帅陈友谅派遣部将康泰、赵琮、邓克明等进攻邵武。

同年十一月，邓克明占领汀州，进而围攻清流。

清流是陈友定的地盘，他领军杀出，把邓克明军杀得溃不成军，并一直追击至宁化。

次年，邓克明改为攻打延平、将乐等地。

元朝福建行省授陈友定为汀州路总管，要他率兵搞定邓克明。

陈友定二话不说，在黄土寨摆开阵势，又一次大败邓克明军，俘虏了邓克明的部将邓益。

战后论功，陈友定升任福建行省参政。

至正二十年（1360）夏，陈友谅在五通神庙用铁锤击杀了天完皇帝徐寿辉，自立称帝，国号汉，取年号大义，遣邓克明率军攻打汀州等地。

陈友谅称帝后，其手下军队的精神面貌发生了很大改变，作战力也有了极大提升。邓克明一路攻城略地，顺风顺水，相继攻克宁昌、杉关、光泽等地，又经顺昌攻建宁。

建宁是块难啃的硬骨头，邓克明屡攻不下，一怒之下，在建宁城西北设立几十个兵寨，围城作出长攻之势。

这场攻守战持续了半年之久。

元朝守将、行省平章完者帖木儿也知陈友定兵微将寡，不足以解建宁重围，但实在无将可遣，硬着头皮命他前往救援。

陈友定眉头皱都不皱，率军救援，自己一马当先，带领十骑闯阵，冲乱了邓军阵脚，然后纵火焚烧邓军橄榄山寨，迫使邓军溃败退守江西抚州。

陈友定得势不饶人，乘机收复了建阳、崇安、浦城等县。

至正二十二年（1362）五月，陈友定从延平出发，水陆并进，一举攻下汀州。

陈友定据有汀州，野心勃发，威迫福建行省平章燕只不华。行省上奏朝廷，表其功第一。

不久，元廷于延平设置分省，陈友定任平章，全部占有福建八郡之地。

陈友定从此威福自操，专行赏罚。

漳州守将罗良愤愤不平，以书切责道："郡县者，国家之土地。官司者，人主之臣役。而廥廪者，朝廷之外府也。今足下视郡县如室家，驱官僚如圉仆，擅廥廪如私藏，名虽报国，实有鹰扬跋扈之心。不知足下欲为郭子仪乎，抑为曹孟德乎？"

陈友定雷霆震怒，发兵狂攻漳州，杀罗良以泄愤。

此外，福清宣慰使陈瑞孙、崇安令孔楷、建阳人詹翰也因不够听话，全被陈友定诛杀。

陈友定虽然在地方专横跋扈，侍奉朝廷却极其温顺。

当时，张士诚据浙西，方国珍据浙东，名义是归附元廷，却对元廷催交的漕粮推三阻四。

陈友定不管，反正羊毛出在羊身上，他对福建百姓横征暴敛，每年都向元大都贡奉上粮食数十万石，因此得到了元顺帝的嘉许褒美。

至正二十五年（1365），朱元璋平定婺州，与陈友定占据的领土相邻。

陈友定发军侵犯处州，被朱元璋部将胡深击退。

陈友定大怒，亲自率精锐与胡深交战，另派遣部将阮德柔率军四万绕到胡深军后进行突击。

胡深猝不及防，失手被擒。

阶下囚胡深劝陈友定归降朱元璋，陈友定哑然失笑，说："己既被执，又欲诱人以不忠欤？"命人将胡深放在烧红的铜炉上，活活地烤焦烤死。

陈友定万没有想到，朱元璋的势力发展飞快，至正二十七年（1367），在平定方国珍后，朱元璋马上发兵讨伐陈友定。将军胡廷美、何文辉由江西直趋杉关，汤和、廖永忠由明州海路攻取福州，李文忠由浦城攻取建宁，而另派使者前往延平，招降陈友定。

陈友定表现得极其嚣张狠辣，命人捉住朱元璋派来的使者，像杀鸡鸭一样，割喉放血，血注入酒瓮中，搅拌成血酒，然后大会诸将，与众酌饮。

酒酣耳热之际，陈友定对天发誓，说："吾曹并受元厚恩，有不以死拒者，身碟，妻子戮。"

决心虽足，大势难逆。

不久，明军围困了延平，四面猛攻，兵众缘南台蚁附登城。

延平城上守将一看不好，纷纷作鸟兽散。

陈友定脸色苍白，转头与属下诀别，说："大势已去，吾一死报国，诸君努力。"

话毕，退入省堂，衣冠北面再拜，仰药而亡。

明军入城后，找到陈友定的尸体，争先恐后抬出城请功。

没想到的是，突然天降大雨，陈友定竟然在雨中复苏。

补充一下，陈友定幼年是个朝不保夕的小痢痢，目不识丁。但占据八郡之后，多招揽文学知名人士，留置幕下。其本人粗涉文史，能作一些五言小诗。

这次复活，陈友定心如死灰，在担架上悠悠吟了一首五言诗：

> 失势非人事，
> 重围戟似林。
> 乾坤今已老，
> 不死旧臣心。

陈友定被押至应天，朱元璋亲自审问，问："元朝已亡，你为谁守？杀我胡将军，饮我使者血，你知罪吗？"

陈友定哂笑说："已矣无多谈，安能加死我乎？"

朱元璋也笑，骂道："村汉！村汉！天死已矣，能加乎？"命人将他与其子陈海一起处死。

陈海本在将乐驻守，延平未失前，他曾叩头劝父亲向朱元璋投降，"以存宗祧"。但陈友定不听，骂他为逆子。陈海由是怫然道："父为忠臣，子岂不能为义士耶？"说到做到，当父亲"被执"，他就"自将乐来就死"，陪父亲一起走上了黄泉路。

 ## 郭子兴生前对朱元璋呼来喝去，死后封王

明太祖朱元璋能荡平群雄、驱逐蒙元，一统天下，开创大明王朝，

有一个人，是无论如何也绕不过去的。

这个人就是濠州起义军首领郭子兴。

郭子兴出身濠州定远（今安徽定远）富豪之家，平时好结交豪侠之士，喜欢接济穷人，很有几分《水浒传》里及时雨宋江的范儿。

元末天下大乱，群雄并起。

不甘寂寞的郭子兴于至正十二年（1352），倾其家财，会同孙德崖及俞某、鲁某、潘某等四人起兵，号称五大元帅，攻拔濠州杀牛备酒，聚集了数千人，起兵攻占了濠州。

这次起兵，郭子兴出资最巨、出力最多，却与孙德崖四人同列，颇有些不悦。

而孙德崖四人又目光短浅，只满足于做打打杀杀、打劫抢掠的山大王。

所以，军中每有议事，郭子兴都有意要削弱和打压他们。

这么一来，郭子兴的处境就危险了。

本来嘛，一个好汉三个帮，一个篱笆三个桩，要举大事，就不能搞窝里斗。

郭子兴鄙视孙德崖四人，孙德崖他们又不是泥塑木雕，岂会不知？

很快，孙德崖四人就抱成团，共同对付郭子兴，甚至密谋要让郭子兴停止呼吸。

恰巧在这个时候，元兵、贼兵、乱兵轮番焚烧了朱元璋出家的皇觉寺，在寺僧皆逃散的情况下，朱元璋计无所出，前来濠州投军。

郭子兴看见朱元璋"状貌奇伟异常人"，心生喜爱，一番交谈过后，留置左右，升为九夫长。

朱元璋也真是人中龙凤，郭子兴"凡有攻讨，即命以往，往辄胜"，郭子兴因此对他更加激赏有加。

早在数年前，宿州闵子乡有马姓侠客，性情刚直，重然诺，爱打抱不平，曾到定远躲避仇家的追杀，与郭子兴结为刎颈之交。马大侠后来病死，其膝下一女尚未成年，被郭子兴收为义女抚养。

郭子兴对朱元璋激赏之余，将义女许配给朱元璋为妻。

由此一来，乞丐出身的朱元璋在军中地位陡增，被人称为"朱公子"；而郭子兴也得到了朱元璋的鼎力相助。

朱元璋看到郭子兴与孙德崖四人不和，多次提醒郭子兴，说："彼日益合，我益离，久之必为所制。"

可惜，郭子兴并未放在心上。

彭大、赵均用是江北一带非常有名的强盗首领，曾一度占据徐州自称元帅，他们被元军打败，丢了城池，率余部投到濠州。

孙德崖等人认为他俩的名头比自己五个人都响，不但接纳了他俩，还把他俩的地位尊于五人之上。

彭大比赵均用有智谋，郭子兴倾心相待。

赵均用因此受到了冷落。

孙德崖等人趁机挑拨赵均用说："子兴知有彭将军耳，不知有将军也。"

赵均用大怒，趁郭子兴不备，将之捆绑起来，幽禁在孙德崖家中。

朱元璋从其他部队回来，大吃一惊，急忙带领郭子兴的两个儿子郭天叙、郭天爵去找彭大商议。

彭大已和郭子兴有了感情，勃然大怒，说："吾在，孰敢鱼肉而翁者!"顶盔戴甲，与朱元璋一起前往孙德崖家兴师问罪。

彭大命人把孙德崖家层层包围，朱元璋亲自爬上屋顶，揭瓦掀椽下到屋里，把郭子兴解救出来。

赵均用、孙德崖等人本来要发兵报复的，但元军前来攻打濠州，不得不暂时抛开嫌怨，共同抵抗元军的围攻。

至正十三年五月，元军解围他去，濠州转危为安。

彭大、赵均用都自称为王，一个叫鲁淮王，另一个叫永义王。郭子兴与孙德崖等仍然是并列五元帅。

朱元璋奉郭子兴之命还乡招兵，以补充兵源。

彭大、赵均用带领五元帅往攻盱眙、泗州。

不久，彭大战死，赵均用失去了掣肘，一枝独大，越加狂妄，好几次想杀了郭子兴。

不过，朱元璋返乡招兵，得到了徐达等人拥护，南略定远，并北上攻占滁州，有数万之众。

赵均用投鼠忌器，不敢轻举妄动。

朱元璋攻取滁州后，知道了郭子兴的处境，派人向赵均用递话，说："大王穷迫时，郭公开门延纳，德至厚也。大王不能报，反听细人言图之，自剪羽翼，失豪杰心，窃为大王不取。且其部曲犹众，杀之得无悔乎？"

警告过后，朱元璋再派人奉上金银珠宝若干。

于是，至正十四年七月，赵均用放了郭子兴一马，让他带领本部人马前去投奔朱元璋。

郭子兴历经数番危险，开始变得疑神疑鬼起来了，连朱元璋也不信任了。

朱元璋为了取得他的信任，将自己新招建的三万人马交给他，以表忠心。

但这并没有什么用。

郭子兴的儿子郭天叙、郭天爵妒忌朱元璋的才干，在他的面前讲朱元璋的坏话，他马上关了朱元璋的禁闭，断绝他的饮食。

朱元璋百战沙场没有战死，这一次差点被岳父给活活饿死。

幸好妻子马氏暗中传递食物，这才保住了一条小命。

朱元璋出来后，又有个姓任的诬告朱元璋"每战不力"。

郭子兴大怒，在元兵攻来时，命朱元璋和这个姓任的一起出战。

姓任的出工不出力，匆匆走过场就收兵回营了。

朱元璋却奋勇直前，杀退敌兵，缴获了许多战利品才回。

郭子兴无话可说，暂时消除了对朱元璋的猜疑——但这仅仅是暂时的。

为此，马夫人不得不拿出自己的私房钱，上下打点，送给郭子兴，还送给郭子兴身边的人。

至正十五年，郭子兴的四万多军队全屯于滁州，坐吃山空，粮食紧张。

为解决粮食问题，他派妻弟张天佑带兵袭取和州（今安徽和县）。

　　张天佑并不是带兵打仗的料，把一场好端端的袭击战搞成了旷日持久的攻城战，将士打得很苦，又食不果腹，难以为继。

　　郭子兴自己不愿轻出，于是交了部分兵权给朱元璋，让他领兵驰援。

　　朱元璋一到，大功告成，和州城轻松落入囊中，粮食问题顺利解决。

　　郭子兴高兴之余，升朱元璋为总兵官，负责镇守和州。

　　郭子兴缺粮之时，孙德崖也缺粮。

　　惯于打劫抢掠的孙德崖从濠州来到了和州，听说镇守和州城的是朱元璋，就把队伍分驻在和州城外的民家，自己带着亲兵请求入城居住，说是借住一段时间就走。

　　朱元璋担心他另有企图，想拒绝，又怕因此翻脸打起来，搞成不必要的内耗，犹豫了片刻，勉为其难地答应了。

　　窝在滁州的郭子兴听说了此事，怒不可遏，如风如火一样从滁州赶到和州。

　　朱元璋看他脸色不善，赶紧跪在地上，动也不敢动。

　　郭子兴大发雷霆，怒喝道："你罪责何逃？"

　　朱元璋低声低气地回答说："诚有罪，然家事缓急皆可理，外事当速谋。"

　　郭子兴犹如火上浇油，吼叫道："何谓外事？"

　　朱元璋压低声音说："孙德崖在此，昔公困辱濠梁，某实破其家以出公，今相见宁无宿憾？此为可忧。"

　　郭子兴听了朱元璋的话，也意识到自己太冲动了，一屁股坐在太师椅上，等自己肚子里的气一点点地消去。

　　这时候的郭子兴之于孙德崖，那是麻杆打狼两头怕。

　　孙德崖得知郭子兴到来，马上打点行装离开。

　　朱元璋预料他是拉队伍去了，保不齐是要跟郭子兴过不去，赶紧过去相劝。

　　但已经迟了。

　　孙德崖的队伍已经在城外与郭子兴的军队开战，孙德崖本人被郭子兴擒获；但朱元璋这一出城，也刚好被孙德崖的弟弟捉了个正着。

郭子兴本想杀掉孙德崖以报上次濠州被囚之仇，听说朱元璋被捕，只好将之释放，以换回朱元璋。

看着孙德崖施施然而去，郭子兴的胸口像堵了一团棉花，从此闷闷不乐。

回到滁州，郭子兴想到像赵均用这样的垃圾都可以称永义王，也想称王，叫滁阳王。

朱元璋劝阻说："滁四面皆山，舟楫商旅不通，非可旦夕安者也。"

郭子兴觉得朱元璋说的是对的，放弃了称王的举动，但越加悒悒不乐，不久，就生病去世了，归葬于滁阳。

郭子兴后期得了疑心病，对朱元璋呼来喝去，但谁也不能否认，朱元璋的事业能够做强做大，全是仗赖郭子兴的军事资本。

《明史》称："元之末季，群雄蜂起。子兴据有濠州，地偏势弱。然有明基业，实肇于滁阳一旅。"

朱元璋自己称帝后也认这笔账，追封郭子兴为滁阳王，在滁州立庙祭祀，说："自古豪杰之士，有大功于天地人神者，生虽不获其福，死必血食庙祀焉，所谓死而不亡，名传永世者也！惟滁阳王，定远之民，当元运将终，群雄并起，王亦乘时倡义旅，克濠城，拒守二载。时朕从事，恩礼甚厚。岁癸巳，王行兵盱眙。甲午，移驻环滁。乙未，南巡和阳，婴疾而毙。先是，命朕率兵镇御和阳，及王毙，王子不能驭诸豪英兵，且乏食，朕率众渡江，十有三年，帝业乃成。"

 ## 察罕帖木儿来势太猛，朱元璋差点要降

朱元璋的童年是非常不幸的。

但是，风水轮流转，三十年河东，三十年河西。

到了起兵之后，命运之神似乎一直站在他这边。

尤其是至正十六年（1356）到至正二十一年（1361）这段时间里，可谓要风得风，要雨得雨，发展顺利，势头迅猛。

盖其原因，主要是韩林儿、徐寿辉、张士诚的队伍，一支在北，一支在西，一支在东，恰好为之构成三面屏障，把元军的主力挡在外面，从而获得了一个自由发展的时间和空间。

朱元璋事业发展的高峰期是至正二十年（1360）五月到至正二十一年（1361）底，好运接踵而来：应天大捷、安庆争夺、江州大捷，龙兴府自动归降，等等。

朱元璋心花怒放，喜不自胜。

然而，从至正二十二年二月到二十三年四月这一年多的时间里，情况突然变得不妙起来——叛乱接二连三地发生，这其中有：

一、至正二十二年（1362）二月，苗军元帅蒋英、刘震发动了金华苗军之乱；

二、至正二十二年（1362）二月至七月，衢州和处州苗军将领李佑之、贺仁德发动了处州苗军之乱；

三、至正二十二年（1362）夏，江西行省枢密同金康泰和平章祝宗发动叛乱；

四、至正二十二年（1362）七月，平章政事邵荣暗中策划了政变；

五、至正二十二年（1362）七月，谢再兴叛投张士诚。

……

是不是运气开始转向，注定了朱元璋要走霉运呢？

不是的，发生这一切，归根结底，还是朱元璋的自身问题。

话说，至正十五年（1355），刘福通于安徽亳州拥立韩林儿，建国号宋，云集中原抗元势力，分四路大军北伐。至正十七年（1357），中路大军攻破汴梁，龙凤政权迁都至此，一时间，红巾军号称百万，气焰冲天，大有即时就可掀翻元朝之势。

但是，元朝的一位牛人却在此时横空出世。

此人的先祖是成吉思汗帐下四杰之一的木华黎，其人名察罕帖木儿，汉名李察罕。

早在元至正十一年（1351），红巾军攻克汝、颍，进而占领江淮各路。元廷屡次派兵讨伐，都无功而返。察罕帖木儿为了挽救时局，挺身而出，招募乡兵，训练私人武装，一举击败红巾军，顺利收复罗山。元廷因此授其为汝宁府达鲁花赤。

察罕帖木儿四下讨伐，屡战屡捷，他的队伍也越来越壮大。

至正十五年（1355），察罕帖木儿在中牟大败三十万淮西红巾军，接着取灵宝，入潼关，定关中，援大都，平河东。

龙凤政权迁都汴梁时，察罕帖木儿已进陕西行省右丞，其于至正十九年（1359）水陆并进，大举进攻汴梁。

刘福通力不能支，护韩林儿仓皇遁走。

刘福通既败，汴梁丢失，战事急剧下转，原先占据山东的红巾军各部大乱。

先是毛贵被赵均用杀害，随后毛贵部下续继祖自辽阳返益都，杀了赵均用。

另外，田丰与王士诚两部又互相攻杀。

红巾军的内斗导致战斗力锐减。

察罕帖木儿兵锋掠至山东，山东众郡县逐一被攻陷。

田丰、俞宝、王士诚等见势不好，纷纷叛降。

如此一来，河南、山东大部都在察罕帖木儿的控制之下，只有陈揉头坚守益都（今山东省淄博市），"与福通遥为声援"。

前面说了，这些年来，朱元璋在江南地区从容坐大，主要得益于"元之不能以匹马、只轮临江左者，以有宋为捍蔽也"。

汴梁被攻破，朱元璋担心大宋红巾军扛不下去，北方失去屏障，东西两面又受到张士诚和陈友谅的挤压，自己三面受敌，难于支撑。

经过一番思前想后，朱元璋决定派使臣前往汴梁与察罕帖木儿"通好"。

在朱元璋连派两次使者前来叩拜之后，察罕帖木儿接受了朱元璋的"通好"，将朱元璋的情况奏报朝廷，并于至正二十一年（1361）六月，派人到应天会见朱元璋，称"已奏朝廷，授（汝）以行省平章事"。

察罕帖木儿说得一点不差。

不久，元顺帝就派户部尚书张昶、郎中马合谋与奏差张琏带着御酒、八宝顶帽和宣命诏书，航海到方国珍处，准备由方国珍护送到应天，封朱元璋为荣禄大夫、江西等处行中书省平章政事。

但"好事"多磨，都怪察罕帖木儿忙于攻打益都，一时疏忽，没有及时放还朱元璋派出的使者。

生性多疑的朱元璋对左右臣僚说："予观察罕书辞婉而媚，是欲唊我，我岂可以甘言诱哉？况徒以书来而不要返我使者，其情伪可见。"

是以方国珍两次派人劝朱元璋"奉诏"降元，朱元璋心存疑惧，患得患失，迟迟没有明确答复。

说回察罕帖木儿这边。

察罕帖木儿克复河南，得朝廷进封为河南行省平章政事、陕西行台御史中丞兼理河南行枢密院事，此后挥师东向，在一年之内，就收复了除了益都一座孤城外的山东全境，几乎全歼百万红巾军，"献捷京师，欢声动中外"。

但是，能干的不如会干的。

察罕帖木儿功高如此，地位却低于河南行省左丞相答失八都鲁的儿子孛罗帖木儿。

孛罗帖木儿于至正二十年（1360）升为中书平章政事，到了至正二十一年（1361），在兴和一带击败中路红巾军，得朝廷授命总领蒙、汉诸军，便宜行事。

察罕帖木儿为此大感不平，对孛罗帖木儿语出不逊，严重不服。

为避免两人发生摩擦，元廷命孛罗帖木儿守石岭关以北，察罕帖木儿守石岭关以南。

孛罗帖木儿知道察罕帖木儿不服自己，便派兵围攻察罕帖木儿军所守之冀宁，致使两人矛盾公开化。

至正二十二年（1362）六月，死守益都的陈揉头秘密策动红巾军降元的叛将田丰、王士诚刺杀察罕帖木儿。

田、王两人热情邀请察罕帖木儿行观营垒，顺利将之刺杀。

察罕帖木儿遇刺，元廷为之震动，"朝廷公卿及京师四方之人，不问男女老幼，无不恸哭者"。

朱元璋心中的郁结顿时解开，高声欢呼道："元无人矣。"

但是，元廷隆重地追赠、追封、追谥了察罕帖木儿后，命其养子扩廓帖木儿（察罕帖木儿的外甥，原名王保保）全部承接其父的兵马，拜银青荣禄大夫、太尉、中书平章政事、知枢密院事、皇太子詹事。

这扩廓帖木儿也不是吃素的主，于该年十一月攻陷益都，斩杀了陈揉头、田丰、王士诚等人，拔下了大宋红巾军在山东的最后一枚钉子。

朱元璋的心又悬了起来，于十二月迎接元顺帝派来给自己宣读任命诏书的户部尚书张昶、郎中马合谋与奏差张琏到应天。

几乎也在同时，扩廓帖木儿派尹焕章由海路乘船，将察罕帖木儿扣留的朱元璋使臣送回应天，并赠送马匹。

朱元璋差点就答应了元廷的诏封。

幸亏，原先和察罕帖木儿结下了梁子的的孛罗帖木儿趁察罕帖木儿刚死，"数以兵争晋、冀"。

扩廓帖木儿忍无可忍，发兵对孛罗帖木儿大打出手。

面对这个现象，朱元璋又犹豫了。

恰好，浙江宁海儒生中兑上书朱元璋，劝朱元璋断绝元廷的招诱，向南吞并张士诚，逼迫方国珍归顺，全据闽越之地，定都建康，拓江、广以自资，进则越两淮窥中原而取天下，退则保全方面而自守。

朱元璋"奇其言"，谋虑再三，决定依其言而行，鼎足江东，自谋发展。

于是，他召见张昶、马合谋和张琏，斥责他们说："元朝不达世变，尚敢遣人煽惑我民！"

张昶奸滑，瞧势头知朱元璋要杀人，默然不语。

马合谋和张琏不知大祸临头，"口出不逊之言"。

朱元璋于是让人将马合谋和张琏押至聚宝门外斩首，并枭首示众。

朱元璋将张昶收为己用，任行中书省都事。

回头，朱元璋沾沾自喜地对刘基、宋濂说："元朝发一大贤人与我，尔等可与之议论。"

在大是大非的紧要关口，朱元璋最终虽然守住了底线，拒绝了元朝的招降，但他这种摇摆变节的行径，极大动摇了军心。

次年二月，就发生了苗军降将蒋英、刘震的叛乱，大将胡大海及其子关住，以及郎中王恺等人惨遭杀害。

随后，驻屯于处州的苗军降将李祐之、贺仁德闻风而动，据城反叛，杀害了朱元璋得力大将耿再成，以及重要谋士孙炎、王道同、朱文刚等。

一个月之后，陈友谅的降将祝宗、康泰又在江西发动叛乱，攻陷洪都，杀万思诚、叶琛。

到了七月，又发生邵荣、赵继祖企图谋害朱元璋的事件。

……

这些反叛事件的出现，让朱元璋目瞪口呆，懊悔莫及。

对于自己曾经打算降元之举，朱元璋晚年绝口不提，视之为历史禁区。

 杨完者和察罕帖木儿忠心耿耿，却被元廷出卖

元末乱世，四海鼎沸，八方动荡，天下英雄，应时而起，大泽龙蛇，闻风而动。

现在，我们读到的讲述大明开国的小说、评书，大大小小有几十种，且多冠以《明英烈》之名。其中，乔云斋版《明英烈》讲述得煞是热闹。

该书模仿了《说唐》，用十八路反王来描述元末各方势力，更有三侠、八猛、六勇、陆庄七兄弟、南汉七元帅、北番八大将等组合充斥其中，真个是你中有我、我中有你，纷纷扰扰，好一出庞大的群雄争霸大戏。

后来的单田芳尚嫌不够热闹，又在十八路反王的基础上，加一个乱世山兴隆会十王、战太平九国，各种组合则有江南四大侠、黑风山三杰、五杰岭五杰、乱石山七雄、南京七太保；元朝方面，则有红黄蓝面三金刚、金银铜铁四大王、三十六路御总兵……

事实上，元末明初这段时间里，天下的动乱真不亚于乔、单两位的评书。

不过，不管怎么乱，其乱中还是有脉络可依的。

比如说，从大方向分，各路英雄不外乎三种类型。

第一种类型，即为察罕帖木儿、杨完者、李思齐、陈友定等为首的保元派。

第二种类型，即是刘福通、徐寿辉、陈友谅、明玉珍、朱元璋等为首的反元派。

第三种类型，即是张士诚、方国珍等为首的两面派。

第一种类型中，影响力最著的是察罕帖木儿、杨完者二人。

察罕帖木儿汉姓为李，和杨完者的姓氏杨同带有木偏旁，故此二人被称为"元朝擎天二木"。

金庸先生在《倚天屠龙记》里，把察罕帖木儿写成女主角赵敏的父亲汝阳王，所以，现在很多人都熟知察罕帖木儿其人。

但无论是乔、单两位先生的评书《明英烈》，还是金庸先生的《倚天屠龙记》，都没有只言片语是关于杨完者的，所以许多人不知元末有杨完者这号人。

杨完者原名为杨通贯，武冈路赤水（今湖南城步蒋坊乡）人，乃残唐五代时期十峒飞山（今日邵阳、怀化一带）蛮首领杨再思的后裔。"完者"之名为元顺帝为嘉奖其"克全忠义"而赐。

杨完者"善骑射，能文章，有人相出将之鸿才"，很早就组织家乡苗家少年操兵练武，拥有苗兵数万人。

至正十二年（1352），徐寿辉攻陷武昌，势头极盛，再陷岳州（今岳阳），气焰冲天，元廷震响。

元顺帝谕令各地起兵镇乱。

元廷陶梦祯知杨完者大名，特邀其出兵。

杨完者认为自己世代受元廷"国恩"，二话不说，"自备粮饷、衣装，星夜派子侄往谒"。

陶梦祯看见苗军军容雄壮、兵威赫赫，不由得拍掌叫好："乡道此来，吾军胜矣！"

果不其然，杨完者出手不凡，一战武昌，便旗开得胜，胜利收复武昌，还救下了大元威顺王宽彻普化的儿子。

杨完者的名头一下就打响了。

元廷随即授杨完者为湖广副都元帅，其父兄叔侄，也一并加封。

是年秋，杨完者率苗军随湖广平章阿思兰顺长江而下，准备进攻庐州（今合肥）。

杨完者的势力膨胀飞快，淮东都元帅余阙明显感受到了来自其的威胁，力劝元顺帝，说："苗蛮不当使。"

于是，元顺帝阻止住了杨完者攻击庐州的行动，并命余阙暗中监视，若"苗军有暴于境者，即收杀之，凛凛莫敢犯"。

因为元廷自缚其手，张士诚、朱元璋等人迅速崛起。

等张士诚、朱元璋羽翼渐丰，元顺帝才省悟过来，忙不迭重新启用杨完者。

至正十五年九月，与朱元璋同属红巾军濠州派系的都元帅郭天叙、右元帅张天佑等悍然渡江，集庆（今南京）岌岌可危。元廷忙派杨完者随江浙行省右丞阿鲁恢率苗军赶去救援。

杨完者的苗军一出，郭、张的红巾军抵挡不住，全面溃败。

与此同时，张士诚攻占扬州，杨完者又充当救火队员，往攻扬州，大败张士诚。

至正十六年正月，张士诚攻占平江，进胁嘉兴。

驻守杭州的江浙行省丞相达识帖睦迩连连向杨完者呼救，并许以升任参知政事。

杨完者引军入援，"生擒其首，其徒溺死者无数"。

张士诚弟张士德又惊又怒，率数万人转攻杭州。

达识帖睦迩惊慌失措，弃城而走，疾呼杨完者回夺杭州城。

杨完者马到成功，"士德大溃，收拾残兵，十丧八九"。

张士诚另一弟张士信不服，率水兵数万，沿运河北上，兵袭嘉兴。

杨完者在峡谷两岸射火箭入船，恰逢南风大起，"大火焚烧至四十里不止，淮军死者甚众"。

等风息火灭，杨完者挥军出击，"斩首七千，俘虏数千"，一时间，浮尸塞河，水流尽赤，"张士信以伏水遁还"。

苗军威震东南，壮大成二十万貔貅之师。

至正十七年，元廷升杨完者为江浙行省右丞、骠骑将军，"完者"之名，就是在这个时候赏赐的，其兄一同被赐名，为"伯颜"。

也就在这一年，张士诚与朱元璋争夺婺州失利，最得力的助手张士德被擒，势力日蹙，经过一番艰难的考量，向杨完者和达识帖睦迩求降，愿自降王号，臣服元朝。

达识帖睦迩和原先的余阙是同一路货色，担心杨完者坐大，答应了张士诚的请降，目的是想利用其来牵制杨完者。

至正十七年七月，朱元璋连克徽州（今歙县）、建德（今东至），渐露王者之相。

元廷派出了屡用不爽的杨完者，企图收复失地。

一向无往而不利的杨完者终于遇上了对手，接连败于李文忠、邓愈、胡大海之手，丧兵数万，损失惨重。

战无不胜的杨完者连续被朱元璋部打败，这原本是一个非常危险的信号，元廷却不忧反喜，为杨完者不能一枝独大欢欣高兴。

其中的达识帖睦迩尤其高兴，觉得削弱杨完者的时候到了。

至正十八年，达识帖睦迩命杨完者出兵浙东，张士诚出兵淮南。

达识帖睦迩高兴，张士诚就更加高兴了，因为杨完者曾是他的冤家死对头嘛。

杨完者听从达识帖睦迩的安排，命部将杨通泰、杨通知、李才富、肖玉率主力分四路开赴浙东，自己留镇杭州。

张士诚佯装与朱元璋作战，暗中却屯重兵于杭州城附近，等苗军主力尽出，便与达识帖睦迩里应外合，猛攻杭州城。

一生效忠于元廷的杨完者为元廷所卖，战败后与其兄伯颜自缢身亡，叹哉，惜哉！

第二章　乱世中的将帅

 濠州分家，朱元璋带走的二十四人发展如何

话说，元朝末年，明太祖朱元璋在乱世之中无处安身，不得不加入了农民起义军的洪流，投到濠州起义军首领郭子兴麾下。

郭子兴出身濠州定远（今安徽定远）富豪之家，平时好结交豪侠之士，喜欢接济穷人，很有大侠风范。

郭子兴非常赏识朱元璋，初次见面，就觉得其"状貌奇伟异常人"，心生喜爱，留置左右，升为九夫长。

朱元璋也不负重望，"凡有攻讨，即命以往，往辄胜"。

郭子兴高兴之余，将义女马氏许配给朱元璋为妻。

由此一来，乞丐出身的朱元璋在军中地位陡增，被人称为"朱公子"，从而也招致了一些人的忌恨。

这些人中，主要以郭子兴的儿子郭天叙、郭天爵以及郭子兴的妻弟张天佑为主。

郑晓《吾学编》中绘声绘色地讲述了一段郭天叙、郭天爵暗中加害朱元璋的故事，说：郭天叙、郭天爵妒忌朱元璋英武得众心，兵势日盛，就视之为眼中钉、肉中刺，曾暗备毒酒，设下酒宴，邀请朱元璋赴宴。不料走漏了风声。朱元璋接到郭氏兄弟的邀请，佯装大喜，与二郭并马行去，至半途，忽跃起，跪在马背上，仰首望天，似在聆听什么，突然又顿首伏马上，满脸怒容，勒马斥骂二郭："竖奴，乃欲毒我耶?!"二郭大惊，辩白说："安有是？"朱元璋一本正经地说："适天神云云。"二郭一听，骇汗浴背，下马伏地，连连谢罪说："安敢有是？"朱元璋拨转马头，飞驰而归，自是不复至郭子兴所，遂积嫌隙。

这则故事有很大的虚构成分，但朱元璋和郭氏兄弟存在嫌隙乃是不争之事实。

至正十二年（1352），元军围攻濠州，历时六个多月。

至正十三年（1353）春，元军主帅病亡；五月，自动解围而去。

鉴于濠州军队减员严重，且城中储存的粮食也濒临用尽，郭子兴派朱元璋回钟离招募士兵和筹措粮食。

朱元璋回乡招募到了七百多人，交给了郭子兴。

郭子兴当即升朱元璋为镇抚，并让他带领这七百人。

朱元璋带领这七百人去攻打定远，升任为总管。

这年冬天，朱元璋认为濠州城内的郭子兴、孙德崖、彭大、赵均用等人不断在内部倾轧，而自己又要时时提防来自郭天叙兄弟的谋害，难成大事，前思后想，决定另寻出路。

朱元璋也清楚郭子兴不可能同意自己将队伍带走，于是只在自己带领的七百多人中精心挑选了徐达、汤和、吴良、吴祯、花云、陈德、顾时、费聚、耿再成、耿炳文、唐胜宗、陆仲亨、华云龙、郑遇春、郭兴、郭英、胡海、张龙、陈桓、谢成、李新、张赫、张铨、周德兴等二十四人，"净身出户"，离开濠州，到定远一带发展势力。

郭子兴等人并未将这微不足道的二十四个人放在心上。

但是，后来发生的事让人出乎意料。

第二年（即至正十四年）五月，在南略定远的路上，朱元璋身患重病，放弃了攻打定远，而折往定远张家堡的驴牌寨，一举降伏了地主武装三千人。七天后，朱元璋率领新得的三千人奇袭横涧山缪大亨部，降男女七万余口，得精兵两万人。招牌一下打响，声威大振。随后，冯国用、冯国胜兄弟和李善长等人相继来投。

朱元璋攻取定远、滁州两城后，冯国用献上了建立金陵根据地的战略方针，李善长劝朱元璋取法汉高祖刘邦。

朱元璋全部采纳，大明王朝的发轫，初现端倪。

而跟随朱元璋离开濠州奔赴定远的二十四个人，被史册称为"淮西二十四将"，或称"明初淮西二十四将"。

这二十四将，在大明开国后，其中两人封王、一人封公、二十一人封侯。乃是中国古代历史上最为特殊、也是最为罕见的功臣群。

其中，徐达封魏国公，1385年病死，被追封中山王，谥号武宁。

汤和先封中山侯，后改封信国公，1395年病死，被追封为东瓯王，谥襄武。

耿再成，1362年死于处州苗人降将李祐之之手，被追封为高阳郡公，后加赠泗国公，谥武庄。

花云于1360年被陈友谅乱箭射死，被追封为东丘郡侯。

费聚封平凉侯、唐胜宗封延安侯、陆仲亨封吉安侯、郑遇春封荥阳侯，此四人均于1390年坐胡惟庸案被杀。

陈桓封普定侯，1393年坐蓝玉案被杀。

周德兴封江夏侯，1392年因其子周骥淫乱宫中受株连被杀。

李新曾封崇山侯。1395年因罪被诛。

吴良封江阴侯，1381年病死；吴祯封靖海侯，1379年病死；陈德封临江侯，1378年病死；顾时封济宁侯，1379年病死；华云龙封淮安侯，1374年病死；张赫封航海侯，1390年病死；胡海封东川侯，1393年病死；张龙封凤翔侯，1397年病死；郭兴封巩昌侯，1384年病死；郭英封武定侯，1403年病死；张铨封永定侯，1393年病死；耿炳文封长兴侯，死于1403年。

世间谬传：从共吃一头牛到赏赐一只鹅

提起明初开国功臣，最受后世仰慕的就是中山王徐达。

明末蓟辽督师袁崇焕在赴双岛擒杀毛文龙途中，和随行幕僚将佐聊天，就曾侃侃而谈，说："想我大明开国，中山王徐达、开平王常遇春等名将初战于鄱阳湖采石矶，再战于沙漠北平；水战胜，马步战亦胜，这才驱逐走蒙元，得以一统天下。现在水师仅能据船自守，本部院要收复辽东，不能让水师仅限于水战，必须还能参与陆地，希望诸君努力，兵额不得虚冒。"

现在，很多人都知道徐达是一时名将，却对徐达的战功不甚明了，而仅仅记得徐达小时候是朱元璋放牛的同伴，曾一起偷牛、吃牛；还有大明开国后，徐达被朱元璋送的一只"蒸公鹅"毒死。

毕竟，这两个情节太富于戏剧性，太让人过耳不忘了。

但是，这两个情节都是假的。

把这两个情节当成史实写，并对现代人产生深远影响力的，应该是大史学家吴晗的得意之作——《朱元璋传》。

《朱元璋传》开篇第一章第一节写朱元璋、徐达偷牛情节来源于明朝人王文禄的《龙兴慈记》。《龙兴慈记》是一部神书，里面的内容除了朱元璋小时候偷牛故事，还有：朱元璋的爷爷葬中了风水宝地，所以朱元璋后来做了天子；朱元璋出生时的种种祥瑞；朱元璋做沙弥的时候发配庙中伽蓝神；刘伯温被高人魂魄附体；朱元璋杀常遇春老婆；等等。

这些故事原本就假得不能再假，而且，在偷牛事件中，《龙兴慈记》也没有提到合谋者都有谁，但吴晗却煞有介事地当成真事来写，并且脑洞大开，说参与者有徐达、汤和、周德兴。

但是，徐达死后，朱元璋曾亲自撰写了一篇长达两千余字的"御制神道碑文"，上面将其与徐达的初次相见交代得清清楚楚："岁癸巳，朕集义旅，王来麾下"，则他们相识时，徐达已经二十二岁了。

说到徐达吃朱元璋送来的"蒸公鹅"被毒死，源头始于明代中叶的

《翦胜野闻》，里面谈到朱元璋在徐达患病期间曾有"赐食"行为，不过没交代所赐的食物是蒸鹅。蒸鹅是清代赵翼在《廿二史札记》中加进去的。赵翼原意是想讲一个"传闻无稽之谈"，说到了朱元璋"赐以蒸鹅，疽最忌鹅"。

这个故事更假得不要不要的。

一来，《明实录》和《明史》都没有"赐蒸鹅毒死徐达"的记录，二来，徐达患病时在北京，而朱元璋在南京，一只蒸熟的公鹅，真要千里迢迢送到徐达的口中，也真够扯的。

下面，来说说徐达真正的历史、真正的经历。

徐达的确和朱元璋是同乡，都是濠州（今安徽凤阳）钟离太平乡人，出身贫农家庭，小时候也许放过牛。但同乡、贫农、放牛，并不意味着他们一定相识。

至正十三年（1353）六月，在濠州郭子兴起义军中当小头目的朱元璋回乡招兵，徐达"仗剑往从"，从此开始了他波澜壮阔的征战生涯。

入伍没几天，徐达就表现出了与普通小兵所不同的东西，"时时以王霸之略进"（李贽《续藏书》卷三，《开国功臣徐公传》），协助朱元璋收编定远的几支地方武装，并在攻占滁州、和州的战斗中勇敢凶猛，异常抢眼。

朱元璋赞赏之余，授为镇抚，"位诸宿将上"。

实际上，彼时的朱元璋还在岳父郭子兴手下打工，"诸将多太祖等夷，莫肯为下"，徐达却"奉约束其谨"（《凤阳府志》卷十八，《人物志》），忠心耿耿、毕恭毕敬。

最让朱元璋刮目相看的是，某次，朱元璋的顶头上司郭子兴与另外一名首领孙德崖发生冲突，郭子兴是个粗人，做事不计后果，一怒之下，也不向朱元璋打招呼，拘捕了孙德崖，准备请孙德崖吃"板面刀"。

但孙德崖的部众也不是吃素的，一下子就捉到了朱元璋。

朱元璋知道是岳父捅下了娄子，被孙德崖的部众捉了个正着，真是有苦说不出。

关键时刻，还是徐达够义气，挺身而出，到孙德崔军中去做人质，换朱元璋回来做郭子兴的思想工作。

也幸亏郭子兴听劝，释放了孙德崖，徐达才得以恢复自由。

经过这场共患难，朱元璋对徐达除了感激之外，更多的是信任。

而徐达也堪称天生名将，一旦有了用武之地，就所向披靡，无以争锋。

郭子兴病逝后，朱元璋执掌全军大权，挥师南渡长江，攻占采石、太平，谋攻集庆（今江苏南京），徐达"与常遇春皆冠军，而达独参与进止"（查继佐《罪惟录》列传卷八十，《徐达》），成为朱元璋最倚重的大将，授淮兴翼统军元帅。

在统兵"廓江汉，清淮楚"，击灭陈友谅势力后，徐达升任同知枢密院事、左相国（后改官制，任右相国）大将军。

在"电扫西浙"，攻占平江（今江苏苏州），消灭张士诚势力后，徐达又受命为征虏大将军，率师北伐，"席卷中原"，克复大都（今北京）。

一时间，徐达"声威所震，直达塞外"（《明太祖实录》卷一七一）。

在推翻元朝、统一全国的大大小小数百次战斗中，徐达用兵，全都战无不胜，攻无不克。

但徐达也是人，并不是神。

洪武五年，早退往漠北草原的元顺帝之子必力克图汗，以扩廓帖木儿为中书右丞相，不时出兵南下，企图恢复大元帝国的统治。

徐达犯了轻敌冒进的兵家大忌，自认为有十万兵力便足以肃清沙漠，与李文忠、冯胜分头统军北征。其本人率中路军挺进到杭爱岭北，遭到扩廓帖木儿的迎头痛击，"死者万余人"（王世贞《弇州史料》前集卷十九，《徐中山世家》）。李文忠所率的东路军也损失惨重，只有冯胜所率的西路军攻至兰州，全师而还。

徐达总结了这次血的教训，以后带兵出击，再也不犯此类错误，有力地保障了北部边境的安全。

徐达"以智勇之资，负柱石之任"，朱元璋因此对他赏赐最厚，授他为太傅、中书右丞相，后封魏国公。

徐达三个女儿，长女为朱棣的皇后，次为代王妃，又次为安王妃。

徐达长子辉祖封魏国公、袭爵；幼子增寿后来也被追封定国公。

一门二公，徐家荣盛一时。

洪武十八年二月，徐达病逝，朱元璋停止上朝，备极哀荣，追封徐达为中山王，谥武宁，赐葬钟山之阴，配享太庙、功臣庙，位皆第一，亲撰"御制神道碑文"。

现在，徐达的神道碑不仅是明朝功臣墓碑中最大的一块（通高8.95米），而且比位于钟山南麓、明孝陵重要组成部分的"大明孝陵神功圣德碑"还要高出17厘米（"大明孝陵神功圣德碑"高8.78米，碑为朱棣所立，碑文为朱棣亲自撰写）。

本来，按明朝制度，功臣殁后封王者，陵前神道碑身高九尺（3米），广三尺六寸。徐达神道碑的规格，不仅远远超过了这一标准，而且比朱元璋的还高，这足以证明徐达在朱元璋以至朱元璋儿子朱棣心目中地位的重要。

朱元璋赐"蒸公鹅"毒害徐达之说，实难成立。

话说回来，朱元璋对徐达的忠诚真没起过疑心吗？

不是的。

给事中陈汶辉曾在一个奏疏中有提到"刘基、徐达之见猜"，说："视萧何、韩信，其危疑相去几何哉？"（《明史》卷三九，《李任鲁传》）

而朱元璋在为徐达撰写的"御制神道碑文"中，也坦承自己曾因术士"太阴数犯上将"的蛊惑之词而"恶之"，说："（洪武）十七年甲子，太阴数犯上将，朕恶之，召罢北镇，劳于家。"

但是，徐达经受住了考验，政治上从不拉帮结派，对朱元璋忠诚不二，经济上从不伸手，生活上严于律己，堪称完人。

曾经，淮西党派的党魁胡惟庸见徐达既是淮西人，又功高权重，再三拉拢。徐达断然拒绝，当觉察到胡惟庸准备加害于己时，毅然上报朱元璋，并一再提醒：胡惟庸不适合当丞相。胡惟庸谋反被杀后，朱元璋想起徐达的话，"益重达"（《明史》卷一二五，《徐达传》）。

徐达统大军擒杀张士诚，攻占平江后，"封姑苏之府库，置胡官之美人财货无所取，妇女无所爱"（《献征录》卷五，黄金之《魏国公徐公达》）。

徐达在南京家里的房子低矮狭小，毫无大将军宅应有的气势。朱元璋多次想给他换豪华的房子，他援引霍去病"匈奴未灭，何以家为"之辞，说："天下未定，上方宵衣旰食，臣敢以家为计？"（《明太祖实录》卷一七一）

而等天下已定，徐达仍居旧室，朱元璋实在过意不去，旧话重提，说："徐兄功大，未有宁居，可赐以旧邸。"（《明史》卷一二五，《徐达传》）准备把自己过去当吴王时住的府邸相赠。

徐达固辞不受。

一个执意要赠，一个坚决不受，怎么办？

朱元璋想了个主意，请徐达到吴王旧邸喝酒，将之灌醉后，命人抬到床上去睡。

朱元璋以为，徐达一觉睡醒，就会接受这所府邸了。

哪知徐达酒醒之后，立刻滚到床下，俯伏在地，连呼："死罪！死罪！"

朱元璋只好拉倒，命人在这所府邸之前另建一座规制宏伟的宅邸，赐给徐达，并在宅第前竖起一块大牌坊，上刻"大功坊"三个字，以表彰徐达的功勋。

徐达死后，朱元璋在神道碑上对他的赞语是："忠志无疵，昭明乎日月"。

 常遇春的死，有些蹊跷

很多地方流传有"男怕三六九，女怕一四七"的俗语。

这俗语的前半句，是指男人活到逢三、逢六、逢九这样的年龄，尤其是三、六、九组合型的年龄，往往会遇到人生的一道坎，这道坎，甚至可能是生命中的一次劫难。

仔细查一下，古代很多名将都倒在三十九岁的这道坎上。

比如三国第一虎将吕布，其于建安三年十二月败于下邳，被曹操处死，死时三十九岁。

又比如深得诸葛亮器重的马谡，其于建兴六年失街亭，按军法论处，时年三十九岁。

还有灭蜀统帅钟会、北魏创建者拓跋珪、五代英豪柴荣、抗金英雄岳飞、蒙古名将拖雷、明初名将常遇春、明末名将卢象升、明末民族英雄郑成功、明末起义领袖李自成、清初名将豪格和多尔衮等，全是死于三十九岁的年纪。

以上诸名将之死，多数是横死于刀剑之下，仅有少数如拓跋珪、柴荣、多尔衮等是死于疾病，但这些人的疾病征兆明显，都曾在卧病榻上绵延多日，实在熬不过，才撒手西归。

唯独常遇春之死最为蹊跷。

常遇春，字伯仁，号燕衡，安徽怀远县常家坟永平岗人，生于元朝至顺元年（1330），卒于明朝洪武二年（1369）。

常遇春祖上三代贫困，曾祖名常四三，祖父名常重五，父名常六六，这些名字的来由，都是没有学识随意以族中辈分和家中弟兄排行而来。

常遇春本人没有以数字为名，是因为他出生于正月初十，该日正逢立春，故名"遇春"。

常遇春长大成人，相貌奇伟，勇力超群，猿臂善射。

元帝昏聩，荒淫无度，民众处在水深火热之中，天下大乱，枭雄并起。

常遇春也召集邻里豪杰，揭竿而起，加入当地刘聚的起义队伍中。

刘聚胸无大志，目光短浅，只是一个占山为王的平庸土匪。常遇春大失所望，决定跳槽，另择明主。

至正十五年（1355）初，朱元璋欲渡江南下，扫除南方后患，以图北进中原。

常遇春闻朱元璋大名，率领数十位亲信部属，投奔麾下。

常遇春在朱元璋军中的第一战，乃是夺取采石矶之战。

当时，采石矶上守兵万箭齐发，朱元璋军轻易不得靠前。

在众将束手无策之际，常遇春驾一叶轻舟，手持长戈，站在舟首，如箭一样驰向采石矶岸边，弃舟登岸，奋戈直前，大呼跳荡，迅速开辟出滩头阵地。

朱元璋麾军挺进，胜利渡江。

可以说，常遇春的孤身闯阵为胜利渡江起到了决定性的作用。

战后论功，授总管府先锋，进总管都督。

至正十六年（1356），在集庆路与元军对峙了四个月之久的朱元璋突然发起猛攻，而担任先锋的，正是常遇春。

常遇春操轻舸逆流而上，左右纵击，以石炮猛烈轰击敌阵，俘获敌兵数以万计。

元军首领蛮子海牙被迫收缩兵力，全部退入集庆，龟守以待援军。

朱元璋因此从容攻占集庆周边要地，将集庆围困成了一座孤城，最终轻松收入囊中。

此役，常遇春勇冠三军，功盖诸将。

不久，朱元璋命常遇春从徐达攻取镇江（今江苏镇江市）、夺取常州（今江苏常州市）。

常遇春英勇善战，独当一面，不但顺利夺取了镇江和常州，还在徐达被吴地元兵围困在牛塘一带时，从外围破溃围而入，生擒敌军主将。

朱元璋闻讯大喜，拜其为统军大元帅，并于常州大捷后，再升为中翼大元帅。

常遇春往攻宁国（今安徽宁国市），激战中，被流矢射中，他不但不退，反而更加凶悍，带伤力战，率军横行敌阵中，无人能挡，敌军远远看见，望风而逃，溃散如洪水决堤。

常遇春水战能胜，陆战也能胜，其在用陆军攻长江下游要塞马驼沙后，又以水军攻克池州。

朱元璋因此任命其为行省都督、马步水军大元帅。

其后，常遇春取婺州、克衢州，欲再攻杭州，朱元璋召还应天，与徐达共击赵普胜。

常、徐两人合力，大获全胜。

常遇春还在池州九华山下伏击陈友谅，杀敌万余。

该年，陈友谅亲统大军入太平进犯龙湾（今属浙江温州）。

常遇春以五路兵马设伏，第二次大破陈友谅，平定了太平地区。

随后，常遇春跟随朱元璋进取安庆、破江州，每战，必身先士卒，所向无敌。

攻取江州后，朱元璋进驻九江，常遇春还守龙湾。

适逢张士诚突袭长兴（今浙江省长兴县），朱元璋急忙还军应天，同时急令常遇春速赴长兴接战。

常遇春星夜赶至，大战张士诚，俘杀吴兵五千余人。

张士诚一计不成，又生一计，出兵围困安丰。

安丰守将刘福通频频向朱元璋告急。

朱元璋于是携常遇春出援。

但还是迟了一步，吕珍已经杀了刘福通，驱全城将士坚守城池。

常遇春到后，横击其阵，三战三破，俘获士马无算。

拿下了安丰，常遇春跟随徐达围攻重镇庐州。

庐州将克，陈友谅发大军围困洪都（今南昌）。

两人又充当救火队员，星夜赶回洪都，与朱元璋会师，共击陈友谅。

朱、陈两军决战于彭蠡湖之康浪山。

陈友谅兵众势大，有巨舰，又地处上游，士气如日中天。

常遇春毫不畏惧，率诸将出战，呼声惊天动地，人人以一当百，浴血奋战。

陈友谅手下骁将张定边驾轻舟直犯朱元璋战船，朱元璋座舰体大分量重，陷在浅水淤泥中，动弹不得。

常遇春在战阵中觑见，张弓搭箭，一箭把张定边放倒。

朱元璋因此得以脱险。

两军鏖战了三日三夜，情形惨烈。

第四日，常遇春采取火攻，备火油，命兵士焚烧敌军舟船，一时间，湖水皆赤，红如晚霞。

陈友谅不敢恋战，仓皇撤出战阵。

诸将都认为陈友谅虽然战败，但兵马尚强，主力仍在，不可阻挡，不若先由他逃去，来日从长计议。

独常遇春不发一言。

陈友谅整顿旗鼓，三军齐动，鼓噪着要冲出湖口。

朱元璋急命诸将扼守上游要塞。

处于下游的常遇春溯江而上，亲率诸将迎战陈军。

陈友谅军心大散，陈友谅本人穷蹙无计，于乱军中战死。

陈友谅一死，十数万残兵俱降。

朱元璋论功行赏，常遇春功勋第一，得赏金帛田土最多。

次年，朱元璋即吴王位，常遇春授平章政事。

在清扫陈友谅残余势力的作战中，常遇春犹如摧枯拉朽，下武昌、夺庐州，与徐达分兵攻战沿江各城寨，连取沙坑、麻岭、牛坡等地，拿下重镇吉安、赣州。

常遇春又乘军势夺取南雄（今广东南雄市）、韶州（今广东韶关市）、安陆（今湖北安陆市）、襄阳（今湖北省襄樊市襄阳区）。

各路贼兵，听说是常遇春来攻，无不望风披靡，逃跑的逃跑、归降的归降。

朱元璋接下来开始全力对付张士诚。

常遇春跟随徐达往攻泰州，大败张士诚军，然后沿海筑坝造墙以扼制敌军。

该年秋，讨伐张士诚的大战正式打响。

常遇春拜副将军，于太湖，于毗山，于三里桥，于湖州，于平江，势如破竹，连战连捷。

张士诚被擒杀后，常遇春进中书平章军国重事，封鄂国公。

南方悉已荡平，常遇春拜为副将军，与大将军徐达率兵北伐。

大军既行，朱元璋又以常遇春兼太子少保。

常遇春每战必亲为先锋，山东诸郡，尽数攻克，轻取汴梁，进取洛阳。

五万元军陈兵洛水北岸，严阵以待。常遇春单骑突入敌阵，敌军二十余骑舞动铁槊，一齐向常遇春杀来。常遇春射落敌军前锋，大呼驰入，麾下壮士从之。元军被杀得丢盔弃甲，四散奔逃。梁王阿鲁温举械投降，河南郡邑依次而下。

大军进至河北，先驱取德州，然后水陆沿河并进，破元兵于河西务，攻克通州，入元都，分兵攻下保定、河间、真定。

元军主力退入太原。

常遇春与徐达商议："我骑兵虽集，步卒未至，骤与战必多杀伤，夜劫之可得志。"亲选精骑夜衔枚往袭。元军统帅扩廓帖木儿意所未料，在混乱中伤一足，乘屌马，在十八骑死护下走大同。

此次夜袭，常遇春迫降元兵四万，克太原。

朱元璋诏改常遇春为左副将军，要其北取大同，转战河东，下奉元路（元代西安），与右副将军冯胜会师，西拔凤翔。

常遇春依诏而行，莫不如志。

朱元璋又以平章李文忠为常遇春副将，命其两人率领步骑九万，向北驱逐胡元。

两人率兵一路转战，战会州（今甘肃会宁东部），战锦州（今辽宁锦州市），战全宁（今属北京），战大兴州（今隆化），尽取燕都邻近各地重镇。

元帝向北抱头鼠窜。

常遇春率军昼夜追击数百里，抓获元帝宗王庆生和平章鼎住等，另得投降将士万余人，战车万余辆，马三千匹，牛五万头。

至此，中原大定，元朝统治宣告结束。

常遇春率队班师，行军至柳河川，突发恶疾，暴病身逝，虚岁四十，实享年三十九岁。

朱元璋闻听如此噩耗，大震悼。追其为开平王，谥忠武。配享太庙，肖像忠诚庙，位皆第二。

《明史·常遇春传》记："常遇春，字伯仁，怀远人。貌奇伟，勇力绝人，猿臂善射。""遇春沉鸷果敢，善抚士卒，摧锋陷阵，未尝败北。"常遇春可谓身强体健，但他竟一夜暴疾卒于战斗后的班师途中，让人惊诧，也因此有人怀疑是朱元璋暗中做了手脚，卸磨杀驴。

其实，当时的元军统帅扩廓帖木儿尚拥兵塞外，云南、四川等边疆地区均未平定，远未到卸磨之时，朱元璋岂会提前杀驴?!

关于常遇春的暴死，武侠小说作家金庸用游戏笔墨给出了一个荒诞的解释——常遇春早年在蝴蝶谷被张无忌用猛药医坏了，寿数定格在四十岁之前。

金庸的说法属于调侃搞笑，人们一般认为，常遇春是患上了"卸甲风"暴死的。

所谓"卸甲风"，就是指人在白天冒着酷暑身披重甲，而到了夜晚，在气温骤降时卸甲，从而引发了"中风"之疾。

这很可能就是常遇春的真正死因。

想想看，柳河川地区七月夏秋之交的气候就是昼热夜凉，常遇春重甲在身，白天一身汗水，到了夜晚，军队安营扎寨，就卸去盔甲，而大军远征，军中没有良医，引发了"中风"，结果不治身亡。

 ## 郭英为功臣中武力最高者，曾箭射陈友谅

朱元璋麾下战功最高的人当数徐达、常遇春。

这两人都是帅才，排兵布阵、运筹帷幄，乃至冲锋陷阵，都是世间一流。

但单以个人武力论，可能都比不上郭英。

明施显卿的《古典旧文·奇闻类记》中有一条关于郭英的记载："武定侯郭公兴，临淮人，沉毅多智，身长七尺，膂力过人。国初从征，渡江取金陵，以谨重见信任。常从征伪汉陈友谅，其将有陈同金者，骁捷善槊，驰入中军帐下。上递呼曰：'郭四为我杀贼。'公持枪跃马奋臂一呼，贼应手陨坠。上解所御赤战袍衣之曰：'唐之尉迟敬德不汝过也。'"

郭英排行第四，军中咸以"郭四"呼之。

汉军陈同金单槊踹营，直闯朱元璋的中军帐。

危难之际，朱元璋的第一反应就是急呼"郭四"之名索救，情形仿

如唐太宗李世民攻洛阳遇上了单骑踹营的单雄信。

郭英持枪跃马，应声而至，一枪将陈同金刺落马下，威风凛凛，即如当年救主的尉迟敬德。

朱元璋脱险后，惊魂未定，解下自己的战袍相赐，口中连说："唐之尉迟敬德不汝过也。"

郭英跃马挺枪刺陈同金之事，也被录入了《明史》《明史纪事本末》等书。

郭英是濠州（今安徽凤阳东北）人，与兄长郭兴于至正十三年（1353）从朱元璋起兵。因武艺高强，朱元璋将其选为宿卫亲将，不离左右。

也正是如此，每当朱元璋遭遇险情，第一时间就会想到郭英。

郭英跟随朱元璋攻滁州、和州、采石、太平等地，只充当一个保镖的角色，并没有太多表现机会。真正扬名军中、大放异彩，是从大战鄱阳湖开始。

鄱阳湖大战，是朱元璋事业的最大转折点。

朱元璋争霸天下中所遇到的最大的敌人就是陈友谅。

当时，他的兵力远小于陈友谅。

为了打赢这一仗，他动用了所有可以动用的力量，包括他自己，也亲临一线参与指挥作战。

在这种背景下，郭英投入了对敌的搏杀中。

《三世家典》载："上亲征伪汉陈友谅，大战鄱阳湖，相持连昼夜。英时疮未瘳，力疾乘海船鏖战，败贼于泾江口。"即郭英身负重伤，但并不退却，支撑着，乘海船鏖战，终于在泾江口与诸将一起大败陈友谅。

郭英是怎么大败陈友谅的呢？

《明史·陈友谅传》载："久之乏食，突围出湖口。诸将自上流邀击之，大战泾江口。汉军且斗且走，日暮犹不解。友谅从舟中引首出，有所指捴，骤中流矢，贯睛及颅死。"

《明史》为清朝人编著，只说陈友谅在泾江口中流矢而死，鄱阳湖大战由此降下帷幕。

但明朝人郎瑛在其《七修类稿》中写得非常具体："元末僭窃虽多，独陈友谅兵力强大，与我师鄱阳湖之战，相持昼夜，势不两存矣。时，郭英、子兴兄弟侍上侧，进火攻之策。友谅势迫，启窗视师。英望见异常，开弓射之，箭贯其睛及颅而死。至今人知友谅死于流矢，不知郭所发也。"即所谓"流矢"，其实是郭英发矢中的而为。

郭英箭射陈友谅事，《功臣录》也有记载，但只是含糊其词地说是"有言英之箭者"。而《传信录》却误记为郭英之兄郭兴所射，说当时朱元璋大赞："郭二兄弟一箭，胜十万师，功何可当是矣！"

鄱阳湖大战之后，朱元璋不再留郭英在身边，而让他与徐达、常遇春等人一起征战四方。

《明史·郭英传》载，郭英此后单独带兵攻岳州、庐州、襄阳、淮安、濠州、安丰。从徐达定中原；又从常遇春攻太原，下兴州、大同。于沙净州渡河，取西安、凤翔、巩昌、庆阳，进克定西。洪武十四年，从傅友德征云南，攻克曲靖、陆凉、越州、关索岭、椅子寨，降大理、金齿、广南，平诸山寨。洪武十六年平蒙化、邓川，济金沙，取北胜、丽江。洪武十八年，镇守辽东。

《三世家典》载，自初起兵至是，（郭英）总计擒斩获俘人马一十七万余，大小五百战，身被七十余伤。

郭英功高，洪武三年，朱元璋论功行赏时，被封为武定侯。

郭英福厚，有子十二人：郭镇、郭铭、郭镛、郭鉴、郭钥、郭铨、郭锜、郭钰、郭钫、郭镔、郭钢、郭钥。

长子郭镇与永嘉公主成婚，次子郭铭为辽府典宝，三子郭镛是中军右都督，四子郭鉴是中都副留守，五子郭钥是散骑舍人，六子郭钰赠尚宝司丞，七子郭钫是旗守卫指挥使，其他诸子均有官职。

另外，曾孙郭登是英宗朝名将，土木堡之变后，成功镇守大同，为明王朝稳住了战局。其所训练出来的宣大精骑是明王朝三百年里公认的虎狼之师。

郭英是明朝开国功臣中罕有的得善终者，其病殁于永乐元年（1403），年六十七岁，获赠营国公，谥威襄，葬于巨野城北郭家茔地。

《三世家典》赞："郭英开国重臣，其功业之隆、子孙之盛、富贵寿考、始终令节世为罕俪，人以比之郭汾阳云。"

《明史》则赞："或威著边疆，或功存海运，搴旗陷阵，所向皆摧，揆之前代功臣，何多让焉。而又皆能保守禄位，以恩礼令终，斯其尤足嘉美者欤！"

 ## 邓愈十六岁即为万人首领

熟悉明朝历史的人都知道，洪武三年，大将军徐达、左副将军李文忠等从塞外班师还朝，奉上平沙漠表，朱元璋欣喜之余，大封功臣勋爵。

这次，一共封公六人，封侯二十八人，后来又补封了两个伯，共封功臣勋爵三十六人。

不用说，最为尊荣的是封公六人，他们分别是：李善长、徐达、常茂、李文忠、冯胜、邓愈。

这六个人中，李善长不必多说了，乃是朱元璋座下第一文臣。

徐达呢，则是朱元璋座下第一大将。

常茂名气不高，但他有一个很牛的老爸，即堪与徐达比肩的开平忠武王常遇春。

李文忠不但能打，屡建战功，最主要的是，他是朱元璋的亲外甥。

冯胜在常遇春死后，与徐达、蓝玉并列明初三大将，能力和功勋也是没得说的。

邓愈——说起邓愈，大家都知道他资历深，也立过很多战功，但若果要单独拎出来说说他的战功和光辉事迹，往往又不知从何说起。

一句话，六大功臣中，除去靠父亲功勋封公的常茂，名气最低的其实就是邓愈。

但是，细考一下邓愈的经历，你会发现，朱元璋对他的好是无以复加的。

比如说，邓愈原本的名字并不叫邓愈，而叫邓友德，邓愈这个名字，是朱元璋替他起的。还有，朱元璋治军是非常严厉的，手下将领稍微有违，定斩不饶。至正二十一年七月，陈友谅悍将张定边发动了对安庆的猛烈攻击，守将赵仲中抵挡不住，败逃回到应天，立即被朱元璋斩杀。斩杀的理由很充足：军法有规定，凡责令守城者，必须与城池共存亡，否则格杀勿论。然而，半年之后，即至正二十二年三月，江西洪都发生了祝宗和康泰之乱，邓愈身为守将，战败逃亡，依例当斩。但朱元璋实在是太爱邓愈了，网开一面，没有加以处罚。

当然，最能说明问题的是：洪武十年，吐蕃残部抢劫乌斯藏贡使辎重，邓愈领军征讨。凯旋时，不幸染上重疾，部队行至寿春，溘然去世，享年四十一岁。听闻噩耗的朱元璋失声痛哭，停朝三日，亲迎灵柩祭奠，同时追封其为宁河王，赐予谥号武顺，肖像挂在太庙中享祭。还亲自选择墓地，安葬在南京雨花台西安德门里的西山，墓前置六对石翁仲石马，山上遍植松柏，禁止樵猎。并命人将邓愈的功绩写入《洪武功臣录》。

朱元璋对礼部尚书朱梦炎历数邓愈的战功，说："友德随我二十二年，东征西讨，尝尽辛苦，镇守八州，有功无过。你当撰文刻诸石上，以昭不朽。"

朱元璋还为邓愈像题词："天生元辅兮辅我定乎九州，溯其功勋德业兮实无人以可侔，垂凛凛于尺幅兮直与河岳而长流。"

那么，邓愈何以得朱元璋如此恩宠呢？

主要是邓愈率军来投时给朱元璋留下的第一印象太好了。

邓愈的父亲邓顺兴，重气节、讲信义，被乡人推为团练，不久，顺应天下大势，聚集兵马反元。可惜的是，至正十三年，邓顺兴在和元军作战的过程中，中箭身亡。接掌兵权的是邓愈之兄邓友隆。但邓友隆是短命之人，没多久就患病故去。这样，重担就落到了十六岁邓愈的稚嫩的肩上。

至正十五年春，朱元璋攻克滁州，小邓愈慧眼识真主，率领自己的部众近万人前来投奔。

朱元璋这时刚刚开始发迹，王相未显，得邓愈来投，大喜过望，封其为管军总管，邓愈之名，也是这个时候赏赐的。

这之后，邓愈在朱元璋手下为将的二十多年时间里，征战苏皖、驰骋中原、进军西南。

朱元璋也在不停地奖赏、提拔，不断地委以其新的重任。

元至正二十二年（1362），初得重镇南昌，朱元璋便任命其为江西行省参知政事。因为降将祝宗、康泰的叛变，洪都失守，朱元璋也没有怪罪。徐达还师收复洪都后，朱元璋仍命邓愈辅佐大都督朱文正镇守洪都，赏赐金千两，缎百匹。

邓愈二十八岁时，被提升为江西行省右丞、湖广行省平章，镇守襄阳等处。三十岁任御史大夫。

洪武元年正月初四，朱元璋登基，加封邓愈为太子谕德。

洪武三年封赏功爵时，邓愈的官职授为开国辅运推诚宣力武臣、特进荣禄大夫、右柱国；爵位封为卫国公，参与军国大事。每年的俸禄三千石，并授予子孙世袭的凭证。

朱元璋还将距其皇宫仅五里多的洪武正街的一处宅第，赐予邓愈作为府邸。又在邓愈的老家泗县，赐城南良田五百顷，佃户七十三家，守坟户一百五十户，仪仗户十九家。

如此大的功勋，威名不扬，原因大概就是邓愈和胡大海、朱文正、徐达、常遇春等人搭档时，常常作为副将；而他身为主将时，却又常常留镇后方安抚士众的原因吧。

 廖永安被擒，本有生机，却被朱元璋掐灭

读《明史·廖永安传》，会有一个疑问，让人挥之不去。

什么疑问呢？

先看该传所写：

> 明太祖崛起之初，巢湖人廖永安、廖永忠兄弟偕同俞通海等率舟师前来归附。
>
> 明太祖亲往收其军，以其舟师攻打驻守于马场河的元中丞蛮子海牙军。

元军驾驶楼船，不利进退。

廖永安等人操舟若飞，屡战屡胜。

由此，明太祖始定渡江之策。

渡江之日，万帆发于江口。

廖永安举帆，向明太祖请示进攻方向。

太祖遥指牛渚。

时西北风方骤，舟师鼓帆而行，顷刻达岸。

太祖挥甲士奋勇以登，采石镇兵皆溃，遂乘胜取太平。

战后论功，授廖永安管军总管。

不日，廖永安率舟师攻破海牙水寨子，生擒元民兵元帅陈兆先，进入南京。

明太祖因此擢廖永安为建康翼统军元帅。

随后，廖永安先以舟师从取镇江，克常州；又以舟师同常遇春攻克池州，擒徐寿辉守将；又偕俞通海拔江阴之石牌戌，迫降张士诚守将栾瑞；再以舟师于常熟之福山港破张士诚兵，缴获战舰无数以归。

可惜的是，廖永安跟从徐达收复宜兴，贪功深入太湖，与张士诚大将吕珍恶战，后军不继，战船搁浅，不幸被俘。

廖永安长于水战，所至皆建奇功。张士诚爱其才勇，多番招降，遭拒后，将之投入囚牢。

明太祖激赏廖永安之忠勇不屈，遥授行省平章政事，封楚国公。

永安被囚凡八年，竟死于吴。

吴平，丧还，太祖迎祭于郊。

洪武六年，明太祖定廖永安谥号为"武闵"。

洪武九年加赠开国辅运推诚宣力武臣、光禄大夫、柱国。

不久，又改封为郧国公。

通篇字数并不多，但传递出的讯息很多：

一、巢湖人廖永安、廖永忠兄弟，以及俞通海等人是带有大批水军投奔朱元璋的；

二、朱元璋得廖氏兄弟的水军后，水战所向皆捷，因此有了渡江攻取南京的想法。这也透露出朱元璋之前是没有水军的，即没有渡江攻取南京的打算（至少近期没有）；

三、廖永安的水军的确厉害，攻采石、克太平，顺利帮助朱元璋拿下了南京。朱元璋也因此擢廖永安为建康翼统军元帅，器重有加；

四、廖永安带领水军四下攻城略地，连取镇江、常州、池州、石牌戍等地，无不得志；

五、因为廖永安太能打，被俘后，得到了张士诚的敬重，多番招降；

六、朱元璋对廖永安被擒非常惋惜，遥授其为行省平章政事，封楚国公；

七、廖永安对朱元璋非常忠心，被俘八年，坚贞不屈，最终死于狱中；

八、朱元璋对廖永安的死非常伤心，平灭了张士诚后，迎祭于郊；洪武六年上谥号为"武闵"，洪武九年改楚国公为郧国公。

以上讯息粗粗一看没问题，但仔细一看会觉得不对劲。

哪儿不对劲呢？

第七、第八点不对劲。

按照以上第七点，朱元璋对廖永安被擒是如此的痛心和惋惜；但根据第八点，廖永安被俘八年，最终死于狱中——难道，这漫长的八年中朱元璋都没有半点办法进行拯救？军事手段不行，政治外交手段，抑或经济手段也行啊。

查《国朝献征录》，里面有一段话，可以看作是对《明史·廖永安传》记载的补充："士诚欲降之，永安不屈，遂拘囚。之后徐达援常州，士诚弟来战。达遣王玉击败，擒士德。上喜曰：'士德，士诚谋主，其人智勇。今擒之，张氏之成败可知矣。'遣人往求和好，士德母痛之，议归永安以易。上不从，士德死，（永安）竟不获归。"

原来，朱元璋并不是没有办法拯救廖永安，而是不愿。

因为，《国朝献征录》上交代得清清楚楚：廖永安被擒后不久，徐达在常州抓到了张士诚的弟弟张士德。张士诚一看弟弟被抓了，赶紧派人向朱元璋求和。张士诚的母亲心疼儿子，提出用廖永安换回儿子。朱元璋拒绝，杀了张士德。廖永安因此没能获得释放。

由此，问题来了：朱元璋果真爱惜廖永安，为什么不肯达成交换战俘协议？不肯就算了，还要杀掉掌握在手的筹码张士德，岂不是要把廖永安向死路上推？

以往史家分析，主要着重于《国朝献征录》文字中朱元璋说的这一句——"士德，士诚谋主，其人智勇。今擒之，张氏之成败可知矣。"

即朱元璋不肯释放张士德，是张士德对整个战局影响太大了：张士德是张士诚的主心骨，只要杀了张士德，张士诚就蹦不了几天了。

大家都称赞，朱元璋不用张士德换回廖永安，是舍一人而全大局，是壮士断腕，悲壮而明智。

但这种说法根本经不起推敲。

细查史书，并没发现张士德是什么了不起的人，而他被朱元璋擒杀后，张士诚集团并没起什么大的变化，且与朱元璋相抗衡了八九年之久（张士诚亡于至正二十七年）。

而退一万步说，就算张士德真的是张士诚集团里举足轻重的枢纽人物，朱元璋关押住他就行，实在没有必要将之杀死，以此来激怒张士诚。

因此，问题的关键来了——朱元璋通过杀张士德来激怒张士诚，意欲何为？

难道，不是想催使张士诚杀死廖永安吗？

这就让人更加奇怪了，《明史·廖永安传》记载，朱元璋明明是如此爱惜廖永安，为什么想要张士诚杀死廖永安呢？

莫不成，《明史·廖永安传》记载了一段假历史？

事实上，《明史·廖永安传》还真是记载了一段假历史，准确点说，也许不算是记载了一段假历史，而是隐瞒了一段真历史。

查《明实录》，廖永安、廖永忠兄弟偕同俞通海等率舟师前来归附的时间，是元至正十五年（1355）五月。

这个时候，朱元璋并非濠州红巾军的老大。

当时的首领是郭子兴长子郭天叙，称濠州都元帅。郭子兴的妻弟张天祐称左副元帅，朱元璋称右副元帅。

即朱元璋只是军队里的老三。

军队里职位最高的将领也不是徐达、常遇春、冯国用这些人——这些人，只是在朱元璋手下打工。

当时职位最高的将领是邵肆、邵荣等。

由于廖永安是带着军队来投的，并在投入之后迅速建功，职位被安排在了邵肆、邵荣之后，徐达、常遇春、冯国用等人之前。

了解这个情况，再看看郭天叙、张天祐、邵肆、邵荣等人的下场，就明白朱元璋为什么要廖永安死了。

至正十五年（1355）秋，朱元璋在明知元民兵元帅陈埜先是诈降的情况下，对之予以接纳。

至正十六年（1356）初，陈埜先谋杀了郭天叙和张天祐。朱元璋迅速出手，除掉了陈埜先，自己成为了老大。

俞本《纪事录》中，在攻克集庆路前的至正十五年八月，有"从邵四元帅克溧阳"之语，"四"应该是"肆"之误写，即邵肆在至正十五年八月已拥元帅之号，地位是很高的，但却在一次小型的作战中莫名其妙地阵亡了。

邵荣是廖永安被擒后职位仅次于朱元璋之人，为中书省平章政事，于至正二十二年（1362）被朱元璋以"谋反罪"论处。

在朱元璋的眼里，廖永安和郭天叙、张天祐、邵肆、邵荣等其实是同一类人，能利用时就利用，不能利用时，就果断铲除。

所以，《明史·廖永安传》里，朱元璋对廖永安又是遥授职位，又是迎祭于郊，又是上谥号，全都是做给世人看的。

难为廖永安对朱元璋如此忠心耿耿。

但回过头来想想，廖永安的弟弟廖永忠以及家人都在朱元璋手里，他不这样做，又岂能保全家族上下性命？

云南沐王府，大明朝永远的藩篱

明初名将中，西平侯沐英有一个特殊的身份——他是明太祖朱元璋的养子。

元至正十二年（1352），朱元璋投奔濠州帅郭子兴帐下，得郭子兴赏识，许配以义女马氏。

朱元璋新婚燕尔，尚未有生育，却在战乱中收养了多名义子。

这些义子，都是失去了双亲的孤儿、乞丐，生活无依，孤苦可怜。

看着他们，朱元璋联想到自己幼年的流浪生活，心生怜悯，收养了下来，交由妻子马氏抚养。

小乞丐沐英是这些义子中的一个，当时才八岁。

自至正十六年（1356）起，十二岁的沐英就走上了战场，从小兵做起，开始了戎马生涯。到了十八岁，已被授帐前都尉，参与守镇江，担当起了军事要任。后提拔为指挥使，守江西重镇广信（今江西上饶）。

至正二十七年（1367），朱元璋分水、陆两路攻取福建。沐英领兵自西进攻，破分水关，克崇安（属今福建省武夷山市），连摧闽溪十八寨，俘虏陈友定部将冯谷保。

洪武九年（1376），沐英以副帅之职随卫国公邓愈征讨吐蕃，大捷而还。因军功获封开国辅运推诚宣力武臣、荣禄大夫、柱国、西平侯，年禄二千五百石，并被授世袭铁券。

洪武十四年（1381），沐英与傅友德、蓝玉率兵三十万征云南。云南平定后，沐英留滇镇守。

沐英镇滇期间，大兴屯田，劝课农桑，礼贤兴学，传播中原文化，并于洪武十七年（1384）一举平定兴风作浪的曲靖酋长，平定普定、广南诸蛮，打通田州粮道；洪武二十年（1387），又出兵平定浪穹蛮族，在永宁至大理间，每六十里设一堡垒，留军队屯田；洪武二十一年（1388），出兵降服麓川国主思伦发；不久，会合傅友德讨平东川蛮，既而平息越州酋长阿资及广西阿赤部。

沐英军事生涯中，最令人称道的是其在迎击麓川国主思伦发时发明的"三段击"。

思伦发军队中有"象阵"——以数百头大象结成战阵进行攻击。

沐英将火枪手和弓箭手进行混编，摆出前中后三队，轮番迭射，成功地击溃了庞大的象阵。

沐英犹如南天一柱，不但有效地平定云南各地的叛乱，还迅速地恢复和发展云南的社会经济、文教事业。

朱元璋因此眉飞色舞地对沐英说："自汝在镇，吾无西南之忧！"

可甬说，沐英还真是朱元璋的死忠。

明人李绍文《皇明世说新语》中记载，有一次朱元璋问沐英："朱英呀朱英（当时沐英跟朱元璋姓），你到底是谁的孩子呢？"沐英只是一个劲地回答："我就是陛下的孩子，深沐陛下和皇后的养育之恩。"朱元璋不肯罢休，有心打破砂锅问到底，一再追问。沐英却始终磕着头重复刚才说过的话。朱元璋被感动了，说："你是朕的养子，但你现在功成名就，应该恢复本来的姓氏了，你既然不知道，那就姓'沐'吧。"

由此可见，朱元璋和沐英父子感情是非常深厚的。

洪武十五年（1382），沐英因义母马皇后病逝，悲伤过度而咳血。洪武二十五年（1392），太子朱标病逝的消息传到云南，沐英再次病倒，两个月后病逝于云南任所，年仅四十八岁。

朱元璋倍感痛惜，命归葬京师，追封黔宁王，赐谥"昭靖"，侑享太庙。

沐英去世之后，长子沐春袭爵西平侯，代父镇守大明的西南边疆。

沐春病殁于洪武三十一年九月，此时建文帝已继位，沐春无子，弟沐晟袭爵。

沐春是沐英的第一任夫人冯氏所生，冯氏死后，沐英的续配夫人耿氏乃是大明开国功臣长兴侯耿炳文的妹妹。

耿炳文是朱元璋晚年内定的保嫡大将，为了能让耿炳文在自己身后忠心不贰地保扶年幼的皇太孙朱允炆，朱元璋于洪武二十七年亲自把懿文太子朱标的长女江都郡公主下嫁给耿炳文的儿子耿璿，朱、耿结成了儿女亲家。

可惜，耿炳文辜负了朱元璋的重托，没能平定朱棣发起的"靖难之役"。

朱棣篡位后，耿炳文的儿子耿琦为了免遭迫害，携母投往云南。

对沐晟而言，他的父亲是朱元璋的死忠，他的母亲是耿炳文的妹妹，他的政治立场明显是站在建文帝一边。

可惜的是，云南地处偏远之区，他虽手握重兵却未能参加保卫建文朝廷之役。

朱棣成功登上大宝后，也隐隐感到了来自西南方面的威胁。

为此，一面命岷王朱楩返云南就藩，另一面命右军都督金事郑祥充统兵镇守云南。

不久，又命左都督袁宇往四川、云南整肃兵备，抚安军民，俟边境宁静，就镇守云南。

一个月之后，又任命曹隆为云南都指挥使，再任王练、方敬、王正、刘鉴为云南都指挥同知；还派顺昌伯王佐往云南"副西平侯沐晟镇守"。

朱棣在短短两三个月里如此频繁地调兵遣将，明眼人一看，就知道是要严密防范沐晟。

朱棣自己也知道，沐氏世镇云南已历父子、兄弟三人，无论在当地军卫、有司中，还是在众多的土司中都享有颇高的威望。万一用兵不利，旷日持久，各地迫于形势归顺于自己的诸王、将领、官员很可能乘衅而起。

前思后想，朱棣决定亲自给沐晟写一封信，晓之以理、动之以情，让其放弃对自己的成见。

在这年八月，他挥毫写下了一封洋洋洒洒的长信，命西平侯沐晟镇守云南，云南都司属卫听其节制。

信中说："昔我皇考太祖高皇帝当扰攘之时，年二十余，尚未有子。尔父英才八岁，父母俱殁于兵，茕茕来依。皇考、皇妣怜之，抚育为子。既有朕兄弟，皇考以沐氏不可无后，命复本姓，承其宗祀、屡从征伐，积有功劳，封西平侯。云南既定，出镇十有余年，朝廷无西南之忧，所以累增产业，冀延子孙，永保富贵。尔父卒，追封黔宁王，以尔兄春嗣侯爵；春卒无子，命尔嗣之。历观群臣受恩深厚未有过尔父子者也。间者尔为小人所感，干犯岷王，朕念皇考、皇妣教育尔父之恩，及尔父佐命开疆之功，不忍置尔于法，姑宥不问，仍令镇守云南。尔当深思皇考、皇妣再造之大德，迪尔父之行，以图厥终，尔其念哉！"

信中将沐晟反击岷王朱楩、都督袁宇等人的挟制行为仅以"干犯岷王"一语带过，大打亲情牌。

此外，他还效法父亲朱元璋将懿文太子长女嫁给耿璿的策略，于永乐元年六月将自己的第五个女儿常宁公主嫁给沐晟的幼弟沐昕。

这样，沐氏家族终于转向朱棣，一场暗流涌动的西南动乱被消弭于无形。

有趣的是，永乐四年四月，刑部右侍郎金纯曾上本弹劾说："西平侯沐晟不察命于朝，摧以籍没罪人妇女给配军士男子，安置广西马牛给军屯操。大臣专擅如此，渐不可长，宜正国典。"

朱棣漫不经心地答："尔言故是，然边远之事，朕尝一以付晟，可勿问。"

也就在这个月里，朱棣授予了沐晟统率云南、贵州、四川三省七万五千名大军的重任。

此后，沐氏子孙世代镇守云南，直至明末。

第三章　明初奇案疑云

李善长年纪这么大，背叛朱元璋了吗

明太祖朱元璋驱逐蒙元，且开创出洪武盛世，可谓文治武功，称雄一时。

清圣祖康熙帝游明孝陵，不由得心悦诚服，称赞说："洪武大帝乃英武伟烈之主，非寻常帝王可比。"

甚至，还亲笔写下"治隆唐宋"四个大字，命人立碑于陵墓的享殿正中，以昭后世。

朱元璋虽然功业如此显赫，但其杀戮功臣之举，却深为世人所诟病。

清代史学家赵翼就愤然痛骂说："独至明祖，藉诸功臣以取天下，及天下既定，即尽取天下之人而杀之，其残忍实千古所未有。盖雄猜好杀，本其天性。"

的确，大明开国三十四个功高爵显的元勋宿将中，除了徐达、常遇春、李文忠、邓愈等人因病亡故外，其余绝大部分惨遭朱元璋毒手。

这些不幸惨死的功臣中，最让人怅然嗟叹的是"明朝萧何""开国第一文臣"李善长。

洪武三年（1370）大封功臣之际，朱元璋授其中书左丞相，封韩国公，岁禄四千石，子孙世袭。予铁券，免二死，子免一死。时封公者，徐达、常遇春子茂、李文忠、冯胜、邓愈及善长六人。而善长位第一，制词比之萧何，褒称甚至。

但是，谁能想到？就是这样一个曾经的百官之首，竟然于洪武二十三年（1390）以胡惟庸党追问，一门七十余人被杀。

特别要说明的是，该年李善长已经七十七岁了。

有一个被称为"最牛历史老师"的人写了一本非常有意思的"历史故事书"，里面有这样一个段落："后来这马皇后就说，你看一般的老百姓家里啊，这家长都知道尊重老师，逢年过节还给送送礼什么的，知道师恩深重。你说咱们皇家竟然要把孩子的老师杀死？朱元璋说你甭管，李善长谋反呢。马皇后听了直乐，说他七十多岁他谋什么反，他七十七了还是七十几了，他谋反能当几年皇上？他这是不可能的事。朱元璋不听，最后将李善长一家七十多口全部杀掉，开国的文臣都杀光了。"

必须指出，朱元璋的孝慈高皇后马氏薨于洪武十五年（1382），在李善长"七十七了还是七十几了"替李善长求情，那是绝对不可能的事。

但是，这里提到的"他七十七了还是七十几了，他谋反能当几年皇上"，却是颇能让人思考的。

人们也很容易得出结论：七十七岁的老人，一只脚都快要踏入棺材了，还造哪门子反？！诬陷，百分百的诬陷！

必须指出的是，"最牛历史老师"提出的质疑并不新奇，解缙代郎中王国用起草的《虞部郎中王国用论韩国公冤事状》还有提到：李善长人臣之分已到顶点，天下之富贵无以复加，要说他谋反还有可能，协助胡惟庸谋反于情于理都说不过去。

事实真是这样的吗？

让我们来看看李善长其人其事。

先把目光投回到洪武三年（1370）朱元璋大封功臣时，当时，朱元璋是这样评价李善长的："善长虽无汗马劳，然事朕久，给军食，功甚大，宜进封大国。"

应该说，朱元璋这一评价是非常客观的。

李善长虽然"少读书"，但不过是个乡野间的小知识分子，跟刘伯温、宋濂这些参加元朝科考早早就获得功名的人根本没法比。而且，投奔朱元璋后，在攻取谋略之上一无所长，甚至还在龙凤六年（1360）刘伯温向朱元璋进献康茂才诈降诱敌之计时闹过笑话。他所依仗的，是从龙时间早，对朱元璋"从一而终"，在朱元璋外出攻略时，在后方兢兢业业地打理后勤事务。

所以，朱元璋才会有"无汗马劳""事朕久""给军食""功甚大"的说法。

朱元璋也因此把李善长列为文臣第一。

李善长外表宽厚温和，内心却极其狭隘、苛刻，其大权独揽后，便以乡土、宗族关系拉帮结派，形成以自己为核心的淮西集团，并将淮西集团的利益凌驾于王朝利益之上。

参议李饮冰、杨希圣因为分了李善长的一些权柄，李善长二话不说，立刻将之论罪奏黜。

同是安徽定远人的胡惟庸起初只是一个宁国知具，贿赂了李善长三百两黄金，立刻飞黄腾达，升太常少卿，成为了淮西集团的重要人物。

胡惟庸也是非常有手腕的权奸人物，与李善长沆瀣一气，大力排挤、打击非淮西籍大臣。

山西阳曲人杨宪有相才，胡、李两人认为："杨宪为相，我等淮人不得为大官矣。"两人合谋，竟将杨宪倾陷致死。

其余刘伯温等非淮西籍大臣也纷纷被逐出了朝廷。

洪武四年（1371）正月，李善长生了一场大病，辞官归居。朱元璋赐给他临濠地若干顷，置守冢户一百五十户，给佃户一千五百家，仪仗士二百家。

次年，李善长病愈，有浓重乡土观念的朱元璋命其督建中都宫殿。

洪武七年（1374），朱元璋又命李善长督迁江南民十四万人至凤阳屯田，并擢其弟李存义为太仆寺丞，李存义子李伸、李佑为群牧所官。

在中都营建期间，淮西集团气焰嚣张，有人私自役使营建中都的将士为自己营建私宅，甚至营建第宅逾制。还发生了胡惟庸疑似毒死刘伯温之举。

洪武八年（1375）四月，由于有营建工匠用"厌镇法"反对工役繁重，朱元璋诏罢中都役作。但为了答谢李善长凤阳屯田和营建中都的功劳，于洪武九年（1376）将临安公主嫁给李善长之子李祺，拜其为驸马都尉，两家成了亲戚。

不过，李善长却在儿子新婚过后做了一件很不厚道的事——临安公主嫁后一个月，朱元璋生病有十几天没法视朝，李善长自己没有前往问候，他的儿子李祺也没有。

这就很不够意思了。

朱元璋事后只削减李善长岁禄一千八百石，点到为止。

打了一棒，随后又给一颗糖，命李善长与李文忠总中书省、大都督府、御史台，同议军国大事，督建圜丘。

洪武十三年（1380），震惊天下的"胡惟庸案"发生，与李善长过从甚密的胡惟庸被诛杀，受牵连而处死者甚多，朱元璋念及李善长年岁已暮（六十五岁），不相信他会牵涉其中，没有追究，反而在该年御史台缺中丞时，让他理台事。

洪武十八年（1385），随着"胡惟庸案"打击面的扩大，胡党名单上出现了李存义及李伸、李佑父子的名单，因为李善长的原因，朱元璋从轻发落，诏免其死罪，安置崇明。

朱元璋以为自己这么做，对李善长那是仁至义尽了。

哪料李善长却认为朱元璋"打狗不看主人面"，非常不满，不肯向朱元璋致谢。

很可能从这开始，朱元璋对李善长有了看法。

洪武二十三年（1390），已经七十七岁的李善长想建造一座更加威武雄壮、豪华奢丽的府宅，向信国公汤和借了卫士三百人。

私自调动国家军队，往重里说，那是诛九族的大罪。

一生小心谨慎的汤和不敢隐瞒，将此事呈报了朱元璋。

朱元璋听后，隐忍不发。

该年四月，京城有百姓因"胡惟庸案"受株连而被发配到边疆，其中有一个名叫丁斌的，是李善长的远房亲戚。

李善长不知好歹，多次向朱元璋请求赦免其亲戚丁斌等数十人。

朱元璋认为其中必有不可告人之隐情，亲自审问丁斌。

这一审问，果然大有收获。

原来，丁斌曾经在胡惟庸家当过差，一来二去，供出了李存义等人往时交结胡惟庸之事。

朱元璋下令逮捕李存义父子，严加审讯，供词又牵连到李善长，说胡惟庸几次派人或亲自劝说李善长助其谋反，李善长虽"惊不许，然颇动"，最后表示了"吾老矣。吾死，汝等自为之"。

至此，朱元璋忍无可忍，给李善长加上"知谋逆不举发，狐疑观望怀两端，大逆不道"的罪名，将其妻女弟侄七十余口全部杀掉，其子李祺徙置江南。李善长家产悉数抄设。

综上所述，说李善长年纪太老，或者说李善长地位太高，所以不会背叛朱元璋，那是不对的。

原因明摆着，李善长年纪太老、地位太高，那只能代表他自己，而他一开始就与胡惟庸走得太近，建立起一个淮西勋贵集团，一度左右到时局的发展，而且，他的李家子弟和胡惟庸搅和在一起，都快到了"你中有我、我中有你"，一荣俱荣、一损俱损的份儿上，所以，李善长有"吾老矣。吾死，汝等自为之"的表现并不奇怪。

综上所述，李善长举荐逆臣胡惟庸、李家子弟和胡惟庸抱团，是罪一；为老而私自调动军队营豪宅，为罪二；为坐罪流边者求情于帝，为罪三。当然，最让朱元璋不能容忍的，还是知胡惟庸谋反而不报，此为罪四。

这种情形下，朱元璋当然是办你没商量了。

胡惟庸死得很冤吗？其实他死有余辜

"胡惟庸党案"，是明初四大案之一。前后株连达十余年之久，诛杀了三万余人。

被杀的三万人中，肯定含有被冤杀的。

毕竟，对统治者来说，在对待谋反大案上，大多会抱着"宁可错杀一千，不可放过一个"的滥杀思想。

但是，案中首要人物胡惟庸到底冤不冤呢？

我们可以通过史实来作出判断。

胡惟庸是濠州定远（今属安徽）人，早年曾在元朝政府做过小官，于龙凤元年（1355）到和州投奔朱元璋，成了大明王朝的开国功臣。

注意，胡惟庸的籍贯——濠州定远（今属安徽），朱元璋打天下时赖以依靠的淮西勋贵集团的首脑人物李善长，也是濠州定远（今属安徽）人。

胡惟庸本人是很有才干的，这一点，不用怀疑。

但胡惟庸的官场品质不是很好，比如说，投机、钻营、结党谋私。

胡惟庸投奔朱元璋之初，只是担任帅府奏差、宁国主簿、知县、吉安通判之类小官职，也没多少机会接触朱元璋。

所以，当他知道朱元璋座前红人李善长是自己的同乡后，立刻把李善长当成了自己在官场升迁的起跳板。

他于吴元年（1367）给时为左相国的李善长孝敬了三百两黄金，顺利攀附上了李善长，并结下了"深厚"交情。

胡惟庸作为一个地方官员，薪水有限，这三百两黄金肯定是刮取自民脂民膏，里面不知饱含了多少民间苦难的泪水和无言的控诉。

胡惟庸不管，凭这三百两黄金，他在这一年得到了李善长的荐举，被召为太常少卿，进本寺卿，华丽转身，成了一名中央机构的官员。

来到朱元璋身边，胡惟庸自觉奋进，处处小心谨慎，步步博取朱元璋的欢心，大获朱元璋好感，于洪武三年（1370），拜中书省参知政事。

当然，胡惟庸也没有放弃李善长这棵大树，他设法将自己的侄女嫁给李善长的侄子李佑，和李善长结成了亲戚。

洪武四年（1371）正月，李善长因病退休，朱元璋准备以山西阳曲人、御史中丞杨宪为相。

胡惟庸心急火燎地对李善长说："杨宪为相，我等淮人不得为大官矣。"

于是，在李善长的斡旋下，出任右丞相的是汪广洋，而胡惟庸为右丞。

洪武六年（1373）七月，李善长从中操作，汪广洋被贬为广东行省参政，胡惟庸先以右丞身份独专中书省事，于当年七月正式升任右丞相，洪武十年（1377）九月进左丞相，位居百官之首。

为了巩固自己的权势，胡惟庸开始拉帮结派、打击异己了。

胡惟庸除了拥有李善长这个大同乡外，还有另一个名气同样大的大同乡——徐达。

他多次试图结好徐达。

但徐达鄙薄他的为人，未予理睬。

俗话说，君子可以结怨，小人不可开罪。

胡惟庸因此恨上了徐达，派人贿赂徐达的守门人福寿，想设计陷害徐达。

哪料，福寿是个正直的人，不但不接受贿赂，反而向徐达揭发了此事。

徐达因此提醒和告诫朱元璋，说胡惟庸此人不可以托以重任，托重任必定会坏事。

胡惟庸虽然拉拢不到徐达，但并不妨碍他拉拢其他淮西官员。

在他的"拉起一片，打倒一片"的操作下，淮西勋贵集团良莠不齐，但比李善长时代更加壮大。

说起来，胡惟庸在很多次拉乡党过程中，直接就是在和朱元璋作对。

比如，有些淮西武将违法乱纪，受到朱元璋的惩处，胡惟庸却走曲线路线，将他们升迁，结为死党。

其中的濠州人、吉安侯陆仲亨自陕西返回京城，擅用驿马。朱元璋责骂他说："中原在战乱之后，人民刚刚复业，驿站户买马非常艰难。如果大家都像你这样，人民就是将子女全部卖掉，也不能供给。"责令他到代县捕盗贼。

五河人、平凉侯费聚奉命抚治苏州军民，沉溺酒色，朱元璋大怒，责令他往西北去招降蒙古部落。

这样的两个不法之徒，胡惟庸却主动向他们示好，将他们招致麾下。

即使是非淮西籍的臣僚，只要有利于己，胡惟庸也设法把他们拉入自己的阵营。

高邮人汪广洋在胡惟庸升为左丞相的同时，也恢复了右丞相的官职，位居胡惟庸之下。胡惟庸对他非常重视，极力拉拢，最终结为同党。

湖广茶陵人陈宁，主动依附胡惟庸，得升御史中丞，后升任右御史大夫、左御史大夫，成为胡党核心骨干。

同在御史台共事的中丞涂节，就是被陈宁拉入伙的。

对于不肯附己的非淮西人，胡惟庸则极力加以排挤和打击。

江西金溪人吴伯宗洪武四年廷试第一，中进士，朱元璋特赐袍笏，授礼部员外郎。胡惟庸对他拉拢不得，便找借口将之谪居凤阳。

胡惟庸的政治党派日益壮大，就越加骄横跋扈了。

他擅自决定官员人等的生杀升降，先于朱元璋阅内外诸司奏章，凡对己不利者，辄匿不上报。各地喜好钻营、热衷仕进之徒与功臣武夫失职者，争走其门，馈送金帛、名马、玩物不可胜数。

不用说，胡惟庸的行为已经突破了当时礼法制度的底线。

本来，朱元璋也有着浓厚的乡土观念，他主要依靠淮西将臣打下了江山，还想依靠淮西将臣治天下。

但是，理政日久，他的观念发生了转变，觉得治天下还须用天下人，开始从倚重淮西乡党逐步转向任用五湖四海之能士。

另外，朱元璋从元亡的教训中，深感臣下权力太大，会导致元末"宰相专权""臣操威福"的局面重演，于是思谋改革国家机构，以便扩张皇权，强化专制集权。

洪武九年六月开始，朱元璋就采取了一系列措施来限制和削弱中书省的权力。当年闰九月，令取消中书省的平章政事和参知政事。十一年三月，又下令地方奏事不用经过中书省，彻底切断中书省与中央六部和地方诸司的联系，使中书省变成一个空架子。

不难看出，下一步便是撤销中书省了。

按理说，在"家天下"时代，整个大明王朝都是属于朱元璋的，朱元璋爱这么玩那也无可厚非。

但胡惟庸接受不了。

胡惟庸认为，一旦中书省被撤销，丞相的官职也将被废除，则自己苦心经营的一切也就都将尽付东流。

这种情况下，他开始与御史大夫陈宁、中丞涂节等人密谋造反。他除了让陆仲亨、费聚在外地召集军马等候命令，还让都督毛骧密结亡命之徒。问题最严重的是，他还和陈宁一起将大都督府掌管的军队册籍弄到中书省查阅，为调动军队做准备。

但是，胡惟庸的阴谋在紧锣密鼓的过程中出了岔子：洪武十二年九月，占城使臣阳须文旦入明朝贡，中书省未及时引见，被值门内使告发。朱元璋通过查处此事，发现了胡惟庸谋反阴谋，于是大兴党狱，将之一网打尽，加强了君主专制的中央集权。

可以说，胡惟庸党案是明初皇权与相权矛盾冲突的产物，不论是朱元璋还是张元璋、李元璋，对于胡惟庸党伙，都只能是杀无赦，而不可能有别的选择。

 ## 明初大将蓝玉做的那些龌龊事

绍兴人葛虚存从众多清人笔记小说、方志、文集、书牍、奏折、诗话中收集了近六百则清朝名人轶事，编纂成《清代名人轶事》一书。

书中有一件关于大将军年羹尧治军严酷的轶事，说年羹尧治军极严，往往一言既出，军中部属、将士必须无条件执行。某日，年羹尧乘坐轿舆出行，天降大雪，部属按照规矩扶舆而行，雪片铺满手上，手指冻僵冻坏。年羹尧心生怜悯，下令道："去手！"意思是不必扶舆了。扶舆的部属却会错了意，个个抽出佩刀，斩下了扶舆的手，一时间，鲜血淋漓，染红了雪地。年羹尧后悔莫及，却无可补救。

轶事后面的赞语是："其军令之严峻，有如此者。"

也有人由此附会，说年羹尧得将士如此死心塌地听命效力，引发了雍正的杀心，最终年羹尧下场凄惨，全家不得好死。

其实，年羹尧这则轶事是假的，乃是"抄袭"自明朝大将军蓝玉的事迹。

蓝玉曾奉朱元璋之命前去四川建昌镇压月鲁帖木儿的叛乱。

出征之前，朱元璋召蓝玉进京面授征讨方略。

事毕，朱元璋让诸将先走一步，自己要留下蓝玉单独交代几句。

但是，朱元璋连呼三声，竟没有一个将领移步。

最终，蓝玉一挥衣袖，诸将马上退得干干净净。

朱元璋看到蓝玉在诸将中竟有此威势，从此深怀疑忌。

蓝玉身长面赤，是开平王常遇春的妻弟，有大将之才，和徐达、冯胜并称洪武年间三大将。

蓝玉征战沙场，居功至伟。洪武十四年，他出征云南，迫得元梁王把匝剌瓦尔密投滇池自尽。旋又西进，迭克大理、鹤庆、丽江、金齿、车里、平缅等地。

朱元璋龙颜大悦，下令增其岁禄五百石，并册封其女为蜀王妃。

而蓝玉最大的功绩，是洪武二十一年任征虏大将军，统率十五万大军北征，于捕鱼儿海（今贝尔湖）东北方向八十多里处大破北元嗣君脱古思帖木儿，俘获脱古思帖木儿次子地保奴、爱猷识里达腊妃及公主以下百余人。又追获吴王朵儿只、代王达里麻及平章以下官属三千人，男女七万七千余人。并获宝玺、符敕、金牌、金银印信诸物。缴马驼牛羊十五万余，焚其甲仗蓄积无数。不久，又袭破北元丞相哈剌章的营盘，获其人畜六万。

朱元璋赐敕褒劳，"比之卫青、李靖"，晋封为凉国公。

但是，蓝玉既没有卫青的恭谦知礼，也没有李靖的低调逊让，而是自恃功伐、专恣横暴。

北征途中，蓝玉私吞了"驼马珍宝无算"，还要强娶北元嗣君脱古思帖木儿的妃子（该妃后来不堪其辱，上吊自尽）。

蓝玉南返至喜峰关，值半夜时分，守关官吏没能及时开门接纳，蓝玉大发雷霆，纵兵毁关，破门而入，斩杀守关将士千百计，气焰嚣张，蛮横无礼。

回到家里，蓝玉蓄养了数千家奴、义子，横行霸道，鱼肉百姓。

蓝玉的家奴强占东昌民田，被御史查问，蓝玉二话不说，将御史捆绑起来，痛打了一顿。

蓝玉的家奴还依仗蓝玉的权势霸占了云南大量官盐。

……

相对来说，上面说的都是小事。

最触犯封建统治者神经的，是蓝玉操军中大权于一己之手，军中将校的升降进退全由他说了算，这还不算，还越礼犯分，"床帐、护膝皆饰金龙，又铸金爵以为饮器"，"马坊、廊房采用九五间数"。

一开始，朱元璋并未觉察到蓝玉这些非法越礼行为。

但洪武二十五年底，发生了一件小事，让朱元璋对蓝玉产生了警觉。

该年年底，蓝玉平定月鲁帖木儿的叛乱，班师回朝。

在朝堂之上，朱元璋封蓝玉兼太子太傅。

蓝玉不以为喜，反以为耻。

原因是冯胜、傅友德两人均兼太子太师，蓝玉自觉不应该位居冯胜、傅友德之下，大发牢骚说："我不堪太师焉！"

朱元璋听到了这一牢骚，却没有任何表示。

蓝玉因此怏怏不快，私下对家人和亲信说："上疑我矣！"

蓝玉的亲家、靖宁侯叶昇于八月间以"交通胡惟庸"的罪名被杀，蓝玉前思后想，觉得有可能是叶昇的口供指认他为胡党，朱元璋已经对自己产生了猜忌，因此起了谋反之念。

他说："我想胡党事公侯每（们）也废了多，前日靖宁侯为事，必是他招内有我的名字。我这几时见上位（朱元璋）好生疑忌，我奏几件事都不从，只怕早晚也容我不过，不如趁早下手做一场。"

实际上，早在洪武十三年胡惟庸案发时，朱元璋就已经发现了蓝玉有与胡惟庸合谋的迹象，但朱元璋考虑到他是常遇春的小舅子，"以开平之功及亲亲之故，宥而不问"。

蓝玉把"下手做一场"的时机定在洪武二十六年（1393）二月十五日。

实际上，在上一年朱元璋因受不住皇太子病死的打击，已萎然病倒。蓝玉认为"如今上位病缠在身，殿下年纪又小，天下军马都是我总着"，就紧锣密鼓，密遣亲信，暗中联络景川侯曹震、鹤庆侯张翼、舳舻侯朱寿、东莞伯何荣、后军都督府同知祝哲、中军都督府同知汪信等和自己过去的老部下，蛊惑和煽动说："我亲家靖宁侯做到侯的位子，如今把他废了。前日说教做太师，今番又着别人做了。我想上位容不得人，公侯每废了几个，久后都是难保全的。你众人征南征北许多年，熬得个千百户、总小旗做，没一日安闲快活，你肯随着我一心时，早晚来我跟前听候。"

他之所以选择在洪武二十六年（1393）二月十五日动手，是因为这天，朱元璋会外出南郊躬耕籍田。

他让诸将分头搜罗士卒和马匹、武器，做好起事的准备。

蓝玉于洪武二十六年（1393）二月初一，对担任谋反主力的府军前卫步军百户李成下达命令："我想二月十五日上位出正阳门外劝农时，是一个好机会。我计算你一卫里有五千在上人马，我和景川侯两家收拾伴当家人，有二三百贴身好汉，早晚又有几个头目来，将带些伴当，都是能斯杀的人，也有二三百都通些，这些人马尽够用了。你众官人好生在意，休要走透了消息。定在这一日下手。"

不过，蓝玉的密谋，早被锦衣卫的特务察觉。

当日，锦衣卫指挥蒋瓛就向朱元璋告发了此事。

朱元璋隐忍不发，于二月初二召令冯胜、傅友德、常升、王弼、孙恪等人从山西、河南赶回京师。

二月初八，趁蓝玉入朝之机，即下令将其逮捕。

二月初九，蓝玉被投入锦衣卫大牢。

二月初十，蓝玉以"谋反"罪被处死，夷灭三族。

借此机会，朱元璋株蔓牵连，打击了一系列骄横跋扈的功臣，"族诛者万五千人"。

"蓝玉党案"因此成了继"胡惟庸党案"之后的明初大案。

最后补一笔：有野史载，朱元璋弄死了蓝玉后，仍不解恨，命人剥下他身上的皮，送到全国各地巡回展览。蓝玉皮展览的最后一站是蜀王朱椿就藩的四川成都。蓝玉的女儿为蜀王朱椿的王妃，蜀王夫妻俩把蓝玉皮收好，放在王府端礼门城楼上，这一放，就放了差不多三百年，后来落入了攻入四川的张献忠的手中。

稍有脑子，就知道这则骇人听闻的轶事是假的。

试想，一张人皮，在风侵雨蚀、虫噬虫啃的漫长岁月里，能做到如此毫发无伤，岂非世间神迹?!

官员携带空印文书，朱元璋为什么这么生气？

明太祖朱元璋是一个被人严重丑化和抹黑的皇帝。

在一些别出心裁的人的策划下，他背上了"残暴""嗜杀""自私""刻薄""喜怒无常""杀人如麻"等标签。

无知群众对朱元璋指责最多的，就是他火烧庆功楼，把当年跟随他打天下的兄弟一把火烧成了灰烬。

装有半瓶子醋的人知道"火烧庆功楼"之事纯属子虚乌有，却也一口咬定朱元璋通过处理"空印案"、"胡惟庸案"、"郭桓案"和"蓝玉案"这四个案件把功臣屠戮一空，甚至遭受牵连被斩杀的人达十几二十万人之多。

我见到过最恐怖的一个数字，说是有四五十万。

还有一个流传很广的故事，说洪武朝的官员惶惶不可终日，每天上班，就耷拉着脑袋，提心吊胆；一下班就如获大赦，回家跟家人庆祝，庆祝又多活了一天。

故事讲得活灵活现，让人不由得不信。

今天，先来说说四大案的第一案——空印案。

这个案子是怎么回事呢？

事情的原委是这样的：朱元璋在位期间，非常痛恨官吏的贪污腐败行为，为了防止官吏间互相作奸贪污，要求各地在上报账目时，必须造册两份，并盖上官印，一份移交户部，以便户部记录地方财政状况，一份作以备用。且每年都要派专人到户部报告财政收支账目，所有账目数字都与户部审核对得上，就算通过；如果对不上，就说明这工作做不好，有猫腻，说不定还有贪污腐败在里面。

该项制度，对做账目的官员提出了极高要求，必须认真、严谨，不能有丝毫马虎，否则，最轻的罪行，也是玩忽职守罪。

但是，世界就是这样奇妙，既会有海瑞式两袖清风、出于污泥而不染的清官；也会有和珅式雁过拔毛、刮土三尺式的贪官。

官员队伍中，总有些人浮于事，混官场、耍官腔、玩官僚的败坏分子。

这些人，对工作责任心不强，事事都要动歪心思。

他们认为，数目对不上，也不是什么大不了的事情，对不上，我就重做，做到完全相符为止！

但这里面有一道难关，他们必须破。

什么难关呢？

即重改后的账册，必须要盖上原衙门的印章才算有效，但原衙门的印章不在身上，要在南京补盖根本不可能！

怎么办？难道拿回盖好再拿过来？

这些志在造假账的奸滑官员才没那么傻，他们做假账的手段令人发指：带好若干盖好印信的空白文册上京师，账册错了就换新的，一直改，一直改，改到户部满意为止。

这就是所谓的"上有政策，下有对策"。

不能不感慨，这些官员真是太聪明了，而且聪明过头了。

但是，他们这么做，明显是在糊弄致力于惩腐反贪、疾恶如仇的铁腕皇帝朱元璋!

朱元璋于洪武九年觉察出了"空印舞弊"的存在,龙颜震怒,大发雷霆,拍龙案痛斥:"户部和地方官员沆瀣一气、合伙来弄这么一出,有意思吗?!户部的统计数字和地方的统计数字根本就是共谋造假,这样的数字,于国于民有什么意义?!一切还不都是官员们说了算?!不行,必须从速、从严、从重查办!"

这一查办的结果是:按《刑法志》中记载,说郭桓案"系死者数万人",里面还提到这样一句话,说"二狱(空印案和郭桓案)所诛杀已过当,而胡惟庸、蓝玉两狱,株连死者且四万"。结合上下文来理解,即《刑法志》的意思是:空印案与郭桓案被诛杀的人数大体相当,应该是数万人。

而吴晗在《朱元璋传》中说空印案与郭桓案一共杀了七八万人。郭桓案大致诛杀三四万人,即用七八万减去三四万,空印案被诛杀的人数也是三四万人。

毫无疑问,这动辄上万甚至三四万的数字,是骇人听闻的。

问题是,这可能吗?

大明王朝初期在职官员总共才多少?朱元璋上下嘴皮子一碰,就清除了上万甚至三四万,那整个政府机构还怎么运作?国税系统还存不存在了?社会还能稳定吗?

所以,我觉得,这上万甚至三四万的数字,是被人为夸大的,不是事实。

方孝孺写《叶郑传》有提到:"凡主印吏及署字有名者皆逮系御史狱。狱凡数百人。"

看,只是将掌管印章的官员和署字有名的人逮捕入狱(并不一定是杀),大概有几百人。

下面特别说说方孝孺所写《叶郑传》里的郑士利。

郑士利的兄长郑士原曾任河南怀庆府同知,后任湖广按察司佥事,是在"空印案"中落网者之一。

郑士利曾给朱元璋上书,对"空印案"作了一番申辩与批评,其中提到四点：

第一，官方文书要生效，必须盖有完整的印章，而钱粮文书盖的是骑缝印，是不能用来为非作歹的；

第二，钱粮之数，必须县、府、省到户部，级级往上相合，只有最后到户部才能知道一个确数，而如果因为一个数字不符，那么就必须返回省府重填，势必要耽误时间，所以"先印而后书"是减轻工作成本的做法，不足以怪罪；

第三，朝廷此前一直没有明确禁止空印的立法，现在杀空印者是没有法律依据的；

第四，官吏们都是经过数十年才得以造就的人才，这么轻易杀掉，是很可惜的。

首先，郑士利这些见解是十足的迂腐书呆子之见。但让人诧异的是，后世竟然有许多学者均予以认同。

学者们都认为，郑士利说得非常有道理，空报表加盖公章造不了"有价证券"，不会带来什么危害，您朱元璋闻过即改就是，何必小题大做、制造了莫大的冤案?!

而且，朱元璋制订的地方与京师对账的政策太奇葩了，一个数字不符，就必须来回反复跑，不瞎折腾吗？一个空印文书就解决了的事，为什么不允许做，而一定要他们回地方更改呢？

还有人拍脑袋生动地想象出了这样一个情景：

一个广西某地的官员，要想到京城，最快也得一两个月。就算年初一就出发，到京城起码也是早春三月了。满头大汗跑去户部，一核对，错了一个数字。

行了，啥也别说了，兄弟你打马回去吧，我等你。

于是又是一路狂奔，先骑马，再坐船，回去改了账册，盖了公章。我去也！

这就四个月过去了，转眼已是夏天，赶到京城，又见面了。

兄弟你终于来了，我等你好久了，接着来吧。

这位运气不好，核对后发现还是有地方错了，啥也别说了，还是回去吧，下次过来记得穿多点衣服啊，这边冬天冷！

于是又赶回去，赶回来，这回核对上了，可差不多快到第二年了。

你也别回去了，在这过年吧，计划又该重新做了。

根据以上想象，得出的荒谬结论竟然是：这不是存心折腾人嘛，换谁谁都受不了。

其实，这迂腐书呆子郑士利，包括现在的颠顶昏庸的专家、学者，他们都完全曲解了朱元璋制订这项政策的本意了！

郑士利说"空印文书"不会另作他用，让朱元璋放心。但朱元璋并不担心官员拿空印文书另作他用，恰恰是愤怒官员拿这些空印文书造假账！还有，地方和户部对账，目的并不是二者间出现好看的、相应的数字，而是杜绝贪腐，郑士利却轻描淡写地说，数字对不上，就回省府重填——谁叫你回省府重填的？这不是更浪费纳税人钱粮的造假行为吗？！至于说"此前没有明确禁止空印的立法"，但官员用空印文书的目的就是告假、做假账，就是徇私舞弊，就是作奸犯科，还不足以治罪吗？好比说，法律规定"杀人者偿命"，不能说法律没有标明"使用斧头杀人者偿命"，所以我用斧头杀人就不用偿命。至于说"官吏们都是人才，不应该轻杀"，就等于是说"人才可以贪污"了。

事实证明，经过肃办"空印案"，国家账务核对处处严谨，不再流于形式，大大地减少了官员开假票、造假账的不法行为。

明人邱浚在《世史正纲》中评价朱元璋，说"不有圣君者出，乘天心之所厌，驱其类而荡涤之，中国尚得为中国乎"，仅仅把朱元璋当作驱逐蒙元的"圣君"。

另一明人谢肇淛在《五杂俎》中的评论其实更到位，他说"我太祖皇帝之功，谓之劈开混沌，别立乾坤，当与盘古等，而不当与商、周、汉、唐并论也。二百四十年来，休息生养，民不知兵，生齿繁盛，盖亦从古所无之事"——比驱逐蒙元难度更大、更具功绩的是"休息生养，民不知兵，生齿繁盛"！

真搞不懂，为什么到了现在，还有这么多人要黑朱元璋？

朱元璋拜刘伯温为相，刘伯温为何要推辞

《明史·刘基传》有这样一段记载，说：

起初，明太祖因某事准备撤换丞相李善长。

刘基劝阻说："别啊，怎么说李善长也是功臣元老啊，而且，他人望好，能调和各将领之间的关系。"

明太祖余怒未息地说："他还曾多次想害你呢，亏你还为他说好话？实话跟你说了吧，我这次想要任你为丞相呢。"

刘基赶紧扑通跪下说："国家换丞相就等于大屋换柱子，李善长是大木，我是小木，用小木去替换大木，皇上您觉得合适吗？"

明太祖不置可否，但不久，还是撤了李善长的相位。

回头，他问刘基："我想起用杨宪为相，你觉得杨宪人怎么样？"

杨宪平时和刘基关系很好，刘基却极力摇头，说："杨宪的确有宰相的才能，但却没有宰相的度量。合格的宰相，应该是持心如水，用义理为权衡，不能掺杂半点主观色彩的，他可不是这样人。"

明太祖转而征询汪广洋这个人怎么样，刘基说："汪广洋？我觉得气量还不如杨宪。"

明太祖又问胡惟庸怎样，刘基回答说："如果治理国事犹如车夫驾车，让胡惟庸来做车夫，车子八成会翻。"

明太祖皱了皱眉头，说："我的这些宰相人选，实在没有一个超过你的，不如还是你来做丞相吧。"

刘基连连摆手，说："我这个人啊，过于疾恶如仇，又不耐烦繁杂事务，做了丞相会辜负圣恩的。天下怎愁没有大才？我主英明，用心去找，一定能找到的。刚才提到的那几个人嘛，实在不合适啊。"

后来，杨宪、汪广洋、胡惟庸先后任相，但都真的不足以托大任。

洪武三年，刘基被授予弘文馆学士。

同年十一月，朱元璋大封功臣，授刘基为开国翊运守正文臣、资善大夫、上护军，封诚意伯，俸禄两百四十石。

次年，诏赐刘基归老家乡。

读这段记载，我们感觉到，刘基真的是高风亮节，只着眼于国事、公事，不拘节于私交、私人，包括自我。

现在我们说，刘基是"渡江策士第一，开国文臣无双"，胸有文韬武略，身负治国大才，应该是担任丞相的最佳人选，他为什么就把两次摆在自己面前入相的机会轻易推辞掉了呢？

想想，真让人遗憾。

看来，这事儿值得好好查查原因，分析分析。

我们知道，清朝人修撰《明史》，主要是参考《明实录》来的。

但是，比较《明太祖实录·刘基传》，就知道它是参考自据说是撰写于洪武十六年的《诚意伯刘公行状》而来。

那么，我们还是从源头《诚意伯刘公行状》分析起好了。

《诚意伯刘公行状》里对明太祖恼怒李善长而准备换相的原因交代得很清楚：

元朝户部尚书张昶于吴元年（1367）以奉使身份到江南朱元璋统治的吴国，朱元璋觉得他是个人才，就留归己用，累授参知政事。

张昶外示诚款，内怀计谋，与朱元璋的大臣杨宪、胡惟庸等打得火热。

当时，元朝大将扩廓帖木儿兵力还很强，元大都尚未被攻破，张昶与自己的心腹窃窃私语，说："吾若得归元，仍不失富贵也。"

他暗中使人上书朱元璋，为朱元璋歌功颂德，力劝朱元璋应及时享乐。

朱元璋把张昶的表现跟刘基一说，刘基当即指出："是欲为赵高也！"

朱元璋点头赞同。

张昶恼怒刘基察自己的阴私，便指使齐翼岩等人暗中侦察刘基的私事，准备找碴构陷。

但尚未来得及构陷，元平章长寿丑的等人来到应天，朱元璋拟放张昶归元朝，张昶暗托长寿丑的奉表于元。

此事被杨宪知悉，奏报给了朱元璋。

朱元璋看到张昶所书"身在江南，心思塞北"之语，大怒，命人将之诛杀。

主谋张昶已死，齐翼岩等人仍按原定计划施行阴谋，上书中伤刘基。

朱元璋洞察其奸，将这些人拿下，穷加追问，牵扯出了张昶的阴谋，而且还与李善长有些牵连。

朱元璋因此厌恶李善长而有换相之意。

杨宪趁机搞事，指使手下凌悦弹劾李善长。

刘基不忍，替李善长求情，说："李公旧勋，且能辑和诸将。"

朱元璋非常奇怪，说："是数欲害汝，汝乃为之地耶！汝之忠勋，足以任此。"

刘基叩头说："是如易柱，必须得大木然后可；若束小木为之，将速颠覆。以天下之广，宜求大才胜彼者，如臣驽钝，尤不可尔。"

洪武元年，朱元璋登上大宝后，准备拜杨宪为相。刘基与杨宪素来交厚，却以为不可，他说："宪有相才，无相器。夫宰相者，持心如水，以义理为权衡，而已无与焉者也。今宪不然，能无败乎？"

朱元璋因此问："汪广洋何如？"

刘基答："此褊浅，观其人可知。"

朱元璋又问："胡惟庸何如？"

刘基答："此小犊，将偾辕而破犁矣。"

朱元璋因此说："吾之相无逾于先生。"

刘基却拒绝说："臣非不知，但臣疾恶太深，又不耐繁剧，为之且孤大恩。天下何患无才？愿明主悉心求之。如目前诸人，臣诚未见其可也。"

三年七月，授弘文馆学士。十一月，进封诚意伯。四年正月，赐老归乡里。

《明史·刘基传》和《诚意伯刘公行状》两份材料粗粗对比，好像没有什么问题。

但是，从《诚意伯刘公行状》记载的张昶被杀事，再结合《明太祖实录》卷二四的记载，就不难推知李善长触怒朱元璋的时间是吴元年六月。

理由很简单：张昶就是在这年六月被杀的。

《明太祖实录》卷二四里面记载有相国李善长在七月间"劝上即帝位"，朱元璋虽然答以"无庸汲汲"，但吴元年的整个下半年都在为开国登基做准备。

从朱元璋和李善长的君臣对话来看，朱元璋还是极其信任李善长的，怎么会在这个时候找人替换他呢？

刘辰《国初事迹》记载有这段时间的一件事："杨宪、凌说（悦）、高见贤、夏煜尝言李善长无宰相材，太祖曰：'善长虽无相材，与我同里，我自起兵，事我涉历艰险，勤劳簿书，功亦多矣。我既为君，善长当为相，盖用勋旧也。今后弗言。'"

结合《明太祖实录》卷二四和刘辰《国初事迹》来看，在吴元年，朱元璋根本不可能会想到要撤换李善长，所谓以刘基为相，只能是《诚意伯刘公行状》自说自话。

再有，《诚意伯刘公行状》记载朱元璋向刘基征询杨宪、汪广洋、胡惟庸三人才能的时间背景，似乎是说洪武二年的事。

但查《明史》卷三百八《胡惟庸传》可知：胡惟庸洪武三年才拜中书省参知政事（从二品），此前为太常寺卿（正三品）。

朱元璋怎么可能考虑把一个太常寺卿一下子提为中书丞相？

而《实录》卷一二八《汪广洋传》又记："（洪武）三年，丞相李善长病，上以中书无官，召广洋为左丞，时杨宪以山西参政，先被召入为右丞。"

两相对比，即朱元璋考虑在杨宪、江广洋、胡惟庸三人中选拔中书丞相的事，应该发生在洪武三年上半年，毕竟，当时三人均在中书。

但无论是发生在洪武二年还是洪武三年，朱元璋都不可能提刘基为相而说出"吾之相无逾于先生"之类的话。

原因只要想想洪武三年刘基为什么被免去御史中丞就知道了。

刘基为什么会在洪武三年被免去御史中丞？

洪武三年六月十五日，朝廷收到左副将军李文忠从应昌（今内蒙古克什克腾旗西北）发回的北征捷报，捷报中说，元顺帝妥懽帖睦尔已于这年四月末病死在应昌，而元嗣主爱猷识里达腊在大明王师到达前也已经仓皇出走。

《明太祖实录》卷五十三记："（洪武三年六月）壬申（十五日），左副将军李文忠捷奏至。时百官奏事奉天门，闻元主殂，遂相率拜贺。"

元顺帝死，大明群臣皆大欢喜。

朱元璋本人也喜形于色地说："元主守位三十余年，荒淫自恣，遂至于此。"

但是，就在群臣交口称贺的过程中，朱元璋突然把目光投向治书侍御史刘炳身上，斥责说："尔本元臣，今日之捷，尔不当贺也。"

朱元璋此话一出，朝臣不看刘炳而看刘基——刘基是朝廷中任职最高的曾食元禄者！

此后，朱元璋不但命礼部榜示：凡北方捷至，尝任元者不许称贺。而且在朝堂之上和朝臣大谈特谈起"忠君"之道起来。

朱元璋本来是反元精英，虽然他没有在元朝为臣，但他是元朝之民，元民反元，理不正、言不顺。所以，朱元璋先是摇头晃脑说了一通"朕本农家，乐生于有元之世"，然后语锋一转，指责"盗贼蜂起，群雄角逐，窃据州郡"，声称自己是"不得已，起兵欲图自全，及兵力日盛，乃东征西讨，削除渠魁，开拓疆宇"，最后的结论是："朕取天下于群雄之手，不在元氏之手。"

洗白了自己的造反"罪行"，朱元璋开始评定起曾经在元朝担任过官职的"忠臣"与"不忠之臣"来。

在朱元璋的口中，曾经在元朝为官的元朝进士余阙，在至正十八年守安庆抵抗陈友谅时自刎身死，是大大的忠臣；另一元朝进士李黼，于至正十二年任江州总管抵抗徐寿辉的进攻时殉国，也是大大的忠臣。

朱元璋称赞说："自昔忠臣义士必见褒崇于后代，盖以励风教也，宜令有司建祠肖像，岁时祠之。"

而曾在元朝短暂出仕，入明后得授翰林侍讲学士、中顺大夫知制诰同修国史的危素，成了"不忠"问题人士，朱元璋以"亡国之臣，不宜用"之由，把他发往和州（今安徽和县）守为元朝殉节的余阙之庙，以此相羞辱。

刘基所遭受的情形，《明史》、《明实录》和《诚意伯刘公行状》都讳莫如深，没有详写，但仔细查一下朱元璋在该年七月《弘文馆学士诰》还提到刘基"可御史中丞兼弘文馆学士"，但八月宋濂《宋文宪公全集》卷一写《庚戌京畿乡闱纪序》，已称刘基为"前御史中丞"。

可知，刘基在七八月间已被免去御史中丞之职。

还有，朱元璋是在六月掀起的"忠君"风波处理"不忠"问题人士，但他称颂余阙、李黼的时间却是在吴元年十月。

也就是说，"忠君"风波虽然没有暴发，刘基却早已是他心目中的"不忠"问题人士，怎么可能意属之为相？

所以，所谓朱元璋两次意欲起用刘基为相，其实是有心吹捧刘基的《诚意伯刘公行状》的镶金粉饰之举，不足为信。

刘伯温生前已有神算之名，但他本人很反感

民间有这样一句谚语，说："三分天下诸葛亮，一统江山刘伯温；前节军事诸葛亮，后世军事刘伯温。"

按照这句谚语，刘伯温比诸葛亮牛多了。

不是吗？

诸葛亮出山，只能三分天下；而刘伯温出山，就一统江山。

事实上，民间老百姓也只把诸葛亮看成一个足智多谋的军师；而对刘伯温，就膜拜成了能前知五百年、后知五百年事的神人。

为什么会这样呢？

始作俑者是明太祖朱元璋。

朱元璋出身于贫寒农家，他为了给自己营造出一种天命所归的神秘色彩，一方面大力鼓吹天道，另一方面大肆网罗诸如铁冠道人张中、周颠仙这类江湖术士充当自己的吹鼓手。

洪武末年，解缙看穿了朱元璋的把戏，上疏直言批评，说他不该"以神道设教"，"欲以愚弄天下"。

朱元璋不管，对他而言，"以神道设教"和"愚弄天下"乃是一种必要的政治手段。晚年如此，早年更是如此。

吴元年（1367）十月，朱元璋改太史监为太史院，以刘伯温为院使，当时，他就眉飞色舞地对侍臣说："吾自起兵以来，凡有所为，意向始萌，天必垂象示之，其兆无见。"

朱元璋得到浙东名士朱升相助，是在李善长的推荐之下，"潜往访之"，亲至石门山访求朱升，并求得"高筑墙，广积粮，缓称王"三策。

但是，在吴元年十一月二十日，他在赐朱升《免朝谒诏》内，却称："尔察历数，观天文，择主就聘，首陈三策，朕实嘉行。"张口胡说朱升是仰观天象后，知王气所在，主动来归的。

对此，朱升只有苦笑。

刘伯温是被朱元璋半请半胁迫入伙的，朱元璋后来同样在《诚意伯诰》中说刘伯温是预知天命，"仰观俯察，独渐无疑，千里之余，兼程而至"，"能识主于未发之先，愿效劳于多难之际"，"累从征伐，睹列曜垂象，每言有准，多效劳力"。

刘伯温对此并不感冒，在答谢表中称：自己"能识主于未发之先"，不过是"偶见于此，非臣之知有以过于人也"；而"仰观乾象，言或有验者"，则是"是乃天以大命授之陛下，若有鬼神阴诱臣衷，开导使言，非臣念虑所能及也"。

刘伯温为什么对朱元璋的表扬表现得这么冷淡呢？

我们不妨把刘伯温的冷淡和上面解缙的愤怒、朱升的无奈结合起来看，问题就很清楚了。

要知道，他们都有一个共同的身份：儒者。

儒者奉行孔孟之道，立志以文章济世、以学问治天下，对星相占卜一类下九流的东西是非常鄙视的。

解缙就无须多说了，他是一个纯粹得不能再纯粹的儒者。

朱升呢，是研究过《易经》、蓍卦的，他还在至正九年著作过一部

《地里（理）阴阳书》，自序中却说："余幼而困穷，于卑猥事盖多致力，俯察之学尤为留心。"这"俯察之学"就是阴阳八卦、地理星相一类的玄幻学术。

朱升这句话的意思是：我幼年贫穷，为生活所迫，不得不学阴阳八卦、地理星相之类的知识替人算命、观测风水，以糊口度日。

这句话的背后，我们看到，朱升在成为一个儒者后，就明确与占卜划清界限了——他称"俯察之学"为"卑猥事"。

刘伯温本该是"俯察之学"的门外汉，看他一生写过的诗文，完全没有他懂"俯察之学"的迹象。

甚至从他早年写的《赠徐仲远序》来看，他对这类东西也是很反感的。

该文中说："天台徐仲远以七曜四余推人生祸福无不验，予甚异之，而赠以言。若夫吉凶利害之所趋避，则吾闻之孟子矣。"

这句话的意思是：天台人徐仲远可以通过七曜四余之术进行占卜，无不应验，我对此甚感诧异。如果要我给他赠送上一句话，我说，我只愿追随圣人孟子谈仁义，不愿谈吉凶利害之趋避。

另外，刘伯温在《郁离子·九难》篇中，也明确表示：自己只讲求尧、禹之道；讨论汤、武之事；致力于稽考先王之典；商度救时之政；至于旁门左类、装神弄鬼之术，"皆不愿也"。

刘伯温虽然不愿，但朱元璋为了神化自己，还是强行把他和朱升塑造成了观风望气、预测天命的角色。

对此，他们只能违心地接受。

而刘伯温比朱升还惨了点。在世人的眼光中，刘伯温的身份已经沦落到与张中、周颠仙为伍了。

明朝人李贽在撰写《续藏书》时，就把刘伯温、张中、周颠仙三人合为一传。

也不知李贽安的什么心，居然提到刘伯温"既精晓天文，安有不知己之死日在洪武八年，而己死之年仅六十又五也"。

刘伯温之死，是够悲凉的，这里不说也罢。

朱元璋视刘伯温为江湖术士,他的《诚意伯诰》又定下了刘伯温"仰观俯察,独渐无疑,千里之余,兼程而至"的基调,那么,《故诚意伯刘公行状》《明太祖实录·刘基传》《诚意伯刘公神道碑铭》等文就一脉相承,编造出许多诸如"西湖望云"之类的神话出来了。而经过数百年来人们的不断渲染附会,刘伯温终于成为了一个前知五百年、后知五百年事的神人。

朱元璋大封功臣,名列末位的刘伯温感激涕零

公元1368年1月23日(戊申年元月初四),朱元璋于应天即皇帝位,改元洪武,宣告大明国建立。

登基后第三日,即洪武元年元月初六,朱元璋在奉天殿大宴群臣,重新审定、任命诸官。

刘基和章溢在上一年十月九日已被任命为御史中丞,朱元璋对他们的官职并未更改,而是重申前命。

其中,朱元璋授刘基御史中丞的《御史中丞诰》中,大大地表彰了一番刘基的功劳。

全文如下:

奉天承运皇帝圣旨:太史令之职,天下欣闻;中执法之官,台端清望。惟亲信之既久,斯倚注之方隆。前太史令兼太子率更令刘基学贯天人,资兼文武,其气刚正,其才宏博。议论之顷,驰骋乎千古;扰攘之际,控驭乎一方。慷慨见予,首陈远略。经邦纲目,用兵后先,卿能言之,朕能审而用之,式克至于今日,凡所建明,悉有成效。且栝苍为卿乡里,地壤幽遐,山溪深僻,承平之世。民犹据险,方当兵起,乘时纷纭。原其投戈向化,帖然宁谧,使朕无南顾之忧者,乃卿之嘉谟也。若夫观象视禄,特其余事,天官之署,借重老成。以至谳狱审刑罚之中,议礼新国朝之制,运筹决胜,功实茂焉。乃者肇开鸟

府，丞辅需贤，断自朕衷，居以崇秩，清要得人，于斯为盛。於戏！纪纲振肃，立标准于百司；耳目清明，为范模于诸道。永绥福履，光佐丕图。可资善大夫、御史中丞、兼太子赞善大夫，宜令刘基准此。

另外，宋濂写给章溢，收录在《宋文宪公全集》卷四中的《御史中丞章公神道碑》里也有记："上爱公（章溢）甚，尝与公及刘君（刘基）曰：'二先生年向耄，恐感霜露致疾，善自卫摄，不宜早趋朝也。'"

可见朱元璋对两个御史中丞刘基和章溢是非常敬重的。

两年之后，洪武三年十一月，大将军徐达、左副将军李文忠等从塞外班师还朝，奉上平沙漠表，朱元璋大封功臣勋爵。

这一次较之洪武元年那次，要正式得多了。

封公的有六个人，分别是韩国公李善长，食禄四千石；魏国公徐达，食禄五千石；郑国公开平忠武王常遇春之子常茂，食禄三千石；曹国公李文忠，食禄三千石；宋国公冯胜，食禄三千石；卫国公邓愈，食禄三千石。

六人之中，仅李善长一人为文臣。

封侯者二十八人，以汤和为首，全是武将。

公、侯都有食禄，并令子孙世袭。

封伯者二人，即汪广洋、刘基，都是文官。但两人的食禄多寡有别，汪广洋食禄为三百六十石，刘基只有二百四十石，差了一百二十石。

刘基的食禄二百四十石和李善长的食禄四千石相比，差得更远，且子孙不世袭。

而朱元璋给刘基的《诰书》与洪武元年的《御史中丞诰》比，语气也差了许多。

原文为：

奉天承运皇帝制曰：咨尔前资善大夫、御史中丞、兼太子赞善大夫刘基。朕观往古俊杰之士，能识主于未发之先，愿效劳于多难之际，终于成功可谓贤智者也，如诸葛亮、王猛独能当之。朕提师江左，兵至栝苍，尔基挺身来谒于金陵，归谓人曰："天星数验，真可附也，愿委身事之。"于是乡里顺化。基累从征伐，睹列曜垂象，每言有准，多效劳力，人称忠洁，朕资广闻。今天下已定，尔应有封爵，特加尔为开国翊运守正文臣、资善大夫、护军、诚意伯，食禄二百四十石，以给终身，子孙不世袭。于戏！尔能识朕于初年，秉心坚贞，怀才助朕，屡献忠谋，驱驰多难，其先见之明，比之古人，不过如此。尚其敷尔勤劳忠志，训尔子孙，以光永世。宜令刘基准此。

后世多为刘基感到不平——正德九年（1514）明武宗追赠刘基为太师，诰文里有"渡江策士无双，开国文臣第一"之句，朱元璋怎么在这次大封勋爵中只给刘基封了最末一等呢？不公平，太不公平了！

大家为刘基抱不平的同时，也在同情刘基的感受——猜刘基肯定会是无比委屈、无比愤懑。

但是，大家的猜想是错的。

刘基既不委屈、也不愤懑，而是心满意足，对朱元璋感恩戴德。

其实，洪武元年，刘基拿到《御史中丞诰》任御史中丞不足半年就被朱元璋削职为民，打发还乡了。

大致原因有几个：

一、帝幸汴梁，基与左丞相善长居守。基谓宋、元宽纵失天下，今宜肃纪纲。令御史纠劾无所避，宿卫宦侍有过者，皆启皇太子置之法，人惮其严。中书省都事李彬坐贪纵抵罪，善长素昵之，请缓其狱。基不听，驰奏。报可。方祈雨，即斩之。由是与善长忤。

二、当时，"京城自夏至秋不雨，有司祷求不应"，刘基借祈雨的机会，向朱元璋提出了几个问题：1. 朱元璋曾经要求"出征阵亡及病故军妻俱令于寡妇营居住，不许出营，令人巡绰及把门在外。男子无故入营问罪。"刘基却说："出征阵亡病故军妻数万，尽令寡妇营居住，阴气郁结。"要求"寡妇听其嫁人，不愿者送还乡里依亲。"2. 朱元璋恨张士诚，下令将投降过来的原张士诚部下头目全部充军，刘基却提出异议，说："张士诚投降头目不合充军。"3. 工役人死，暴露尸体不收，要求朱元璋"工役人释放宁家"。

朱元璋全部依从，但是"旬日仍不雨"。朱元璋一怒之下，就下令："刘基还乡为民，御史按察司官俱令自驾船只发汴梁安置，被问官吏赦罪还职。"

刘基触怒了朱元璋，无官无爵无职、失魂落魄地黯然返乡，一路上可谓冷冷清清凄凄惨惨戚戚。

在返乡途中，刘基百感伤悲之下，一口气写下了《旅兴》五十首，自怨自艾，伤生忧世。

回到老家，刘基愁怀难遣，又写了一首《老病叹》，叹自己百无一用，读之催人泪下。

幸好，该次的落魄时间并不长，仅仅两个月之后，朱元璋就前嫌尽释，下诏宣刘基回京，并让他官复原职了。

官复原职之后，从洪武元年十一月末到洪武三年六月的这段时间里，刘基很是过了一段舒心日子。

但是，从洪武三年六月十五日起，刘基又重新陷入了一个困境中，并从根本上动摇了他在朝中的地位。

原来，前往应昌（今内蒙古克什克腾旗西北）北逐蒙元的左副将军李文忠传回捷奏：元顺帝妥懽帖睦尔已病故于应昌，元嗣主爱猷识里达腊弃应昌而走。

当日，《明太祖实录》卷五十三记："百官奏事奉天门，闻元主殂，遂相率拜贺。"

朱元璋本人也喜气洋洋地说："元主守位三十余年，荒淫自恣，遂至于此。"

但是，在朝臣加额称庆的热烈氛围中，朱元璋双眉突然一拧，怒视治书侍御史刘炳，厌恶地说："尔本元臣，今日之捷，尔不当贺也。"

朱元璋的话虽然不是直接对着刘基说的，但大家都把目光投向刘基。因为，刘基当时是朝廷中任职最高的曾食元禄者。

朱元璋回头命礼部榜示：凡北方捷至，尝任元者不许称贺。

过了两日，又召开群臣座谈会，语重心长地大谈"忠君"之道。

言下之意，像刘基之类从元朝阵营投过来的，都是"不忠"之徒。

刘基既被定性为"不忠"之人，则御史中丞一职便不好再当了。

果然，洪武三年七八月间，刘基再次被免去御史中丞。

如果说，刘基对第二次免职还有什么委屈的话，仅仅两个月之后，他的委屈就一扫而空了。

因为，另一个情况和他差不多的"不忠"之人，遭到了严厉的打压。

这个人是江西临川人危素。

危素，字太朴，治经术，有文名，曾在元朝短暂出仕，入明后曾得朱元璋厚待，授以翰林侍讲学士、中顺大夫知制诰同修国史。次年，兼弘文馆学士。朱元璋还命他撰《皇陵碑》文，可说是相当器重。

但在由元顺帝之死所掀起的这场"忠君"风波中，危素被列入"不忠"问题人士，遭监察御史王著等弹劾。朱元璋遂以"亡国之臣，不宜用"之由，把危素发往和州（今安徽和县）守为元朝殉节的余阙之庙，以此来羞辱他。

危素在元末文坛被尊为领袖人物，曾参与了《宋史》的修撰，且为官有政声，宋濂、高启、徐一夔等大儒都对他推崇备至，没想到竟落到了如此下场。

刘基只是仅仅被免去在朝官职，这情形可不要好得多?!

而更让他感到意外的是，在这年冬天，他还获赐诚意伯爵位！

所以，刘基在洪武四年初的返乡，算得上是荣归故里。

二月初四刘基回到青田老家，顾不上舟车劳顿，他庆幸万分，并由衷感恩地写了一份《谢恩表》送呈朱元璋，其中称"伏以出草莱而遇真主，受荣宠而归故乡，此人人之所愿欲而不可得者也。"称赞"钦惟皇帝陛下以圣神文武之姿，提一旅之众，龙兴淮甸，扫除群雄。不数年间，遂定中原，奄有四海。神谟庙断，悉出圣衷。舜禹以来，未之有也""圣德广大，不遗葑菲。远法唐虞功疑惟重之典，锡臣以封爵，赐臣以禄食，俾臣回还故乡，受荣宠以终其天年"。

《谢恩表》的最末，称"臣基无任激切屏营之至，谨奉表称谢，以闻。"

 ## 刘伯温属自然死亡，朱元璋却编造出谋杀的说法

大明王朝开国元勋中，最富人格魅力的人无疑是刘基刘伯温。

经过数百年来人们的渲染和歌颂，刘基已经成了神一般的人物。

但是，我们通过史料回望刘基的一生，发现他的最后结局并不妙。

刘基从至正十九年（1359）到应天投奔朱元璋时算起，跟随朱元璋东征西讨的时间有七年半；而从大明开国到默然辞世，时间也刚好是七年半。

两段时间相加，共为十五年，但是，在这漫长的十五年内，刘基实际担任官职的时间不到五年，仅为其中的三分之一。

而以大明开国以后算，在七年半时间内，刘基任职不足两年半。

这不足两年半的时间内，刘基的职务为御史中丞。

其中，洪武元年（1368）八月被革除过一次，不过，在该年十一月就复职了。

到了洪武三年，因为身上背负有"仕元"（在元朝做官）污点，在朱元璋大力宣扬"忠君"思想下，被列入"不忠"问题人士，官职于该年八月再次被革。

虽然在洪武三年（1370）十一月的大封功臣元勋中，刘基得封三十六个爵位中的最末一位，为诚意伯，但却是有爵位而无官职，因此，在洪武四年（1371）就被打发回乡了。

洪武六年（1373），因为"谈洋王气"事件，刘基被诬，不得不于该年秋七月入朝"引咎自责"，向朱元璋交代问题。

朱元璋虽未夺刘基诚意伯之爵，却夺了诚意伯之禄。

并且，此后年余，刘基被软禁在京，有家不能回，在朝无职事，徒以诚意伯空名随朝陪侍而已。

刘基自幼体弱多病，按照他自己的说法，四十岁已"齿脱头童（秃）"，且患足疾。

洪武元年被革职短暂回乡的日子里，五十八岁的他写了一首《老病叹》，称："我身衰朽百病加，年未六十眼已花。筋牵肉颤骨髓竭，肤膘剥错疮与癞……"

洪武七年（1374），在孤苦愤懑之下，身体健康状况更是每况愈下。

该年，他在送宋濂次子宋璲（字仲珩）还乡时，作有《送宋仲珩还金华序（并诗）》，其中对自己的身体状况作了这样的描绘："予须发已白过大半，齿落什三四，左手顽不掉，耳聩，足蹐踔不能趋。"可见是病痛缠身。

洪武八年（1375）元旦，群臣庆贺新年，刘基随喜写了一首《乙卯岁首早朝奉天殿，柬翰林大本堂诸友》，诗云：

> 枝上鸣嘤报早春，御沟波澹碧龙鳞。
> 旗常影动千官肃，环佩声来万国宾。
> 若乳露从霄汉落，非烟云抱翠华新。
> 从臣才俊俱扬马，白首无能愧老身。

诗极力夸赞翰林院的文友风华正茂，才思敏捷有如扬雄、司马相如，最末一句突然悲叹起自己的"白首无能"来。

的确，政治上得不到重视，而年龄和身体状况都摆在那里，人生落幕，指日可待。

而在一个月之后，刘基也得到了朱元璋的批准：回乡养老。

这可以从宋濂的《恭题御赐文集后》里看得出。

话说，洪武八年（1375）二月初二，朱元璋的《高皇帝御制文集》二十卷刊成，分别赠了韩国公李善长、中书右丞相胡惟庸每人一本，准备再赠一本给宋濂。

当日宋濂入宫，受书后，记下了当日觐见皇上的全过程，题为《恭题御赐文集后》。

《恭题御赐文集后》现收录于《宋文宪公全集》卷十七。文中标明，记的是"洪武八年岁次乙卯春三月壬辰"事，而在《金华丛书》本《宋学士全集》中，文末尚有"是月三日癸巳午时具官臣宋濂盥手谨记"十七字。

但是，查洪武八年三月，并无壬辰、癸巳日。即《恭题御赐文集后》里所记的壬辰，当为二月初二；"是月三日癸巳午时具官臣宋濂盥手谨记"的癸巳为二月初三。

我们且来看看洪武八年二月初二，朱元璋召见宋濂时都做了些什么事、说了些什么话。

《恭题御赐文集后》记："洪武八年岁次乙卯春三月壬辰（应为二月壬辰，即二月初二），皇帝御乾清宫召见我，问前御史中丞刘基何日启程返乡，我以翌日（即二月初三）对。皇上继而又问起刘基的病情，以及是否自己可以支撑回乡，等等。我将我所知道的全部相告。彼时刘基患有霜露之疾（语出《史记·公孙弘传》，指因风寒而引起的疾病，即感冒），皇上怜悯其为开国旧勋，特降手敕，令起居注郭传宣示，御赐其还乡养老，但皇上终究觉得有些地方照顾不到位，这才召我前来详细询问。询问完毕，皇上步出宫门，我紧从其后。至丹墀，皇上忽然对内史张渊说：'汝往取新刊文集一部，赐学士宋濂。'我赶紧谨叩头谢。张渊把我带到典礼纪察司，对司副李彬传达了皇上的话，把我的名字记录在一小册子上，才开始颁授文集。此文集系皇上御制，凡三秩，虽然刊印完成，仍秘藏禁中。当时受赐者唯太师李韩公善长、中书右丞相胡惟庸与我共三人，所以内臣才会如此恭谨也。"

从这段记载里，透露出许多关于刘基的信息。

一、刘基患上了感冒，朱元璋降手敕让他回乡养病；

二、刘基计划离京南归的日子是二月初三；

三、朱元璋关心刘基的病情，特召宋濂询问了一番；

四、朱元璋文集印成，赐给了李善长、胡惟庸、宋濂，但没有刘基的份。

另外，宋濂《恭题御赐文集后》中提到的由起居注郭传向刘基宣示的朱元璋手敕，现保存在《高皇帝御制文集》中，题为《御赐归老青田诏书》。

这份诏书对刘基的功过作了全面的评定，意在说明朝廷对刘基的奖罚正确、宽严得当。

让人耸然动容的是最末一段，为："卿今年迈，居京数载，近闻老病日侵，不以筋力自强，朕甚悯之。於戏！禽鸟生于丛木，翎翅干而飏去，恋巢之情，时时而复顾。禽鸟如是，况人者乎！若商不亡于道，官终老于家，世人之万幸也。今也老病未笃，可速往栝苍，共语儿孙，以尽考终之道，岂不君臣两尽者欤！"

从文字上看，朱元璋还是很重感情的，叮咛嘱咐，让刘基"速往栝苍（指刘基老家），共语儿孙"，"以尽考终之道""君臣两尽"。

如果说刘基回乡的计划不变，那么，他应该是在二月初三动身了。

刘基在青田老家去世的日子是四月十六日。

即从二月初三到四月十六日，中间隔了七十三天。

这七十三天中，史书没记载有什么关于刘基的故事。

如果不是有人从中故意弄什么幺蛾子，应该说，刘基是自然死亡，属于善终。

但是，现在我们读所有的史书，包括《明史·刘基传》、《明实录·刘基传》、黄伯生《行状》、张时彻《神道碑铭》，都写刘基是被胡惟庸下毒致死的。

为什么会这样？

一切都是朱元璋搞的鬼。

刘基死的时候，《明实录》没记载朱元璋有什么反应，虽然《明实录·刘基传》提了一句"上痛悼之，赐遗甚厚"，但完全是官样文章，虚的，并不能当真。

相较之下，曾在洪武元年与刘基一同担任御史中丞的章溢在洪武二年夏去世时，《明实录》就记载有："讣闻，上甚悯悼，乃亲撰文，遣官即其家祭之。"

看，"亲撰文""遣官即其家祭之"才是实实在在的东西。

一句话，刘基之死，当时并未引起朱元璋的过多注意，直到四年之后，即洪武十二年才被提起。

《实录》卷一二八《汪广洋传》记："至是（十二年十二月）御史中丞涂节言，前诚意伯刘基遇毒死，广洋宜知状。上问广洋，广洋对以无是事。上颇闻基方病时丞相胡惟庸挟医往候，因饮以毒药，乃责广洋欺罔，不能效忠为国，坐视废兴，遂贬居海南。"

为什么会在四年之后重提刘基之死呢？

原来，因为相权与君权的冲突，洪武十二年底，朱元璋准备搞倒搞臭居相位的胡惟庸了。

御史中丞涂节为胡惟庸的同党，"见事不成，始上变告"，他于洪武十二年十二月状告胡惟庸及御史大夫陈宁等谋反，并指出刘基即为胡惟庸所毒害，而汪广洋是知情人之一。汪广洋时与胡惟庸共事，任左御史大夫。但当朱元璋责询此事时，汪广洋矢口否认此事的存在。朱元璋怒甚，"责广洋欺罔"，将其贬至海南。

《实录》卷二九又记："（洪武十三年正月）甲午，御史中丞涂节告左丞相胡惟庸与御史大夫陈宁等谋反及前毒杀诚意伯刘基事。命廷臣审录，上时自临问之。初，自杨宪诛，惟庸总中书之政，以上信任之重也，专肆威福，生杀黜陟有不奏而行……诚意伯刘基亦尝为上言惟庸奸恣不可用，惟庸知之，由是怨恨基。及基病，诏惟庸视之，惟庸扶医往，以毒中之，基竟死，时八年正月也。上以基病久，不疑。"

到了这儿，就完全坐实了胡惟庸毒死刘基之说了。

更有意思的是，在嘉靖本和隆庆本的《诚意伯文集》中，收录有一篇题为《诚意伯次子阁门使刘仲璟遇恩录》的文章，内容记载的是洪武二十年至二十四年朱元璋接见刘基、章溢、叶琛、胡深等人的子侄时的讲话，全用口语记录，对这些人的父亲赞赏有加，勉励这些人学父亲的为人，好学向上，并对他们说："你每父亲便吃些亏呵，如今朝廷也留个好名。"

其中，朱元璋多次对刘基次子刘璟提到刘基。

洪武二十一年十二月二十五日，朱元璋是这样说的："刘伯温他在这里时满朝都是党，只是他一个不从，他吃他每（们）蛊了。他大的儿子这小的也利害，不从他，也吃他每害了。这起反臣都吃我废了，坟墓发掘了。"

洪武二十二年正月十八日则说："这刘伯温是个好秀才，吃胡（惟庸）、陈（宁）蛊了。那胡家吃我杀得光光的了。"

洪武二十三年正月初四又说："刘伯温他父子两人都吃那歹臣每害了。我只道他老病，原来吃蛊了。"

洪武二十三年六月初六日再说："刘伯温在这里时胡家结党，只是老子说不倒。你父兄做一世好人，都停停当当的了。你父亲吃胡家下了蛊药，哥也吃他害了。你老子虽然吃些苦么，你如今恰光荣。"

洪武二十三年十二月二十二日说得最多，这一年，李善长被赐死。该日，朱元璋接见刘璟时说："我到婺州时得了处州，他那里东边有方谷珍，南边有陈友谅，西边有张家，刘伯温那时挺身来随着我。他的天文别人看不着，他只把秀才的理来断，到如那等。鄱阳湖里到处厮杀，他都有功。后来胡家结党，他吃他下了蛊。只见一日来和我说：'上位，臣如今肚内一块硬结，但谅着不好。'我着人送他回去家里死了。后来宣得他儿子来问，说肚胀起来紧紧的，后来泻得瘪瘪的，却死了。这正是着了蛊。他大儿子在江西，也吃他药杀了。如今把尔袭了老子爵，与他五百石俸。"

像朱元璋这样一而再、再而三地讲，就算是谎话也讲成是真话了。

也无怪乎后出的史书，如徐愚谷《明名臣言行录》、李贽《续藏书》、尹守衡《明史窃》、王鸿绪《明史稿传》、钱谦益《列朝诗集小传》等沿袭胡惟庸毒死刘基的说法了。

但是，只要静心想一想，胡惟庸下的到底是什么毒，可以神奇得让刘基肚里长一"硬结"，却又不立刻毙命，而要在七十三天后才毒发身亡?!

这种毒药，世间根本就不存在。

一句话，所谓"胡惟庸毒死刘基"之说，不过是朱元璋要整倒胡惟庸的罪证之一。

　　朱元璋万万没有想到，他把刘基的自然死亡诬陷成胡惟庸毒杀，而到了现代，人们在认定胡惟庸下毒的基础上，进一步推理：如果没有朱元璋在背后指使，胡惟庸断不敢下此毒手，因而把朱元璋定为毒死刘基的幕后主使者。

　　由刘基二十一世孙刘德隅编辑的《明刘伯温公生平事迹拾遗》就一口咬定是朱元璋指使胡惟庸下的毒。

　　即杀害刘基的人是胡惟庸，但归根结底，凶手还是朱元璋。

　　这真是害人反害己。

　　补充一下，朱元璋在洪武二十三年十二月二十二日对刘璟说"如今把尔袭了老子爵，与他五百石俸"后，刘璟表现得非常有骨气，他回奏说："臣出力气事，尽死向前，报本欲在，袭封伯爵的事，哥哥有儿子在。"

　　朱元璋因此高兴地说："他终是秀才人家孩儿，知理熟，大功爵让与哥的儿子，好呵！"

　　随后宣布刘琏长子刘廌袭爵，另拜刘璟为阁门使，实授正六品官。

　　三日之后（二十五日），传旨给刘璟说："我考宋制，除尔做阁门使。夜来翰林院考了，这衙门正似如今仪礼司一般，不着你管仪礼司事，只要跟着驾，但是我在处，尔便有着传旨意发放事呵。我如今着你叔侄两个都回家去走一遭，把你老子祭一祭，祖公都祭一祭，便来。"

　　刘璟因此与侄子刘廌于洪武二十三年十二月三十日奉旨回乡祭祖。

　　朱元璋让刘廌袭爵，且倍增其禄，即意味着刘基名誉的恢复，也可以说是对刘基的正式平反。

第四章　功臣如此凋零

 朱文正被鞭杀是因为叛逆造反吗

　　若论中国历朝历代开国元勋之牛气，比较有名的无过于西汉、东汉、大唐、大明四朝。

　　西汉有"汉初三杰"张良、萧何、韩信，以及彭越、英布等人在撑着，想不牛气都不行。

　　东汉和大唐的开国元勋本来就一个比一个更牛气，光武帝又钦点了一份"云台二十八将"的名单，唐太宗则干脆建凌烟阁悬挂二十四功臣画像，又岂会不轰动一时，流传千古？

　　虽说清朝也东施效颦弄了一个不伦不类的"紫光阁"功臣画像，但不知为何，牌子愣是打不响。

　　倒是大明朝不弄虚的，而且明太祖屠杀功臣很滥，但大明朝那班开国元勋实在牛得不行，个个独当一面，随便拉一个出来，似乎都可以碾压其他朝代的名臣良将。

现在提起大明朝元勋，大家第一个想起的就是徐达。

不过，认真细究起来，有一个人，如果不是死得太早，其功业和威名也许还在徐达之上。

这个人，就是明太祖朱元璋的亲侄儿朱文正。

以朱文正和徐达比较，很多人受《明英烈》一类演义小说的影响，多半会很不以为然。

首先给人的感觉就是年龄差别太大，不在同一个级别上。

可不是吗，演义小说里的绣像图里，徐达的胡子一大把，和朱元璋、常遇春、胡大海等并列一起；而朱文正被画成一个奶油小生，和另一个奶油小生李文忠等小字辈站一块。

这并不是事实。

再说多几句。抛开普通的演义小说不提，像大历史学家吴晗著《朱元璋传》，其是抱着著作正史的精神来完成这本书的，但治史的功夫还是下得不够，在开篇第一章第一节就把徐达写成了朱元璋的儿时玩伴，一起偷牛、杀牛。

其实，查看一下朱元璋亲自给徐达撰写的长达两千余字的"御制神道碑文"，就可以看出，徐达和朱元璋的相识时间很晚，其碑文云："大明中山武宁王，姓徐氏，讳达。凤阳府凤阳县人。家世农业。王年二十有二，值元末兵兴，岁癸巳，朕集义旅。王来麾下，朕视其所以，周旋几二年，动静语默，悉超群英，于是命为帅首。凡有微征，以代朕行。"朱元璋已是一方统帅，徐达来投军，两人才相识，当时徐达已经二十二岁了。

朱元璋的出生年为 1328 年；徐达的出生年为 1332 年，比朱元璋小了四岁。

朱文正的出生年为 1336 年，又比徐达小了四岁。

另外，朱文正与徐达是连襟。

朱文正娶了谢再兴的长女为妻；徐达则娶了谢再兴次女为妻。即两人年龄相仿，差别并不大。

朱文正失势前，其军政地位压在徐达之上，除了能力特别突出外，其与朱元璋的血缘、亲情也不能不提。

朱元璋的父亲朱五四共育有四子二女，四子名为：重四、重六、重七、重八。

其中的朱重八便是朱元璋本名。

从朱五四、朱重八等名字就可以推知他这一家的文化程度之低。

另外，根据《皇陵碑》记载，重四、重六、重七、重八的出生之地均不相同，也可以知朱家一直过着颠沛流离的流浪生活，可谓家境贫寒，身无插锹之地矣。

朱文正的父亲是朱元璋的长兄朱重四。

朱重四娶亲王氏的时间是 1328 年七月，朱元璋出生的时间是该年九月。

则朱重四和弟弟朱元璋的年龄差距在二十岁左右。

朱重四生下两子一女，长子早夭，次子为朱文正。

1344 年，朱元璋十六岁，朱文正八岁，天下大旱，朱元璋遭遇到了空前的灾难，在不到一个月的时间内，父母和长兄相继离世。

用朱元璋自己的话来说，是："往者吾父是月六日亡，兄以九日亡，母以二十二日亡。一月之内，三丧相继。人生值此，其何以堪？终天之痛，念之罔极。"

朱元璋的二哥、三哥已入赘别姓，即朱家仅剩嫂嫂王氏和朱元璋、朱文正三人。

嫂嫂王氏一介弱女子，无以为生，只好带朱文正回娘家乞命。

朱元璋走投无路，举目无亲，只好流落到皇觉寺出家谋求活路。

但是，皇觉寺也不是留人之所，朱元璋入庙不足两月，寺中存粮用尽，僧众各自外出乞讨。

朱元璋因此过上了世间最为卑微、最为下贱的乞讨生涯。

呜呼，古往今来的帝王将相，若比出身之惨，谁能超得过朱元璋？

朱元璋风霜江湖，深味人世间至苦，也感受着穷苦百姓间的种种良善和施舍。

人生中这一段，应该给朱元璋烙下了极深的烙印。

这也使得他登上九五大位后，始终保持自己贫苦平民出身本色，关心百姓，为民争利，打击起贪官污吏绝不手软。

而朱文正的死，也与这方面有关。

朱元璋与朱文正的别后重逢，是在1354年。

此时的朱元璋已是红巾军一方面大将，于此年攻下滁阳，设榜安民，建立地方政权。

嫂嫂王氏打听到朱元璋的消息，喜出望外，带朱文正匆匆来投。

多年之后，朱元璋撰《御制纪非录》记述自己儿子、侄子种种劣迹传抄给藩王后代传看，引以为戒，里面提到自己与靖江王朱守谦的祖母、父亲朱文正相遇这一段，无比动情地写："至正正甲年，朕帅师滁阳，守谦之祖母（王氏）携守谦之父（朱文正）至。时朕只身，举目略无厚薄之亲，虽统人众，于暇中凡有眷属之思，莫不唏嘘而涕泣焉。俄而侄男（朱文正）至……分离数年，扰攘中一见，眷属复完，其不胜之喜复何言哉！"

朱文正随母来投朱元璋这年已十八岁，聪明机警，"貌类高帝"，得到了朱元璋的重用。

朱文正也不负其叔父所望，跟随叔父渡江克太平，剿灭陈埜先，占据建康，处处争先，为叔父势力的扩张立下了汗马功劳。

攻克集庆路（今南京）不久，即1356年十月，朱元璋便提升朱文正为枢密院同佥，级别位同于朱元璋麾下最高级别的徐达、汤和等将领。

1361年三月，朱元璋"改枢密院为大都督府"，提拔朱文正为大都督，节制中外诸军事。

从这时候起，朱文正成为朱元璋军中最高军事统帅。

朱文正的军事代表作是1362年的洪都之战。

洪都即是今天的南昌，初由陈友谅手下江西行省丞相胡廷瑞投降所献。

一开始，洪都的情形并不稳定，胡廷瑞的手下康泰、祝宗叛乱，洪都几乎易手。

朱元璋几经考虑，"以洪都重镇，屏翰西南，非骨肉重臣莫能守。乃命文正统元帅赵得胜等镇其地，儒士郭之章、刘仲服为参谋"，让朱文正镇守。

朱文正极为了得，《国初事迹》记载朱文正镇守洪都时"招谕山寨来降，头目尽皆归顺，好讼者诛之，号令严肃，远近震惧"。

1363年四月，陈友谅以倾国六十余万兵力狂攻洪都，朱文正以八万人相抗，堪堪抵住了陈友谅长达八十五天的轮番进攻，为朱元璋赢得了调整战略方案的宝贵时间。

此战过后，朱元璋亲自领军在鄱阳湖大败陈友谅，消灭了争霸天下的最强对手。

奇怪的是，朱文正立此大功，朱元璋却在几个月之后剥夺了他的一切官职爵位，致其不明而死。

《明实录》上的解释是，朱文正是因为愤恨功高而未得赏，遂蓄谋私通张士诚，终于招致幽禁而死。

这个解释其实是说不通的。

因为此时的朱元璋尚未大封功臣，至少，他还有张士诚这一对手等着去收拾，而朱文正已经是大都督，节制中外军事，还奢望有多大提升空间呢？

而且，早在朱元璋渡江之后，朱文正也曾经谦虚地表示过"爵赏不先众人，而急私亲，无以服众。且叔父既成大业，侄何忧不富贵"的态度。

所以，说朱文正遭罢黜是由于"怨上不封己"，并非事实的真相。

不过，《明实录》上提到一点，即朱文正"守江西，遂骄淫暴横，夺民妇女，所用床榻器皿以龙凤为饰"，这应该是朱元璋气恼朱文正的一方面原因。

这些恶行，应该不是后人对朱文正的诬蔑。

想想看，镇守洪都这年，朱文正才二十七岁，年纪轻轻，担任了大都督，节制内外军事，又取得了如此重要的胜利，未免骄奢淫逸，不可一世。

十六年后，即 1379 年，朱元璋曾专门发谕旨给靖江王朱守谦，告诫他乃父朱文正当年在江西"恣意放纵，视人如草木，作孽无休。其不仁者甚，夺人之妻，杀人之夫，灭人之子，害人之父，强取人财。事觉，教之不听。未几，谋奔敌国，又觉，而方囚之，然后而殁"，要他"再休与一个小人闲戏"，致蹈乃父覆辙，并当场逮捕了朱守谦身边一些为非作歹的人。

前文也提到过，朱元璋是从苦难中走过来的，内心深恨那些骑在百姓头上作威作福的贪官污吏，朱文正如此做派，其焉能不怒?!

《明实录》接着记述，朱文正遭到朱元璋切责后，"惭惧，谋叛降张士诚"。这一记述，也不符合实情。

试想想，朱元璋争天下的最大对手陈友谅已经被灭了，则灭张士诚也只是一个时间问题，而张士诚和朱元璋并不在同一个级别上，朱文正有什么理由要"谋叛降张士诚"？而且，他虽遭到朱元璋切责，但仍是节制内外军事的大都督，生命并没什么危险，投了张士诚又能得到什么更大的权势？而且，从感情上说，也不至于被叔父斥责了几句就间亲投疏。

但是，朱文正的死，终究和张士诚有一定关系。

朱元璋在朱文正死后曾写信给外甥李文忠，信中在痛斥朱文正违法劣迹时，曾提到："我禁人休去张家（张士诚）那下买盐，他（朱文正）从江西自立批文，直至张家盐场买盐，江上把截的不敢当，尽他往来。"

则当时的事实是，朱文正遭朱元璋切责后，并未当回事，该吃吃、该睡睡。他认为，自己是朱元璋的亲侄儿，朱元璋是不会把自己怎么着的。

甚至，朱元璋从经济上围困张士诚，禁止所有人等不得到张士诚管辖下的盐场买盐，朱文正也当作耳边风，在江西自立批文，让人大模大样地进出张士诚盐场买盐。

既然这么不上心，朱元璋才会慨叹说："此子不才如此，非吾自行无以定之。"于是亲自到南昌把朱文正捉回南京。

朱元璋在《御制纪非录》中向朱文正的儿子靖江王朱守谦追述朱文

正的死因时，说："无状甚焉，其非奉父母之道，有不可胜言……不期望前日之艰辛，寒微之极，恣肆凶顽，无所不为，又何言哉，大逆之道既泄，朕恐为人所瞀，特召而面审之，其应之辞，虽在神人亦所不容，其逆凶之谋愈推愈广，由是鞭后而故。"

即回到南京，朱文正仍不把自己所犯的过错当回事儿，对朱元璋的问话，"其应之词虽在神人亦所不容"，嚣张跋扈，让人忍无可忍。

也就是说，朱文正还认为凭借盖世功劳和血肉关系，叔父是不会对自己有所伤害的。

盛怒之下，朱元璋亲自持鞭将之痛打，最终悲剧发生，"由是鞭而后故"，情绪失控的朱元璋竟失手把朱文正打死。

《明实录》也记，失手打死了朱文正后，朱元璋让人抱来年龄尚幼的朱守谦，懊悔万分地说："尔父不率教，忘昔日艰难，恣肆凶恶，以贻吾忧。尔他日长大，吾封尔，不以尔父废也，尔宜修德励行，盖前人之愆，则不负吾望矣。"

 ## 因为阴私被朱元璋侦知，李文忠惊惧致死存疑

李文忠是明太祖朱元璋二姐之子，于至正十三年（1353）随父亲李贞投入朱元璋军营。

李文忠当时才十四岁，被朱元璋收为养子，与同时期过来寻亲的朱元璋的侄子朱文正一同跟随范祖乾、胡翰读书识字。

和朱文正相比，李文忠对书本的领悟能力要好得多，能够触类旁通，很快通晓经义，能诗善歌，所以，也更多出许多文人气质。

至正十七年（1357），十九岁的李文忠以舍人的身份，率领朱元璋的亲军赴援池州，初次作战就立了战功，击败在池州的赵普胜，又攻下青阳、石埭、太平、旌德四个县。之后又会同邓愈、胡大海由徽州进入浙江，从元朝军队手中夺取建德，随之升为亲军都指挥，镇守建德（后改名严州），收降苗帅杨完者的旧部三万多人。

在朱元璋统一江南的过程中，李文忠主要转战在南线，为南线的最

高军事统帅，负责镇守严州。而在后来的北伐过程中，李文忠多次领兵出塞征讨元军残余势力，战功显赫。

岐阳王李文忠惊惧而死，是因为隐藏二十多年的阴私被朱元璋侦知？

洪武三年（1370），李文忠任征虏左副将军，与大将军徐达分道北征，于应昌俘获元昭宗嫡长子买的立八剌及后妃、宫女、诸王、将相官属数百人。其后，又降伏五万余人。

该年，朱元璋大封功臣，李文忠功劳最大，被授为开国辅运推诚宣力武臣，特进荣禄大夫、右柱国、大都督府左都督，封为曹国公，参与军国大事，每年的俸禄三千石，并被授予世袭凭证。

洪武十年（1377），朱元璋任李文忠为总中书省、大都督府、御史台，同议军国事，执掌国家政、军、纪之大权，形同宰相，位及人臣之极。

洪武十二年（1379），又诏命李文忠主持大都督府（最高军事机构），兼主管国子监（全国最高学府）。

洪武十六年（1383）冬，又授开国辅运推诚宣力武臣，特进荣禄大夫、右柱国、大都督府左都督，封曹国公。

不过，自洪武十五年（1382）到洪武十六年（1383），李文忠一直赋闲在家，此年冬天不幸染病，卧床不起。

新年过后，李文忠病情日渐加重。

朱元璋得知后，异常关切，派太子朱标前往探视，并特遣淮安侯华云龙之子华中督理太医院医生诊断治疗。

二月二十七日，朱元璋亲往探望。

甥舅叙旧于床前，李文忠病情似有好转。

哪料，三天之后，李文忠突然病逝，享年四十六岁。

消息传出，天下震悼。

朱元璋悲痛异常，辍朝三日，亲自撰文派遣大臣致祭，追封李文忠为岐阳王，谥号武靖。

其后，又将李文忠配享太庙，肖像功臣庙，位列第三，即徐达、常遇春之后。

李文忠为什么会猝死呢？

朱元璋给出的答案是：为李文忠治病的淮安侯华中下毒。

他下令削华中爵位，将其家属全部放逐至建昌卫（今四川西昌），斩其他太医院医生及妻子儿女一百多人。

下毒之说，最初出处应该是俞本《纪事录》。

该书记："文忠病，淮安侯华中侍疾进药。上疑其有毒致薨，贬淮安侯，放家属于建昌卫，医士全家被诛。"

不过，俞本也承认：华中进药之事，与刘伯温的死状略同。但胡惟庸之所以毒死刘伯温，那是奉上命挟医而往。淮安之侍药，难道也是奉上命而往？而且，胡惟庸与刘伯温之间存在诸多是非恩怨，而华中与李文忠之间并无过节。如果说李文忠被毒是获了什么罪的话，史家阙如，无可征考，吾不得而知之矣。呜呼！亲则甥舅，功则元勋，用得着投毒加害吗？

刘伯温是否胡惟庸毒死的，此事存疑，华中与李文忠的确是远日无怨、近日无仇，应该不会轻易下毒杀人。

而且，说是朱元璋指使的也不大可能。

朱元璋对李文忠"自幼抚育，视同己子，教以文艺，习以弓马"，他自己还这样描述过与李文忠的亲密关系："以分则君臣也，以亲则舅甥也，以恩则父子也。"

但是，王世贞《史乘考误》通过对一些野史材料进行考证，称："文忠多招纳士人门下，上闻而弗善也。又劝上裁省内臣。上大怒，尽杀其门客。文忠惊悸暴卒。上杀诸医及侍者百人。"

即李文忠学孟尝君广招门客，却又反过头来劝谏朱元璋减裁宦官，引起朱元璋极大不快。

王世贞的考证结果，可能是有的，因为，洪武十九年，朱元璋赐李景隆袭爵诰文中有提到："非智非谦，几累社稷，身不免而自终。又云：尔其鉴前人之失，保尔富贵。"

但仅仅以上两点，很难说就勾动了朱元璋的杀人之心。

《明史》正文卷一百二十六列传第十四就在以上基础上加料，说：

"（李文忠）家故多客，尝以客言，劝帝少诛戮，又谏帝征日本，及言宦者过盛，非天子不近刑人之义。以是积忤旨，不免谴责。"即李文忠除了广招门客，还劝朱元璋少杀人，谏朱元璋远征日本，谏朱元璋减裁宦官，最终招致朱元璋的严厉谴责和不满。

但是，李文忠劝谏朱元璋，毕竟是在洪武十四年前的事了，朱元璋听得进就听，听不进拉倒，而且，已经时过境迁，李文忠一直赋闲在家，没必要过了两年，突然杀心大现，投毒杀人。

于是，又有人猜测，李文忠并非中毒死的，而是恐惧忧虑而病，且在朱元璋探病后，惊惧而亡。

即李文忠的惊惧而亡与朱元璋的探病有关。

朱元璋探病时，舅甥间说了什么话，史无记载。

但在李文忠主政严州期间，曾被他聘为幕宾参军事的刘辰写有一部《国初事迹》，书中记载有一件李文忠的阴私事。

很可能，这件阴私事被朱元璋在探病过程中掌握到了。

这件阴私事的来龙去脉是这样：

李文忠镇守严州时，迷恋上了一个姓韩的妓女，闹得满城风雨，影响很不好。

检校杨宪出于职守，将此事报告了朱元璋。

朱元璋大怒，派人杀掉了韩氏，下令把李文忠带到应天问罪。

在马皇后的求情下，李文忠躲过一劫，得回严州继续做主帅。

但李文忠也患上了严重的恐惧症，整天疑神疑鬼，担心哪一天会被朱元璋秋后算账。

手下的儒士赵伯宗、宋如章就提醒他，要他早作打算。意思即是叫他投降张士诚。

李文忠一时鬼迷心窍，听了赵、宋二人的话，指派他们潜往杭州与张士诚联络。

张士诚当然同意接纳。

所以，李文忠降意已决，与郎中侯原善、掾史闻遵道商议着写降书。

恰在此时，朱元璋派特使到严州召李文忠回应天。

回到应天，朱元璋待李文忠亲切如初，赐他名马金银，面授攻防机宜。

李文忠于是大为后悔，回到严州怒斥侯原善等人："我几乎让你们给耽误了，此事该如何处理？"

侯原善拍拍心口说："好在书信还没有送过去，悬崖勒马还来得及，大都督要迅速决断啊！"

为了保密，李文忠指派心腹将赵伯宗、宋汝章等知情人全部秘密诛杀。

就因为《国初事迹》记载有这么一件事，有人猜测，李文忠将这个事窝在心里藏了二十多年，不憋出病才怪。而当朱元璋探病时突然侦知，旧事重提，于是惊惧而死。

这么猜测似乎有理，但经不起推敲。

第一，李文忠只是睡了个妓女，受到了训责，就要投敌，这个理由缺乏说服力；

第二，李文忠投降的对象居然是与自己交战百战百败的张士诚，更不可信；

第三，好吧，就算李文忠在己方形势大好的情况下还要背叛自己的亲舅舅，投靠张士诚，并且派赵伯宗、宋汝章去见了张士诚。那张士诚后来被朱元璋生擒后，为什么没借机反咬李文忠一口？

第四，要说李文忠为保守秘密不惜杀人灭口，为什么不连同侯原善、刘辰这些人一并杀掉？

综上所述，"李文忠曾经想投降张士诚"之说根本不能成立，即"李文忠惊惧而死"也就无从说起。

那么，李文忠之死，应该属于病变后的猝死。

傅友德学萧何买田自污，仍逃不过朱元璋的屠刀

明代开国功臣中，傅友德的勇猛彪悍，仅次于"常十万"常遇春。

史学家焦竑称："大明兴起，猛将云从，数倍于汉云台、唐凌烟诸

将，其中六王最著名，若以骁勇著称，莫如开平王常遇春，其次则为颍国公傅友德。"

另一史学家尹守衡也说："暗鸣跳汤者只有开平王常遇春，傅友德差强次之，并称二虎将。"

不过，跟徐达、常遇春、李文忠、汤和等人相比，傅友德显然算不上朱元璋的嫡系。

甚至，以"三国迷"看待吕布的眼光角度，傅友德算得上是"三姓家奴"，他先后为刘福通、明玉珍、陈友谅等人效力过，但得不到应有的重视，故而郁郁不得志。

而自从投归朱元璋麾下，恍若良驹归明主、宝剑遇英雄，大发神威，光芒四射，南征北战，攻必克、战必胜，一跃而从偏裨升为大将。

明七子之一的王世贞称赞说："其（指傅友德）遇真主，虎变龙从，刃不虚下，策不虚画。"

其西平巴蜀，领前锋出一百八渡，一路顺风顺水，下绵州、拔汉州，进取成都，居功至伟。

朱元璋因此在《平西蜀文》中盛称"友德功为诸将第一"。

其后，又率领左副将军蓝玉、右副将军沐英南定云贵，战功赫赫，进封颍川侯，食禄一千五百石，赐免死铁券，子孙世袭。

最令傅友德威名远扬的，当数其七征漠北、七次告捷。

傅友德功高盖世，也因此进颍国公并世袭，追封三代，儿子傅忠娶了寿春公主为驸马，女儿嫁给了晋王世子朱济熺为王妃，名尊位崇，爵高禄显。

难能可贵的是，傅友德"自洪武元年以后，北征及平蜀平滇，功冠诸将，不闻有纤毫罪状"。

明初功臣多有骄纵不法行为，"胡惟庸案""蓝玉案"爆发，便是其中典型例子。

朱元璋处理罢二案，特地颁布了《昭示奸党录》与《逆臣录》，将其"罪状"公诸天下，以示惩戒。

傅友德于洪武二十三年曾被"加太子太师"，却"寻遣还乡"，赋闲在家。

在此二案的震怖之下，为求自保，傅友德左思右想，决定学汉初名臣萧何，买田自污。

洪武二十五年，傅友德大着胆子向朱元璋请求拨给自己怀远的田地千亩。

朱元璋的回复极其严厉："你的禄赐已经不薄了，为什么还要侵占民家的利益呢？你没听说过春秋时候鲁国有一个宰相叫公仪休的吗？他因为享有了国家的俸禄，不愿再与百姓争利，把园子里种的东西都拔了，把织一手好布的妻子也休了。"

显然，傅友德弄巧成拙了。

不过朱元璋自己也觉得诛杀胡、蓝二党过当，没怎么着傅友德，反而派他作为宋国公冯胜的副手，分行山西，在大同、东胜一带屯田，建设十六卫。

洪武二十六年九月，朱元璋也下诏赦免胡、蓝二党，诏称："今后赦其余党，皆勿问。"

但是，洪武二十七年，朱元璋突然召还傅友德，下令"赐死"。

不久，冯胜也和傅友德一样，被莫名其妙赐死。

冯胜的死因，一般上认为是"失在于不本命擅归，而多欲次之"。

但傅友德的死因，就非常蹊跷了。

有人说，傅友德死就死在他不知好歹，敢向朱元璋"请怀远田千亩"，贪欲太强，所以被朱元璋处死了。

这个理由很难说得通。

就算傅友德贪欲强，但他又不是通过什么非法手段巧取豪夺，而是大大方方向朝廷申请，朝廷给，他就要；朝廷不给，他就不要，谈不上犯了什么罪。

而且，当时朱元璋也只是口头上骂了他一顿，过后还让傅友德外出统兵了。

可见，傅友德被杀，与"请怀远田千亩"没什么关系。

那么，朱元璋为什么要杀害一向并无任何污点、"不闻有纤毫罪状"

的傅友德呢？

《明史·傅友德传》中只是毫无来由的一句："明年，偕召还。又明年赐死。"让后人颇费思量，却又束手无策。

明末张岱所著《石匮书》倒是提供了一个说法：洪武二十七年（1394）十一月二十九日，朱元璋召集文武大臣参加一个大型宴会，当他走到门口的时候，看到门口的那个守卫者没有按照规定佩带剑囊，当时他很生气，但是没有发作。这个守卫者不是别人，正是傅友德的儿子傅让。于是，在宴会上，朱元璋忽然提起，说自己对傅友德儿子傅让有些不满。傅友德起身告罪，朱元璋责备傅友德不敬，说："召二子来！"傅友德转身出去。卫士冲着他的背影传达朱元璋的话："携其首至。"须臾，傅友德手提二子首级进来。朱元璋惊呼："何遽尔忍人也？"傅友德拔出袖中匕首，痛呼道："不过欲吾父子头耳。"遂自刎。朱元璋暴怒不已，下令将傅家所有男女全部发配辽东、云南。

这则记载假得让人难以置信。

不说别的，单是傅友德袖中藏有匕首到皇宫赴宴这一点，就根本不可能。

再有，张岱是明末人，他写明初事，他的资料来源于哪儿，是什么书的记载，或是出自何人何地的传闻，都没有交代。那么，这则离奇、血腥的传闻很可能就是他本人捏造的。

话说回来，傅友德的真正死因是什么呢？

应该和他的一个特殊身份有关。

前面有说过，傅友德的女儿嫁给了晋王世子朱济熺为妃，即他与晋王是儿女亲家。

晋王朱㭎是朱元璋的第三子，"修目美髯，顾盼有威，多智数"。

这样一个有威仪、有智谋的人，难保不会有野心。而且，他还拥有一位能征惯战、威名远扬的儿女亲家傅友德呢。

事实上，晋王朱㭎还真不是一个善茬。

早年在就藩途中，他就曾因鞭笞膳夫而受到朱元璋的严厉训斥。就藩后，亦"多不法"。有人曾告发他有篡位的"异谋"，朱元璋本欲严加治罪，止因皇太子朱标"力救得免"。

所以，洪武二十五年四月，太子朱标病逝，年幼的太孙朱允炆被立为皇储，而朱元璋已年逾花甲，在"懿文死，孙更孱弱"的情况下，他"不得不为身后之虑"。

想想也容易理解，如果太子朱标不是早死，他登基后，是诸王的长兄，且经过长期治理国政训练，帝位可能难以撼动；但太孙朱允炆是诸王的侄子晚辈，年少乏练。一旦晋王起事，其有傅友德为翼，朝廷势不能禁。

所以，要清除来自晋王方面的威胁，朱元璋只能在有生之年杀掉傅友德。

这一点，从之后处死冯胜的过程也可以看得出。

洪武二十年，冯胜平定东北班师途中，有人告发他"多匿良马""求大珠异宝"。朱元璋下令"收胜大将军印，命就第凤阳"。

冯胜和朱元璋是儿女亲家，他的女儿嫁给了朱元璋第五子朱橚。

朱橚初封为吴王，后改封为周王，洪武十四年就藩开封。

朱橚是个货真价实有"异谋"的王爷，史载："建文时，（朱）橚时有异谋，长史王翰数谏不纳，佯狂去。"

上面说了，冯胜于洪武二十年十月就第凤阳。

朱橚于洪武二十二年十二月擅自离开王府，潜行至中都凤阳。

朱橚到凤阳干什么去了？当然是去见他那个名将岳父冯胜去了。

朱元璋由此大怒不已，拟将他徙往云南，"寻止，使居京师"，让朱橚的长子掌管王府事。两年后才让他归藩。"亦皇太子调护力也。"

对朱元璋而言，为了消除朱橚方面的隐患，冯胜也就必死无疑了。

我们不难想象，建文初年，有"异谋"的朱橚发动军队争夺皇位时，倘若冯胜未除，其必会参与其中，制造出极大麻烦。

"颍宋骈陷，钳忌滋蔓，凡摧锋陷坚、鞭霆扼虎之才，委命狱吏，求死无地，而帝之寝食少安矣。"可见，就是这个原因。

不过，相对冯胜来说，傅友德死得最冤。

清人王士禛感叹说："古来功臣之冤，未有如颍公之甚者！"

廖氏双雄对朱元璋忠心耿耿，却先后被卖

俗话说，一个好汉三个帮，一个篱笆三个桩。

明太祖朱元璋能成就一番帝业，离不开一众文臣武将的匡扶和辅佐。

这里面，固然有大家所熟知的徐达、常遇春、刘伯温、李善长等人，但有两个人，虽然受关注度没有这么高，却在大明开国中也起到了许多关键性的作用。

这两个人，就是巢湖人廖永安、廖永忠兄弟。

原先朱元璋没有水军，不敢有渡江之想，正是廖氏兄弟率舟师来附，并以艨艟小舟之轻便灵活，完美击垮驻守于马场河的元军大楼船，让朱元璋信心大增。

渡江之战，廖永安居功至伟，其率舟师鼓帆而行，一击取采石，再击下太平。

《明史》称："明祖之兴，自决策渡江，始力争于东南数千里之内，摧友谅，灭士诚，然后北定中原，南图闽、粤，则廖永安胡大海以下诸人，厥功岂细哉！"

攻占下南京后，廖永安以舟师取镇江、克常州、拔池州，莫不得志。

可惜的是，在攻略宜兴过程中，廖永安与张士诚大将吕珍恶战，战船搁浅，不幸被俘。

张士诚爱廖永安才勇，多番招降。

廖永安却紧拒不从，终被张士诚囚禁八年，病死牢中。

在廖永安被囚的漫长八年时间里，朱元璋并非没有机会将他拯救出来，但朱元璋性格多疑，雄武沉猜，见死不救。

不信？且看《国朝献征录》里中的记载："士诚欲降之，永安不屈，遂拘囚。之后徐达援常州，士诚弟来战。达遣王玉击败，擒士德。上喜曰：'士德，士诚谋主，其人智勇。今擒之，张氏之成败可知矣。'遣人往求和好，士德母痛之，议归永安以易。上不从，士德死，（永安）竟不获归。"

即廖永安落入张士诚之手后不久，徐达也擒获了张士诚的弟弟张士德。张士诚的母亲心疼儿子，要张士诚用廖永安换回儿子。朱元璋却断然拒绝，杀了张士德。廖永安因此没能获得释放。

看得出，朱元璋并不爱惜廖永安，甚至通过杀张士德以激怒张士诚杀廖永安，好送廖永安早点上西天。

朱元璋虽毒，张士诚却没这么狠，没有动刀子，只是继续关押廖永安，仅此而已。

朱元璋为什么会希望廖永安停止呼吸呢？

原来，廖永安、廖永忠兄弟率舟师来附的时间是元至正十五年（1355）五月，彼时，位居濠州红巾军当家老大的是郭子兴长子郭天叙，其次是郭子兴的妻弟张天祐，再其次才是朱元璋。

军队里职位最高的将领也不是徐达、常遇春、冯国用，而是邵肆、邵荣等人。

由于廖永安是带着军队来投的，并在投入之后迅速建功，职位被安排在了邵肆、邵荣之后，徐达、常遇春、冯国用等人之前。

了解过这个情况，再结合郭天叙、张天祐、邵肆、邵荣等人的下场，就明白朱元璋容不下廖永安的原因了。

不过，朱元璋的表面工作做得很好，对廖永安又是遥授职位，又是迎祭于郊，又是上谥号。

廖永安的家人，包括他的弟弟廖永忠，全都对朱元璋感恩戴德。

廖永忠接替兄长的职位，任枢密佥院，总领全部水军。

陈友谅进犯龙江，廖永忠鼓勇先击，率军大呼突入敌阵，诸军紧跟其后，大获全胜。

廖永忠尚不甘罢休，一直追至安庆，再破陈友谅军水寨，拔下安庆。

其后在攻取江州时，廖永忠出奇招、用妙计，精确计算城墙高度，造桥于船尾，名曰天桥，以船乘风倒行，桥架城墙，奇兵突袭，一锤定音，径取江州。

在震骇史册的鄱阳湖大战中，廖永忠乘飞艇在第一线指挥，并亲率七舟为先锋，满载芦苇乘风纵火，焚敌方战船数百艘。再以六舟为敢死队，深入敌阵，纵横驰骋，如神兵天降。

陈友谅军心动荡，陈友谅本人中箭身死，全军霎时土崩瓦解。

平定陈汉结束，朱元璋以漆牌亲书"功超群将，智迈雄师"八字赐予廖永忠，悬于城门。

此后，取淮东，扫张士诚，讨方国珍，擒海盗邵宗愚，定广西，北征胡元，伐蜀，出海抗倭，廖永忠莫不身与其中，功高一时。

遥想蜀地初平，朱元璋作《平蜀文》，盛称"傅一廖二"，将廖永忠与傅友德并称为平蜀大功臣。

事实上，洪武年间的北伐与南征，北伐的主心骨是徐达，南征的主心骨就是廖永忠。

别看朱元璋麾下战将如云，但能算得上军事家的，也就是：徐达、常遇春、李文忠、傅友德、廖永忠、冯胜这几个。

曾在朱元璋军中任典签的刘辰推崇廖永忠，在《国初事迹》中写道："廖永忠以豪雄茂爽之才，虎视鹰扬之勇，济之以渊深宏远之略，而成乎光大奇伟之勋。观其战鄱阳而歼友谅，靖两广而缚明升，降王破国于指顾之间，斩将搴旗于谈笑之顷，收声定价，岂值开国之元勋？虽古之名将不是过也。"

可惜的是，廖永忠虽是军事家，却不是政治家，他的政治感悟力低，政治手段拙劣，最终还是和哥哥一样，惨遭朱元璋出卖。

《明史·廖永忠传》记："初，韩林儿在滁州，太祖遣永忠迎归应天，至瓜步履其舟死，帝以咎永忠。及大封功臣，谕诸将曰：'永忠战鄱阳时，忘躯拒敌，可谓奇男子。然使所善儒生窥朕意，微封爵，故止封侯而不公。'"

即自安丰之战拯救出小明王韩林儿后，朱元璋将之安置在滁州。韩林儿已势力尽失，成了一个事实上的孤家寡人，但他名义上仍是朱元璋的主公。不难想象，朱元璋要称帝建王业，就必然要把他给黑掉。廖永忠充当了这样不光彩的杀手角色，在奉命前去"迎"韩林儿回应天时，途经瓜步，故意连人带船一起弄沉入水。朱元璋大封功臣时，故意对诸将说道："廖永忠在鄱阳湖作战时，忘我抗敌，可谓奇男子。

但却派与他要好的儒生窥探朕意，所以封爵时，只封侯而不封为公。"责怪廖永忠不应该听信腐儒之言，揣摩自己的心思，擅自做主将韩林儿杀害。

洪武八年（1375）三月，廖永忠因"僭用龙凤"等罪被赐死。

朱元璋后来也觉察到这个罪名的说服力不够，指使第十七子宁献王朱权编辑《通鉴博论》时加了一句，称："廖永忠沉韩林儿于瓜步，大明恶永忠之不义，后赐死。"

 ## 王弼百战百胜，却无端被朱元璋赐死

元末明初的猛将如花云、丁普郎等辈，都武艺超群，武勇过人，有万夫不挡之勇。

可惜的是，猛将常在阵上死，善泳终会江中亡。

花云独力扛住陈友谅大军的轮番进攻，最终力尽被俘，壮烈就义。

丁普郎死得更惨，在康郎山一战，体被十余创，脑袋被砍掉，尸体仍屹立不倒。

这里来说一说武力指数不在花、丁二人之下的"双刀王"王弼。

王弼为濠州定远人，善使双刀，人称"双刀王"，因一生无败绩，晚年又被人称为"百战百胜双刀王"。

元末乱世，王弼结交乡里豪杰，在三台山树栅自保，后来率部归附朱元璋。

王弼最初充当朱元璋的宿卫，则凡是朱元璋亲临的战事，他都无役不与，而且无役不胜。

后来单独带兵攻打张士诚，攻打陈友谅，讨伐北元，也是无往而不利。

王弼最得意的战事有如下几次：

至正十八年（1358），王弼奉命率兵攻打婺源州，其手舞双刀，一马当先，冲锋在前，阵斩元朝守将铁木儿不花，顺利拿下婺源州，缴获兵甲三千。

王弼也因此战被提升为元帅，接连攻克兰溪、金华、诸暨，驰援池州，收复太平，拔龙兴、吉安。

至正二十三年（1363）七月，朱元璋和陈友谅在鄱阳湖展开了决定彼此生死存亡的大战，王弼在泾江口设下伏兵，狠狠地截击了陈友谅的船队。随后跟随大军平定武昌。并单独率军攻克庐州，占领安丰，攻破襄阳、安陆、淮东、旧馆。

至正二十六年（1366）八月，王弼迫降张士诚的将领朱暹，占领湖州，会合大军围攻张士诚的老巢平江。

彼时，常遇春驻军在西门，王弼驻军在盘门。

张士诚从西门突围，常遇春截杀得异常艰苦，担心张士诚脱逃，急邀王弼加入战阵，向王弼大呼道："军中皆称尔健将，能为我取此乎？"王弼二话不说，"驰骑，挥双刀奋击"，把吴兵杀得大败，人马溺死沙盆潭者甚众。张士诚的坐骑也因兵败而受惊坠水，张士诚本人差点在水中死掉，得亲从死力救入城中，从此不敢复出。

张士诚被平定后，王弼得到的奖赏十分丰厚。

朱元璋统一了南方，随即发动北伐，意在彻底推翻元朝的一切统治。

王弼跟随徐达征中原，下山东，略定河南、河北。

此后，又奉命西征，收取八百里秦川，军至河西走廊。

下面重点讲一讲洪武二十一年（1388）的第三次北伐。

该年三月，王弼以副将军之职跟随蓝玉出塞。根据明军的探马报告，元朝后主脱古思帖木儿在捕鱼儿海（即贝尔湖）一带活动。蓝玉星夜兼程，率军追赶，一直追到百眼井。

但是，举目茫茫雪原，哪有敌人踪迹？

蓝玉的心哇凉哇凉的，打算回师。

王弼反对，他说："吾等提十万众，深入沙漠，未见敌而班师，何以复命？"

蓝玉听了，心有所动，打消了班师的念头。

王弼遂令军士掘地为穴，架锅作饭，使敌不见烟火，不知动静。

尔后，王弼亲自担当先锋，率部连夜驰骋八十里，在捕鱼儿海东部遇敌，猝然进击，一战得胜，斩杀元太尉蛮子，抓获元主次子地保奴和宫妃皇室成员三千多人，俘获士兵七万，战马五万，金银财宝无数。只有元主和太子天保奴等几十人脱逃。

北元势力锐减，多年不敢犯境。

现在人们谈论明初名将，总要说上徐达、常遇春、李文忠、冯胜、傅友德以及蓝玉这几位。

而每当谈论蓝玉，又必会提及捕鱼儿海之战。

不用说，该战便是蓝玉军事生涯中的代表战。

但是，细究起来，王弼在该战中居功至多。

王弼因此得到朱元璋的褒奖。

朱元璋赐其铁券诰制丹书，并在诏书中比之为汉代名将卫青、唐代名将李靖。

不过，也因为这次远征和蓝玉扯上了关系，洪武二十六年（1393）蓝玉被告发谋反，在山西、河南练兵的王弼被圣旨召回赐死。

受蓝玉案牵连的鹤庆侯张翼、普定侯陈桓、景川侯曹震等功臣名将，均被灭三族。

只有王弼，除他本人被赐死外，家里没有任何人受到处罚。

从这个角度来说，王弼似乎又不是因蓝玉案被杀；但除了蓝玉案，史书中又没有关于王弼的罪状记录。

《明史》只是轻描淡写地记了一句："（洪武）二十五年从冯胜、傅友德练军山西、河南。明年同召还，先后赐死。爵除。"

所以，朱元璋赐死王弼的动机是什么，至今尚是一个未解之谜。

王弼共有六子一女。长子为安远侯王德，次子为西亭侯王政，女儿为楚王妃。王弼的四世孙王卯，还曾是翰林大学士，王氏家族在明朝中兴一时。

朱元璋忍冯胜忍了二十六年，终于痛下杀手

明初大将中，冯胜自然是个非常牛的人物。

《明史》对他的评价是：冯胜，百战骁将也。

冯胜为定远人，原来的名字叫冯国胜，因为朱元璋字"国瑞"，在朱元璋登基后，为避讳，去掉了"国"字。

冯胜与兄长冯国用都爱读书，通晓兵法。

兄弟俩于至正十四年（1354）一同投归朱元璋。

兄长冯国用很快就得到了朱元璋的重用，多立战功，累官至亲军都指挥使。可惜，至正十九年（1359）四月，在参与绍兴之役时，冯国用暴病死于军中，年仅三十六岁。

朱元璋痛哭不已，在鸡笼山筑坛设祭，让其弟冯胜袭其官职，典掌亲军。

渐渐地，朱元璋发现冯胜比其兄冯国用还好用。

陈友谅进逼龙湾时，朱元璋率军于石灰山展开激战。

冯胜一马当先，攻打陈友谅中坚，败其军，追击至采石，再败之，一举收复太平。

其后，冯胜在征讨陈友谅的过程中，克安庆水寨、打江州、战鄱阳、下武昌、克庐州，屡建战功。

不过，在平定张士诚时，冯胜贪功，犯下了过错。

当时，徐达久攻高邮不下，回军支援宜兴，让冯胜督率所留军队。

高邮守将捉住冯胜争强好胜的心理，实施诈降。

冯胜的确对徐达不服气，迫切想拿下高邮，欣然受降，命指挥康泰率数百人先行入城。

结果，康泰等人一去不回头，全被城内守军关在城中杀害了。

朱元璋因此大怒，召回冯胜，痛斥一顿，责罚十大杖，命他步行回高邮。

受此羞辱，冯胜既惭又愤，会同从宜兴返回的徐达，拼力进攻，终

于攻克高邮，然后取淮安、下湖州、克平江，功劳仅次于平章常遇春，升右都督。

洪武元年（1368），冯胜率军逆河而上，取汴、洛，下陕州，夺潼关，取华州。后跟随大将军徐达征伐山西，攻怀庆，克碗子城，取泽、潞二州，克平阳、绛州。

洪武二年，冯胜率军渡过黄河，攻克凤翔、取巩昌、进临洮，降伏李思齐。再回军跟随大将军徐达围攻庆阳，平定陕西全境。

这年九月，朱元璋认为天下粗定，召徐达、汤和等方面大将回京定议功赏，并参加常遇春的葬礼，命冯胜驻守庆阳，节制诸军。

徐达等人一走，冯胜作死的毛病又犯了。

话说，元将贺宗哲自庆阳城破后，先窜入了六盘山区，而待风头一过，便率军杀向了有"大河之滨、黄河之都"之称的兰州。

镇守兰州的明将张温手下不足三千人马，自知难守，四向发出求救信号。

傅友德本来率军到六盘山区追击贺宗哲，但手下兵员也只有五千余人，为剿灭贺宗哲数万之众，就通过徐达，邀上了冯胜。

冯胜好大喜功，二话不说，率领自己的一万七千步骑取道靖宁，驰援兰州。

徐达和傅友德的想法是一样的：围歼贺宗哲部。

所以，徐达要求冯胜部埋伏在贺宗哲退走时的必经之路进行拦截，而由具备高机动能力的傅友德部骑兵担任奔袭任务。

冯胜却担心傅友德抢了头功，轰轰烈烈前行，结果惊动了贺宗哲。

贺宗哲带着抢来的人口、牲畜、财物渡过黄河，扬长而去。

可以说，冯胜把这次会歼行动给玩砸了。

但冯胜并不在乎。

因为，贺宗哲的亲信崔知院领二十七人来向他请降。

冯胜把这二十七人连同二十四战马当成了战利品，向朝廷告捷。

朱元璋不鸟他，反倒颁旨赏赐了傅友德黄金二百两。

冯胜由此愤愤不平。

第四章　功臣如此凋零

在这不平的基础上，他又想到朱元璋把徐达、汤和召回京城议定封赏，而留自己守庆阳，更是有一股子酸溜溜的味道。

他觉得，自己从追随朱元璋开始，到如今已有十五个年头，可谓沙场百战，却在这个节骨眼上，身不在京城，亏大了。

这么想着，他一不做、二不休，决定打着"献俘"的旗号班师回京，向皇帝讨封。

就这么着，冯胜招呼也不跟朱元璋打一声，仅留下少量部队守庆阳，私自率领三军踏上了回京之路。

时已入冬，冯胜启程的时候，天气只是有些稍冷，等他们走了一半路程，气温陡降，到了南京，被冻死冻伤的士兵不计其数。

朱元璋突然见到冯胜，就有几分恼怒，等知道了士兵的惨状，火气更大。

不过，此时正是论功行赏的高兴时刻，而且，四方未定，尚需能征惯战之将，朱元璋只好压下怒气，当众诘问冯胜道："将军在平凉，外御胡虏，内镇抚关中，国家所托非轻也。乃不俟命，辄引众还，阃外之事，将谁任之？"

朱元璋的担心不是没有道理的。

冯胜私自返京的情况被宁夏的王保保探知，其迅速集结起十万大军，经由甘肃杀入兰州。

镇守巩昌（甘肃省中部一带）的鹰扬卫指挥于光为救兰州，在马兰滩遇伏，全军覆没，其本人被擒杀。

为此，经过长途跋涉回到南京的冯胜军又不得不风雪兼程赶回西北前线，可谓劳民伤财，疲于奔命。

冯胜的赴援迫使王保保全军撤去，但冯胜为一己私念造下的恶果，那是显而易见的。

为此，朱元璋恨不得拧下冯胜的脑袋当球踢。

总算冯胜将略出众，朱元璋隐忍不发作，一直到洪武二十八年，才因其与周王朱橚走得太近，怒而下旨赐死。

周德兴全家被斩，理由是他儿子调戏宫女

大明朝开国功臣中，周德兴是比较特殊的一位。

按照《明史》记载："周德兴，濠人，与太祖同里，少相得。"

即周德兴不仅和朱元璋是同乡，而且，两人是穿开裆裤，一起玩泥巴的玩伴。

吴晗写《朱元璋传》时，看到野史《龙兴慈记》里有朱元璋小时候给地主家放牛时和小伙伴一起杀牛的故事，就脑洞大开，把这些小伙伴说成是周德兴、徐达、汤和。

还有，吴晗《朱元璋传》写朱元璋在皇觉寺当和尚时，"有人从濠州捎来一封信，是孩子时的伙伴写的，劝他到红巾军队伍里来"，朱元璋拿不定主意，就"到村子里找汤和，讨一个主意，汤和推敲了半天，说不出道理，劝向菩萨讨一个卦"。

但是，近年来很火的通俗历史书《明朝那些事儿》却否定了朱元璋向汤和问计的说法，脑洞大开地说濠州来信就是汤和写的，朱元璋拿不定主意，"他找到了一个人，问他的意见，这个人叫周德兴，我们后面还要经常提到他。周德兴似乎也没有什么好主意，他给朱重八的建议是算一卦"。

从这，我们可以看到一个有趣的现象，根据史书记载，和朱元璋同为钟离广德乡东湖里籍的明朝开国功臣中，有周德兴、汤和、郭兴、郭英、谢成等人，如果把范围再扩大点，即著名的"淮西二十四将"，包括徐达、吴良、吴祯、花云、陈德、顾时、费聚、耿再成、耿炳文、唐胜宗、陆仲亨、华云龙、郑遇春（特别注明，不是常遇春）、胡海（特别注明，不是胡大海）、张龙、陈桓、李新、张赫、张铨等，都属于朱元璋的老乡。现代人要写朱元璋小时候的故事，可以将以上人员拉来写成是和朱元璋一起"穿开裆裤、玩泥巴的玩伴"。

但你不管怎么写，得到史书肯定"与太祖同里，少相得"的，也只有周德兴一人而已。

第四章　功臣如此凋零

由此可知周德兴和朱元璋的感情，实异于其他诸将。

至正十三年（1353）五月，朱元璋回乡招兵，一下子就招了包括"淮西二十四将"在内的七百多人。

朱元璋就凭着这点资本，一点点把事业做大，最终成功驱逐蒙元，一统天下。

周德兴追随朱元璋渡江，取金华、安庆、高邮，援安丰，征庐州，从讨赣州、安福、永新，拔吉安，累战功任湖广行省左丞。

周德兴真正大放异彩的是在大明开国之后。

洪武三年（1370），慈利土酋覃篾联合茅冈诸寨作乱，长沙洞苗被煽动。周德兴任征南将军，一举将之荡平。

洪武四年（1371），周德兴任征西左将军，协助汤和征讨由元末枭雄明玉珍建立的明夏政权。

战后论功，朱元璋"赏德兴而面责和"，大骂汤和出工不出力，称赞所有的功劳都是周德兴建立，当着汤和的面奖赏了周德兴。

洪武五年（1372）元月，周德兴又任征南左将军，协助邓愈出师讨伐湖南、广西蛮夷之乱。

周德兴"功复出诸将上"，得到的奖赏也是其他大将的几倍，署中立府，行大都督府事。

洪武十四年（1381）五月，五溪蛮夷作乱，周德兴虽已年老了，却"力请行"，朱元璋"壮而遣之"，欣然赐手书，把他比成西汉图征西羌的赵充国，东汉请讨交趾的马援。

洪武十八年（1385）三月，思州五开蛮叛乱，周德兴任副将军和征虏将军汤和一同辅佐楚王朱桢前去讨伐。叛乱平定之后，周德兴带领军民开决荆州岳山坝用以灌溉农田，楚人欢喜不尽，作歌大赞他的功德。

洪武二十年（1387），福建等沿海地区起倭乱。

国难思良将，家贫想贤妻。

朱元璋想起了周德兴，说："福建功未竟，卿虽老，尚勉为朕行。"

于是周德兴前往闽地按户籍征兵操练，筑铜山城等十六座，设置巡司四十五个，修建了镇海卫等五卫，构建起完备的御倭防线。

从洪武二十二年（1389）到洪武二十五年（1392），活着的诸勋臣中，周德兴年龄最大，每年入朝，赏赐不绝。

周德兴出事的时间是洪武二十五年（1392）八月，是被儿子周骥坑死的。

周骥是个游手好闲的纨绔子弟，仗着自己是勋臣之子，潜入宫中和宫女淫乱。

周德兴因此全家受株连被杀，所有财产充公，结局凄惨，让人喟叹！

朱亮祖祸乱地方，死有余辜

话说，在中国古代历史上，两广地区远离政治中心，民风彪悍。

从元朝到明初，其中广东番禺的事务尤其杂乱难管，好几任知县都不堪其苦，辞官而去。

河间（今河北沧州）人道同原为太常寺赞礼郎，于洪武三年（1370）被举荐出任番禺县令。

道同为人刚直不阿，执法严明，是个铁手腕的人物。

他不信邪，到了番禺，惩凶治恶，打黑锄奸，一顿组合拳打下来，使番禺变乱为安，百姓安居乐业。

但是，洪武十二年（1379），番禺来了一个大人物，黑恶势力又有所抬头。

这个大人物就是大明开国功臣，被明太祖朱元璋封为永嘉侯的朱亮祖。

这个朱亮祖可不简单，算是一个名将。

他早年曾被元朝任命为元帅之职，在战场横扫千军如卷席，还让朱元璋的队伍溃不成军。

朱元璋麾下最能打的中山王徐达和开平王常遇春，两次引军讨伐，一次被俘获了四千余人，一次被俘获了二千余人，其中常遇春还身受重伤。

在很长一段时间内，朱元璋手下无人敢出战朱亮祖。

最终，是朱元璋亲自到前线督战，这才擒获朱亮祖。

朱亮祖为人狡猾，见到了朱元璋，一副无所谓的样子，说："要杀就杀，您若不杀我，我就为您效死力。"

朱元璋打天下正需要打手，觉得朱亮祖能打败徐达、常遇春，是个不可多得的人才，就不咎既往，留下了他一条命。

朱亮祖从此死心塌地为朱元璋卖命，为明朝开国立下汗马功劳，成为明朝的开国功臣。

朱亮祖到番禺这年，番禺县里有钱的几十个人以低价收购集市上的珍宝物品，欺行霸市，捏造各种罪名诬陷他人。道同雷厉风行，按照一贯铁腕作风，将这些人套上枷锁，锁在大路上示众。

见朱亮祖到来，番禺诸位土豪准备以这些被锁的不法分子作为探路石，试探朱亮祖是否能充当他们的黑伞。

他们贿赂朱亮祖，请朱亮祖喝酒，赠送歌伎美女，异常顺利地和朱亮祖交上了朋友。

等他们透露出请朱亮祖拯救被锁人员的想法，朱亮祖二话不说，派人要求道同马上放人。

道同是个有原则的人，怒斥朱亮祖："你身为臣子，怎么能够受此等小人的役使呢！"

朱亮祖大怒，不但让人放走了这些被锁人员，还找借口鞭打了道同一顿。

看，永嘉侯朱亮祖就是这样一个牛气哄哄的人。

富豪们看了，无不心花怒放。

其中一个姓罗的，干脆把女儿嫁给了朱亮祖，当起了朱亮祖的岳父。

"岳父"的弟弟觉得倚着大树好乘凉，越加变本加厉，为非作歹。

道同虽然吃过朱亮祖的苦头，却不甘就此向恶势力低头，严格执行法律，于洪武十三年（1380）逮捕了"岳父"的弟弟。

朱亮祖认为道同是在太岁头上动土，亲自率军队将人从监狱里抢走，还扬言要道同好看。

道同知道朱亮祖是皇帝座前红人，难以与之抗衡，就把朱亮祖到番禺后的数十条罪行一条条写下来，上奏朝廷。

朱亮祖其实也怵朱元璋的狠人作风，听说上书奏报朝廷，大吃一惊，恶人先告状，抢在道同的前面将自己的奏折送到南京，诬陷道同讪傲无礼，诋毁上司。

蒙在鼓里的朱元璋不明就里，派遣使臣前去赐死道同。

使臣前脚刚走，道同的奏折后脚就到了。

朱元璋读完，赶紧派使臣前去释免道同。

但还是迟了一步。

等释免使臣到达番禺的时候，道同已经遇害了。

人不能白死，朱元璋于该年（洪武十三年，1380 年）九月召朱亮祖父子回南京，用鞭将他们活活打死。

补一句，朱元璋念其有功，仍命以侯礼安葬，还亲自为他撰写圹志，圹志称"（亮祖）作为擅专，贪取尤重，归责不服，已非一时。朕怒而鞭之，不期父子俱亡。就葬己责之地。侯礼葬焉。"

 ## 耿炳文领兵平叛，最终生死成谜

话说，明太祖朱元璋发迹之初，在濠州起义军首领郭子兴手下效力。

至正十三年，元军围攻濠州，历时六个多月。

其间，朱元璋曾奉命领奇兵从城中突围而出，攻打萧县、灵璧和虹县。

元军久攻不下，自动撤围而去。

濠州虽然转危为安，但军队减员严重，城中储存的粮食也濒临用尽。

这种情况下，朱元璋自告奋勇，回钟离招募士兵和筹措粮食。

朱元璋此次回乡，大有收获，一下子招募了七百多人。

其中，名字载于史册的有：徐达、周德兴、郭兴（又名子兴）与郭英兄弟、张龙、张温、张兴、顾时、陈德、王志、唐胜宗、吴良与吴祯兄弟、费聚、唐铎、陆仲亨、郑遇春、曹震、张翼、丁德兴、孙兴祖、陈桓、孙恪、谢成、李新、何福、邵荣、耿君用与耿炳文父子、李梦庚、郁新、郭景祥、胡泉、詹永新等人。

这些人，日后都在军队中脱颖而出，有的还大放异彩，在新生的大明王朝中封侯拜爵。

这里重点说一说耿君用与耿炳文父子，不，严格地说，是重点说说耿炳文。原因是耿炳文的父亲耿君用死得很早——虽然耿君用也很牛，投军后，很快就因战功累升至管军总管，但他在至正十六年（1356）七月救援宜兴时，遭到张士诚的袭击，力战而死。

耿君用战死后，耿炳文袭其职，领其军，继续与张士诚开打。

至正十七年（1357），耿炳文攻取了广德，进攻长兴，大败张士诚的大将赵打虎，缴获战船三百余艘，生擒长兴守将李福安，顺利拿下长兴。

长兴地处太湖口，陆上通广德，与宣、歙等地接壤，是江、浙的门户。

朱元璋听说耿炳文拿下了长兴，喜出望外，将长兴改名为长安州，并在此地设立永兴翼元帅府，任命耿炳文为总兵都元帅，守卫长安州。

张士诚不甘心长兴丢失，派左丞潘元明、元帅严再兴率兵前来收复。

耿炳文奋力反击，大败敌军。

张士诚一怒之下，放出大招：派司徒李伯升率兵十万，分水陆两路杀来，气势汹汹，志在必得。

耿炳文只有兵七千人，形势危急。

朱元璋急得跳脚，急调陈德、华高、费聚前往增援。

哪料，陈、华、聚三人带来的数千人都不够李伯升塞牙缝，几番较量下来，先后溃散而去。

耿炳文不为他们的败逃所动，沉着冷静，采用数十种防御方式进行应对，将李伯升的攻势一一化解。

这场兵力对比悬殊的攻守战持续了一个多月，常遇春的援军才姗姗而来。

李伯升久攻不下，师老兵疲，不敢迎战，弃营而走。

耿炳文乘胜追击，收割了五千余颗首级。

张士诚恨得牙碎，派弟弟张士信再来争夺长兴。

耿炳文不但打败了张士信，还俘虏了元帅宋兴祖。

张士诚气得一口老血没忍住，仰天狂吐，发大军疯狂围城。

耿炳文打张士诚军打出了信心，亲自和费聚迎战，获大捷。

长兴是张士诚的必争之地，史载："炳文拒守凡十年，以寡御众，大小数十战，战无不胜，士诚迄不得逞。"

朱元璋搞定了陈友谅后，回过头来收拾张士诚。

耿炳文一马当先，攻克湖州，围困平江。

张士诚败亡后，耿炳文升任为大都督府佥事。

可以说，耿炳文就是朱元璋手底下最擅长防守的将领，另外一个防守功底稍逊一点的是吴良。汤和也擅长防御，但相比耿炳文和吴良，还是差很远。

朱元璋正是有了耿炳文、吴良这一对防守型良将，守住了长兴、江阴，使得张士诚无法乘虚而入，才得以击败陈友谅，奠定下一统天下的坚实基础。

洪武元年（1368），耿炳文得授镇国上将军兼右率府副使，随大军征讨中原，攻克山东沂、峄等州，攻下汴梁。后又随常遇春攻占大同，攻克晋、冀。随大将军徐达征讨陕西，打败李思齐、张思道。

洪武三年（1370），朱元璋大封功臣勋爵，耿炳文封长兴侯，食禄一千五百石，予世袭铁券。

这之后，出塞远征大漠、征讨云南、平定陕西徽州妖人之乱、擒获蜀寇高福兴等，耿炳文均参与其中。

洪武三十一年（1398），耿炳文镇守辽东。

原先朱元璋为了使功臣集团成为皇权的重要支柱，不断与良臣名将结成儿女亲家，其中有常遇春、冯胜、蓝玉、徐达、李善长、傅友德、胡海等等。

但这些良臣名将或因老死病故，或因论罪坐诛，到了洪武末年，均已不在人世。

实际上，当世举目朝堂，诸公、侯皆已凋零，幸存的也只有耿炳文和郭英二人而已。

为巩固朱家天下计，洪武二十七年十二月，朱元璋亲自把懿文太子（朱标）的长女江都郡主嫁给长兴侯耿炳文的儿子耿书。

显而易见，这是朱元璋为保护即将继位的皇太孙朱允炆在军事上做出的重要安排。

建文元年（1399）七月，燕王朱棣起兵叛乱，已经六十五岁的耿炳文任征虏大将军，率领号称三十万的大军前往征讨，结果在真定遭遇了败仗。

失败的原因有很多。

首先，耿炳文善守不善攻是最重要的一点。

其次，耿炳文军队号称三十万，实际上只有十三万人。而这十三万人疏于训练，战斗力并不高。相比之下，朱棣军队常年镇守边境，乃是百战边兵，战斗力自不可同日而语。

最后，耿炳文队伍中出现了奸细，其部将张保向朱棣投降，全盘曝光了耿炳文军的虚实。

《明史》载：耿炳文吃了败仗，迅速调整了部署，坚守真定，以守代攻。

大家都说耿炳文的战略高明，盖因叛军虽然战斗力强，但"名不正言不顺"，不能获得道义上的支持，同时后勤保障跟不上，难以持久作战。只要假以时日，定能将叛军拖垮。而朱棣也相当清楚这一形势，所以，只围攻了三天，就灰溜溜地撤退了。可惜的是，建文帝却头脑发昏，走马换将，以李文忠之子李景隆代替耿炳文，率部五十万征伐朱棣。李景隆是个大草包，在郑村坝、白沟河被朱棣军队击败，丧师数十万，导致攻守势易，建文政权败亡。

关于耿炳文的结局，《明史》的记载是：他因与朱棣交战失利，被建文帝罢黜，于是觍颜投降，却在永乐元年（1403）因刑部尚书郑赐、都御史陈瑛弹劾衣物违制，畏罪自杀。

但是，明中期定远人黄金在《开国功臣录》中记：耿炳文在洪武三十二年（即建文元年，1399年）"十月自辽东率众十余万援真定，战殁于阵，年六十五"。与黄金同时代的黄佐在《革除遗事》中也说："炳文死于阵，年五十六。炳文有智略，长于征战，至于败没。后为大将者多绮纨子弟，遂至于亡。"此外，明正德朝尚宝司少卿姜清撰《姜氏秘史》、万历朝焦竑著《国朝献征录》也都记耿炳文是在出兵援真定后不久就死了。

相对来说，耿炳文死于真定的说法更靠谱。

最有力的证据就是：明英宗正统年间，黔国公沐晟给他的表哥耿琦撰写了《濠梁慎庵耿公墓田碑记》一文。沐晟是沐英之子，他的母亲就是耿炳文的妹妹。沐晟在为表哥耿琦写的墓志铭里有这样一段话："至三十二年，侯（即长兴侯耿炳文）年已六十有五，援真定，殁于阵。上更痛甚，亲制文遣命中官谕祭。命有司治坟茔，赐临濠山地三百顷、佃户二千人、守坟人二百户，仪仗户十五户，以京卫军士充之，先后隆恩叠颁洊至。"这里说的"三十二年"就是建文元年，朱棣即位以后称洪武三十二年；文中的"上"指建文帝。沐晟不仅记载了耿炳文在建文元年死难于真定，而且说建文帝亲自撰写了祭文，在凤阳为耿炳文修建了坟茔，连赐地、佃户、守坟人、仪仗户都有详细的记录。

有意思的是，《明太宗实录》有记：永乐初廷臣劾奏本指耿炳文葬礼"逾制"，朱棣"命速改之"。

耿炳文到底殁于战阵还是觍颜投降朱棣呢？时间已经过去了六百多年，真相到底如何，也许，只能是一个永久的谜了。

第五章　朱元璋治国

朱元璋奖励天下孝子，却有一"孝子"被罚惨了

平民皇帝朱元璋以布衣之身取得了天下，对于治国，他很有信心。

他的治国理念并不复杂：以民为本，大力打击贪官污吏，严惩官僚腐败，从民众的角度出发，安定社会，巩固统治。

一句话，民安则天下安。

为此，他将"以孝治天下"作为基本国策，以之为纲来施行教化。

朱元璋说了："使一家之间，长幼内外各尽其分，事事循理，则一家治矣。家既治，达之国，以至天下，亦举而措之耳。"（《明太祖实录》卷一七五）

朱元璋所说，其实也是儒家"家齐而后国治"的主导思想。

朱元璋认为，家庭是社会最基本的单位，只要每个家庭治理好了，社会就会安定，国家就能稳固。

因此，围绕着"孝"字，朱元璋制定了一系列政策。"不孝"被列为"十恶"大罪，要处以最重的刑罚，不在常赦之列。

《大明律》明确规定，凡子孙违反祖父母、父母教令及奉养有缺者，杖一百。凡祖父母、父母在，子孙别立户籍、分异财产者，也要受到杖一百的刑罚。子孙对祖父母、父母，妻妾对丈夫，弟妹对兄姊进行骂詈或殴打，要处以凌迟、斩、绞或其他刑罚。百官不得擅离职守，但闻父母丧，不待报许即可离职奔丧。至于遇到父母丧，匿不举哀，冒哀出仕，居丧嫁娶，或弃亲之任等违背孝道的行为，都在禁止之列。

补一笔，万历年间的牛人张居正"夺情"之举之所以为时人所深诟，就是"冒哀出仕"，与《大明律》条文相违。

除对违背孝道的行为严加惩处外，朱元璋还大力旌表践行孝道的行为，甚至将孝悌力田者提拔上来做官。

易州涞水县农民李德成幼年丧父，元末跟随母亲逃难，到了黄河边上，在元兵的追逼之下，上天无门，入地无路，母亲悲愤投河而死。

二十多年后，即洪武十九年（1386）冬天，李德成思念母亲，冒着严寒，与妻子跣足步行三百里，来到当年母亲投河的地方，卧冰七日，求神灵交还母尸。

不用说，李德成的跪求是不可能实现的，但他却因此出了名，成为时人所称道的孝子。

朱元璋知道后，将他擢为光禄寺丞，后迁尚宝司丞。洪武二十七年，又旌表其为孝子。永乐初年更擢升其任陕西布政使。

浙江浦江郑氏家族，自宋代以来，"代以一人主家政"，累世聚族同居。龙凤四年（1358），李文忠下浦江，特旌之为"义门"，严禁军士不得侵犯。

明初，郑家族长郑濂入京受到朱元璋的接见，问以治家长久之道，曾想给他官做，他以老辞。

后来，发生胡惟庸谋反案，有人告发郑家"勾结"胡惟庸，官吏到郑家逮人，郑家兄弟六人争着承担罪责。

郑濂弟郑湜径自前往京师，准备入狱受审。

正在京师的郑濂迎接他，说："吾居长，当任罪。"

郑湜说："兄年老，吾自往辩。"两人争着入狱。

此情此景，和东汉末年孔融一家争死的情形相当。

朱元璋知道了此事，慨然叹道："有人如此，肯从人为逆耶？"下令召见他们，不仅免予问罪，还提拔郑湜为左参议。

洪武二十六年，又擢郑濂弟郑济为左春坊左庶子。

后来，又征召郑濂弟郑沂为礼部尚书。

郑氏一家，不用参加科举，直接进入仕途当官者多人。

浦江人王澄认为家中子弟读书难有功名，以郑家为榜样，处处向郑家学习，令子孙聚族同居。

这一学习，效果马上出来了，他的孙子王应被朱元璋擢为参议，另一个孙子王勤被擢为左春坊左庶子。

因为孝顺，有人有官当；因为孝顺，有人犯了法也得到了从轻发落。

比如说，洪武八年，淮安府山阳县有人犯法当受杖刑，此人的儿子不忍老父受刑，主动代刑。朱元璋对刑部大臣说："父子之亲，天性也。然不亲不逊之徒，亲遭患难，有坐视而不顾者。今此人以身代父，出于至情。朕为孝子屈法，以劝励天下。"（《明太祖实录》卷九六）下令释放了父子二人。

浙江新昌人胡刚的父亲因罪罚至泗上做苦役，逃亡后被捕，依律当死。朱元璋敕命驸马都尉梅殷监斩。胡刚从新昌到泗上探视父亲，到了河边，这才知道父亲将要被斩，不由分说，马上脱下衣服，泗水过河，赶往刑场，哀号泣代。梅殷被他的赤子之情所动，飞速禀报皇上。朱元璋当即"诏宥其父，并宥同罪八十二人"（《明史》卷二九六）。

可以说，胡刚的孝心不仅救了父亲，还救下了同罪的八十二人。

既然孝心这么管用，明初民众家家遵"孝"、崇"孝"，民心向善，社会风气淳朴。

江宁人周琬年方十六岁，他的父亲担任滁州牧，因为腐败，坐罪论死。

周琬很懂事，哭着喊着，口口声声要代父受死。

朱元璋疑心他是受人指使、想玩投机取巧，于是，同意他代父受死。

哪料，周琬身赴刑场，面对屠刀面不改色。

"孝子，这是真孝子！"朱元璋大喜，下令赦免了周琬父子，并在屏风上写下"孝子周琬"四个字，不久授予兵科给事中之职。

胶水人侯庸的父亲于明洪武初年犯法被充军福建，侯庸家境清苦，发愤苦读，洪武十八年中第二十二名进士，被选授为吏科给事中。侯庸给朱元璋上了道折子：请求以自己的官职为父亲赎罪。

朱元璋对侯庸的孝举大为赞叹，立即赦侯庸之父，命侯庸亲往福建迎父。皇太子朱标又特命侯庸乘坐沿途驿站供应的车马前往。

此事轰动一时，有名望的人纷纷写诗赞颂"皇帝圣明，孝子可敬"，当时的吏部郎中郑礼辑成一部《迎养诗集》。

以上的种种孝举都是满满的正能量。

但是，有人却把"孝经"念歪了。

洪武二十七年九月，青州日照县平民江伯儿，他的母亲久病不起，他听说古代孝感天地的故事里有"割股疗亲""郭巨埋儿"之类"至孝"的行为，便决心学习，一方面可以救母亲，另一方面可以扬名立万。于是，他忍住巨痛，从自己股下割了一块肉，煮熟了喂给母亲。但母亲吃了仍未康复。他又到泰山的岱狱祠求神，许愿如果神灵能保佑母亲病愈，他将杀子以祀神。

江伯儿母亲所患，并非不治之症，久病自愈。

母亲病愈了，江伯儿高声狞笑，捉到自己三岁的儿子，犹如杀鸡一样，割颈放血，隆重祭神。

地方官又惊又喜，当作地方民治的突出政绩，飞报朝廷，满以为自己和江伯儿都会得到嘉奖和旌表。

哪料，朱元璋并没有像地方官那样昏了头，他读了奏章，气塞于胸，勃然大怒，一拍龙案，怒斥道："父子，天伦至重。礼，父为长子三年服。今百姓无知，贼杀其子，绝灭伦理，宜亟捕治之，勿使伤坏风化！"下令逮捕江伯儿，杖一百，谪戍海南。并命礼部定议旌表事例，规定今后凡割股卧冰者，"不在旌表之例"。

朱元璋对底层士兵感情有多深

　　明朝开国皇帝朱元璋是贫苦人家出身，投身行伍，从底层小兵做起，深味底层小兵的种种酸甜苦辣，所以，当上皇帝后，特别关心底层小兵的生活。

　　洪武二十年（1387），朱元璋亲自执笔写了一篇《御制大诰武臣》，文笔粗放、通俗易懂，辑录管军武臣之罪例，结以《敕谕武臣》，告诫管军武臣，不得借故剥削和压迫下级士兵。

　　文章一开头，朱元璋就说："指挥胡琏、陈胜等官人，上坏朝廷的法度，下苦小军，全无心肝。将小军视如猪狗，完全不念及小军的苦楚。"

　　他跟着打了个比喻，说："平常人家养个鸡狗及猪羊，也得等长成后再食用，未长成，怎么说也要喂养着。如今那些害军的军官，他那心就不是人心，也赶不上禽兽的心，比草木也不如。草木知春秋，当春便生，当秋便死。似他这般害军呵，不有天灾，必有人祸。似这等灾祸应呵，应则有迟有疾。"

　　说到这里，朱元璋语重心长地感叹说："且如今在京的管军官吏人等，我每日早朝晚朝，说了无限的劝诫言语，若文若武，于中听从者少，不以然者多，及其犯法被惩治，多有怀恨，说朝廷不肯容，又加诽谤之言，为这般，不得不凌迟了这诽谤的若干人。"

　　至于写这篇《御制大诰武臣》的目的，朱元璋解释说："有军官害军犯法，甘心受贬，发配到外地过了三五年、十数年，得召回复职了，但到任还不够两个月，其害军尤甚前日，更加奸骗军妇。似此等愚下之徒，我这般年纪大了，说得口干了，气不相接，也说他不醒。我将这备细缘故，做成一本书，各官家都与一本。这话直直地说。军官有父母的，父母们教诫；有兄弟妻子的，便教生都看了，自家心里寻思，做任何事都要将心比心，情意度量到根前，可怜小军，发些仁慈心，休害小军。"

　　说到这，朱元璋动情地说："我许大年纪，见了多，摆布发落了多，从小受了苦多。军马中，我曾做军来，与军同受苦来，这等艰难备细知道。这般比并着说，这愚顽贪财不怕死的，若还再如此害军，其间长幼都治以罪。希望军管人员，毋违我训，毋蹈前非。"

接着，朱元璋举了三十二桩军官迫害小兵的案例和惩治办法。

其中第一个例子的犯案者，就是陈州指挥胡琏等六名军官，颍州指挥陈胜等十九名军官。

朱元璋这样写："这伙官人，百般害军，共冒支官粮三十八万，各分入己。陈州、颍州这两处的军，自洪武元年便摆布他屯种自食，到今屯种二十年了。他却今年也动文书说无粮，明年也动文书说无粮，却将官粮冒支入己。这三十八万粮，都是百姓每血汗里种出来的，他却妄费用了，如何消受得，天灾人祸必然到他身上。只为他有军功上头，且则发去云南出征。若是再撒泼皮呵，你怕他逃得将去！"

第二个案例的主角，就是明朝开国大元勋开平王常遇春的儿子郑国公常茂。

朱元璋恨恨地写："郑国公常茂，他是开平王庶出的孩儿。年纪小时，因为他是功臣的儿子，朕抚恤他，让他与诸王同处读书，同处饮食，则望他成人了，出来承袭。及至他长成，着承袭做郑国公，他却交结胡惟庸，讨他母亲封夫人的诰命，又奸宿军妇，及奸父妾，多般不才。今年发他去征北，他又去抢马、抢妇人，将来降人砍伤，几乎误事。他的罪过，说起来是人容他不得。眷恋开平王的缘故，且饶他性命，则发去广西地面里安置。这等人，你怕他长久得？"

最奇葩的是第五个案例。

案例的主角是平阳守御千户彭友文、谢成。

这两个狗东西安排五百士兵出外筑城，却长达两个月不发粮饷，致使饿死了一百多人。

朱元璋知道了这个消息，心如刀绞，先处斩了谢成，为了让那剩下的四百军士解气，给他们每人发一支长枪，让他们亲手去捅彭友文。

结果，彭友文全身被捅得稀巴烂，大快人心。

朱元璋这样写："为甚么要这般杀他？他既无仁心爱那小军，我又如何把仁心爱他？若不杀他呵，那一百人饿死的，果实得何罪？"

案例十四中的主角是豹韬卫百户王德甫、府军前卫百户王斌、羽林左卫百户阚、镇海卫百户侯保、天策卫千户陈安、锦衣卫百户万成等军官，这些人，都有打死小兵的劣迹。案发后，朱元璋龙颜大怒，将他们一律处死。

朱元璋是这样评价他们的："做军官的，务要抚恤得那小军好。抚恤得呵，众军每感戴，神天也欢喜。这等有阴骘呵，明日必然会长远，子孙出来也会长进。百户王德甫等，他将小军打死了，若是在阵上违了号令，便打死了也不妨，而今因些小事儿，都将他打死了。这等呵，如何不着他偿命？"

……

朱元璋就这样关心底层小兵的生活。

《明史》记：洪武二十八年冬天，朱元璋曾安排燕、秦、晋、周等诸世子于某天清晨一起去检阅军队。

燕世子朱高炽很晚才回来。

朱元璋问其原因。

朱高炽回答说，清晨太冷，我让士兵们吃完早饭后再检阅，所以回迟了。

就这么简简单单的一句话，朱元璋一下子就被打动了。

真是个好孩子！

从此，朱元璋也特别留意对这个孙子的培养，还专门挑一些奏章给他分阅。

当然，彼时朱元璋着力培养的接班人是已故懿文太子朱标的次子朱允炆。

不过，阴差阳错，朱高炽后来当上了明朝第四任皇帝，施行仁政，成为历史上著名的仁君，明仁宗。

 功臣贪新厌旧，朱元璋怒而将之革职

朱元璋是中国历史上极有个性的皇帝。

他爱憎分明，疾恶如仇，眼里不容沙子。

这种个性，和他的个人成长和传奇经历是分不开的。

从一无所有的孤儿，华丽变身为富有四海的开国皇帝，这中间，尝透了人世间的酸甜苦辣，见惯了人世间的生离死别。

因此，在看待问题时，就多了几分执着，多了几分情怀，多了几分感恩。

抚州千户张邦、董升是凭借军功升迁上来的武将，没大的毛病，就爱贪小便宜。两个趁职务之便，买了些鹅鸭圈养在城门边，吩咐守门的士兵，但凡有挑米担谷出入城门的，记得抓取一两把来喂养。

这件事被朱元璋知晓，当场发作，命人革去两人官职。

朱元璋还写文痛斥道："他在那里如此害人，也不思量要长久，则是贪财泼做，卒至今日把职事弄坏了。有这等无知的愚夫！"

祥符卫指挥郭佑征战云南回来，立了大功，看家里的糟糠之妻曹氏不上眼，将之赶出家门，另外买来了一个年轻性感的小美人，收为正妻。

本来，古时男人的婚姻制度还是很宽松的，有钱有地位的男人娶个三妻四妾是天经地义的。郭佑有钱有地位，喜欢纳妾都没问题，但他把原配正妻曹氏赶走，朱元璋不干了，暴跳如雷，立刻法办郭佑，革去官职，贬去云南。

朱元璋恨恨不已地说："他乙未年娶的结发夫妻，到今三十余年，有儿有女了，且当初离乱时东奔西走，多少艰难，才过活得到而今。而今天下太平了，他做官享俸禄，正好夫妻每受快活，他却将他娘儿每赶出了，一日止与他带糠粟米八升，他二十六口人，如何过？这等无恩义的，也哪里是个人！"

的确，在这一点上，朱元璋绝对有资格骂郭佑是畜牲。

朱元璋也有自己的糟糠之妻——马氏。

但朱元璋和自己糟糠之妻马氏的爱情，却让后人赞颂。

朱元璋崛起于社会最底层，马氏也是出身于平民家庭。

两人相识之初，朱元璋不过是起义军中的一个小头目，身无长物，其貌不扬；而马氏也不过是一个寄居在别人家里的孤女，不但相貌普通，而且还是个大脚。

但他们一经结识，便莫逆于心，相濡以沫，一直到白头。

马氏的父亲是个武松式的人物，一言不合，便用拳头论理，伤了人命，远走天涯，而把女儿托付给生死之交郭子兴。

郭子兴视马氏如同己出，看好朱元璋是个人才，欣然将马氏相许配。

朱元璋和马氏结合，日子虽然清苦，但小两口恩爱有加，羡煞旁人。

某次，朱元璋遭人陷害，被郭子兴关了禁闭，三天三夜不供给食物。

马氏急坏了，在厨房偷偷烙了几张大饼，等不及饼冷却，心急火燎地给丈夫送去。

哪料，刚出厨房，就与郭子兴的夫人张氏撞个满怀。

马氏生怕义母张氏责怪，一把将烧饼揣入了自己怀中。

张氏不明就里，拉着马氏扯家常。

结果，热气腾腾的烧饼把马氏烫得直掉眼泪。

好不容易敷衍过张氏，马氏一溜烟跑到关朱元璋的屋里，取出烧饼，胸口早给烫起了许多大大小小的泡。

朱元璋心疼得不行。

兴许就是从那时起，朱元璋就发誓一生要对这个女人好。

往后的日子里，马氏随着朱元璋征战四方，饱尝艰辛，也始终不离不弃。

朱元璋的军队遇上困难，马氏必会挺身而出，动员义军家属，为将士们缝衣做鞋，以供军需。

一旦前线作战失利，人心浮动。马氏也第一时间站出来，散发金帛，犒赏将士，稳定军心，鼓舞士气。

1368 年正月，四十岁的朱元璋终于站到了人生的巅峰，祀天地于南郊，即皇帝位。

马氏也成了富贵无比的皇后。但她依然保持以前的朴素本色，坚持照料朱元璋的饮食起居。有人劝她不必如此操劳，她说："侍奉丈夫是我的分内事，不能推辞。"

马皇后主张内侍不得兼任外臣文武官职，杜绝宦官乱政之弊，大力倡导节俭之风，建议不要大兴土木。平时粗茶淡饭，衣服破旧了，也舍不得换新的，带头缝织衣服。

朱元璋看在眼里，感动在心里。

某次，朱元璋对群臣感慨说："皇后和我同起布衣，历尽忧患。朕每每不能忘怀当年她不顾灼伤皮肤，为朕送来热食。而当朕受到郭公的猜忌，几乎被置于死地时，皇后更是为朕多方设法周旋，救我出危难。如果没有皇后，我哪里会有今天？朕怎么敢因为现在富贵了而忘了以前贫贱时的妻子？"

这话传到马皇后耳中，马皇后却说："妾听说，夫妇相保易，而君臣相保难。陛下能够不忘怀妾，更希望陛下始终不忘群臣百姓。"

可以说，马皇后给了朱元璋无数的帮助，却从未向朱元璋索取过什么。

按照中国明史学会研究出来的结果，马皇后一生无儿无女。但没能为朱元璋产下一儿半女的马皇后却始终得到朱元璋的尊重和珍爱，原因就在这儿。

1382 年，马皇后病重，自料难治，坚拒医生为自己医治。

揪心妻子病情的朱元璋一个劲地问："为什么？为什么？"

马皇后的回答出人意料，却动人心魄。

她说："生死有命，富贵在天，医生只能医病，不能医命。若果让医生为我医治，服药无效，陛下就会降罪于医生，这是我不想看到的。"

朱元璋闻言，泪如雨下。

咽气前一刻，马皇后的遗言是："愿陛下求贤纳谏，有始有终，愿子孙个个贤能，居民安居乐业，江山万年不朽。"

朱元璋杀了胡大海之子吗

在古典英雄小说演义书里，通常都会有一个粗鲁莽直的黑将军。如《三国演义》里的张飞、《水浒传》里的李逵、《隋唐演义》里的程咬金、《薛刚反唐》里的薛葵、《说岳全传》里的牛皋、《忠烈杨家将》里的孟良……

而在《大明英烈传》里，充当这一角色的人是胡大海。

但是，真实的胡大海，远非李逵、程咬金这类四肢发达、头脑简单的粗线条人物可比。

当然，胡大海是生得高大健硕，史称"长身铁面"，在跟随朱元璋"取和州，下太平，平金陵，攻京口，拔毗陵"的过程中，"搴旗斩将，或操螯弧以先登，前后屡建奇功"（语见宋濂《越国公胡大海新庙碑》），堪称世间猛将。但其本质上是一个与岳飞、徐达相类的多谋善断型的统帅级人才。在渡江占领南京后，在朱元璋应天集团"平定东南"的战争中，他已经成为主要的指挥者。

且说胡大海破宣城、拔徽州后，进取婺源，听说元将杨完者领兵十万回争徽州，当即掉头，日夜兼程以还，"横槊而前，大呼杀入"，杀得元军众皆溃散"披靡而遁"。

胡大海和邓愈、李文忠等人率军攻略浙江，初克建德，邓愈、李文忠两人议攻浙东重镇金华，胡大海偏着眼于兰溪，称："只有先取兰溪，才能进谋金华。"

的确，金华"通瓯引越"，地理位置重要，元军防守严密，根本不可轻取。

事后的战略态势一如胡大海所料。他先行率军夺取兰溪，李文忠率军从浦江迂回，两军对金华进行夹击，朱元璋又率常遇春等人亲征，从正面展开攻打，最终才艰难拿下金华。

既得金华，则东面的诸暨、南面的丽水、西面的衢州，直至江西上饶一带都很快纳入朱元璋囊中。

这之后，胡大海作为朱元璋的"宿将重臣"镇守金华，独当一面。

陈友谅袭击龙江时，胡大海向西攻打信州以牵巨敌。

信州断粮，有人鼓动胡大海退兵，胡大海凛然答道："此闽楚襟喉之地，可弃之乎？"想方设法，排除困难，扼城据守，彰显出高瞻远瞩的目光。

可惜，就是这样的一代名将，却惨死于宵小奸人之手。

《明史》列传第二十一之《胡大海传》记："初，严州既下，苗将蒋英、刘震、李福皆自桐庐来归。大海喜其骁勇，留置麾下。至是，三人者谋作乱，晨入分省署，请大海观弩于八咏楼。大海出，英遣其党跪马前，诈诉英过。大海未及答，反顾英。英出袖中槌击大海，中脑仆地。并其子关住、郎中王恺皆遇害。"

胡大海不应该太过相信蒋英、刘震、李福等奸邪小人，以至于惨遭毒手。

和胡大海一同遇难的还有他的儿子胡关住，以及谋士王恺。

胡大海用兵，常常挂在嘴边的一句话是："吾武人，不知书，惟知三事而已：不杀人，不掠妇女，不焚毁庐舍。"

因为"不杀人，不掠妇女，不焚毁庐舍"，所以"军行远近争附"，而当他的死讯传出，"闻者无不流涕"。

然而，这位深得军民爱戴的大将军、大好人，却横死且绝后了。

《明史·胡大海传》后面还补有一段："初，太祖克婺州，禁酿酒。大海子首犯之。太祖怒，欲行法。时大海方征越，都事王恺请勿诛，以安大海心。太祖曰：'宁可使大海叛我，不可使我法不行。'竟手刃之。及关住复被杀，大海遂无后。"

即胡大海只有两个儿子，其中一个，违反了朱元璋酿酒禁令，被军法严处了。而当跟随胡大海镇守金华的另一个儿子胡关住被杀后，则"大海遂无后"——胡大海绝后了。

不过，《明史》所记胡大海儿子违酿酒禁令被杀事件，疑点重重，让人难以置信。

首先，结合上下文来看，胡大海儿子酿酒地点是在婺州，而"时大海方征越"——从这一点来说，是很不正常的。

要知道，朱元璋为了控制在外征战的大将，严令所有将士的妻小父老都要住在应天，名为保护，实是挟以为人质。如果胡大海这个不安分的儿子是个小孩子，就应该在应天；如果是成年人，就应该和胡大海及哥哥胡关住一起到绍兴作战。

反正，他不应该出现在婺州。

好吧，由于他违反的是禁酿令，不可能是小孩子，而是成年人；好吧，他不喜欢打仗，眼看父亲和哥哥奔赴前线杀敌，自己跑到婺州玩，但，为什么偏偏要顶风作案，冒犯朱元璋的禁令酿酒？

而且，胡大海的谋士王恺不是每天都要追随胡大海左右的吗？怎么也在婺州为胡大海的儿子说情了？

最可疑的是，胡大海当时的重要性不下于徐达、常遇春，其拥兵十几万，东打张士诚，西防陈友谅。如此重量级的人物，他的背向可以决定朱元璋的成败。

怎么朱元璋一点都不顾及他的感受呢？

而从朱元璋的角度来说，胡大海只有两个儿子，如果不杀这个违反禁酒令的儿子，则自己手中还掌握着一个人质，就算胡大海有异心，也不敢轻举妄动；如果杀掉了这个违反禁酒令的儿子，不但给自己拉来了仇恨，也没法羁绊胡大海了。

这种傻事，朱元璋会干吗？

奇怪的是，朱元璋杀掉了胡大海的这个儿子，谋士王恺之后就出现在了绍兴前线，而胡大海对此事并无任何反应，仍然卖力如旧地打绍兴，守宁越，败吕珍，攻处州，捣信州，镇金华……

太让人诧异了。

当然，奇怪的事还在后面：《明史》明明写胡大海已经绝后，但自称是胡大海后裔者，世代不乏其人。

其中，作家张爱玲丈夫胡兰成，就在其作品《今生今世》中写"胡姓上代有……猛将明朝有胡大海"，自称为胡大海的后人。

现在，烟台龙口市境内还流传有"胡大海寄母——胡德山潜龙——胡琛荣归"祖孙三代一脉相承的故事。

胡氏族人龙口高王胡和岠嵎岛胡氏族人有一《胡氏祖谱》，该谱以唐天宝年间胡治为一世祖，胡大海为二十二世祖，传承有序，至今已有四十八世。该谱记胡大海生有八男：长子德济、次子德源、三子德清、四子德淮、五子继成、六子德山、七子德水、八子德林，并附有一首赞词："吾族原籍凤阳府，靖难兵起迁东土。……唯有吾祖德山公，相厥高王为安堵。"

云南宣威据说也有胡大海后裔，且有"宣威始迁祖"碑文为证，按"国有天朝兆，连庆文道昌，德本开先绪，家祥绍时光"的字辈谱传承。

另外，四川广元、贵州毕节、江西吉安、云南曲靖等地均分布有胡大海后裔。

从世间各地仍有胡大海后裔的现象看，很可能"朱元璋杀胡大海之子"是一则历史谣言。

不过，话说回来，胡氏族人龙口高王胡和屺姆岛胡氏族人的《胡氏祖谱》记胡大海生有胡德济等八个儿子是不对的。

胡德济的爹娘是一共生有八个儿子，但胡德济的爹并不是胡大海！

《明史·胡大海传》附有胡德济小传，该小传第一句为："养子德济，字世美，不知何许人。"

即胡德济只是胡大海的养子。

胡德济能征惯战，能力不逊胡大海。胡大海被害时，胡德济在外用兵，后随李文忠一起夺回金华。朱元璋曾对李文忠说："胡德济之量，汝不及也。"胡德济屡立战功，又御众有方，朱元璋擢其为"浙江省右丞，赐骏马，未几，改左丞，移镇杭州。……复以为都指挥史，镇陕西"，后老死于任所。

如果胡氏族人龙口高王胡和屺姆岛胡氏族人的《胡氏祖谱》所记先祖为胡德济八兄弟，那么胡德济八兄弟之前，包括胡大海在内的前面二十代先祖全都弄错了。

朱元璋杀尽岳父郭子兴的儿子吗

《明史》称："元之末季，群雄蜂起。子兴据有濠州，地偏势弱。然有明基业，实肇于滁阳一旅。"

即大明江山，肇始于郭子兴。

朱元璋初以布衣投身元末起义军洪流，能够在军中脱颖而出，兴起壮大，全赖濠州豪帅郭子兴慧眼识英雄，不但授予兵权，还许配以义女马秀英。

可以说，郭子兴不但是朱元璋的老上司、老领导，还是伯乐、岳父，更是将其扶上战马，送了一程又送一程的人。

因此，朱元璋得了江山，统一了宇内，不忘追封郭子兴为王——滁阳王。

《明太祖实录》卷四十九记：洪武三年二月"追封故元帅郭子兴为滁阳王，妻张氏为滁阳王夫人。立庙滁州，仍绘其三子从祀。凡生卒之日及节序，皆命有司致祭"。

《明太祖实录》卷一百三十九又记：（洪武十四年九月）"壬辰，诏建滁阳王庙于滁州。"重建郭子兴庙。"洪武十五年秋，诏守滁阳千百户等，免征田租者二十员，名永供时祀，其宥氏首率而记之。"将郭子兴滁阳王庙祭祀活动制度化，命以王杰为首的千百户十七家承担祭品供给、以宥氏为首的千百户三家负责看庙。

这是郭子兴滁阳王庙祭祀活动制度化的开始。

洪武十六年十一月初七，朱元璋"亲藁滁阳王事实"，并召太常司丞张来仪撰写碑文。《明太祖实录》卷一百六十三又记：洪武十七年三月立碑王庙，同年七月"诏建滁阳王坟、享堂"。

由于朱元璋后来又娶了郭子兴的幼女为妃，是为郭惠妃，生有蜀王朱椿、代王朱桂、谷王朱穗、永嘉公主以及汝阳公主。所以，在洪武初期，滁阳王庙的重要祭祀活动都是"以蜀王主祀"。

而根据《明武宗实录》卷一百二所记："蜀王之国，掌滁之卫事者主焉"，即蜀王去成都就国后，滁阳王庙的重要祭祀活动就交由地方官主祀了，而滁阳王庙的奉祀一直都由宥氏主持。

种种迹象表明，朱元璋是一个知恩图报的人，对郭子兴为自己铺设的一切功绩，也都认。

但是，史学界也存在这样一种主流认识：朱元璋建国后对郭子兴追封、建庙、祭祀等，全是惺惺作态。实际上，朱元璋对郭子兴以及郭子兴的儿子，都是心存忌恨的，郭子兴病死后不久，朱元璋就举起屠刀，把郭子兴的儿子全部赶尽杀绝了。

那么，郭子兴有多少个儿子呢？

由于《敕赐滁阳王庙碑》有"夫人张氏，生三子，长战殁，次为降人所陷，幼与群小阴谋伏罪"之语，史学家普遍认为是三个。

《敕赐滁阳王庙碑》对郭子兴这三个儿子的结局也作了交代：长子在战场上牺牲，次子被诈降人士杀害，幼子与不法之徒谋反被诛。

据明嘉靖年间史学家郑晓考证，郭子兴这三个儿子的小名分别叫郭大舍、郭二舍和郭三舍。郭大舍的大名已不可考，郭二舍的大名叫郭天叙，郭三舍的大名叫郭天爵。

郑晓的《吾学编》中说："或曰：大舍、二舍、三舍皆战殁，或曰：沉诸和州江中。"即有人说，他们都是在战场上战死的，也有人说是被人沉入和州江中淹死了。

是谁淹死的呢？

《吾学编》还记载了一段极富戏剧色彩的故事："长二子忌上英武得众心，兵势日盛，为毒酒召上，家人泄语上。上见二子果来召，大喜，并马行去，至半途，上忽跃起，跪马上，仰天，若听语言，已又顿首伏马上，顷之勒马骂二子：'竖奴，乃欲毒我耶?!'二子曰：'安有是?'上曰：'适天神云云。'二子骇汗洽背。下马伏地，曰：'安敢有是?'上意驰马归，自是不复至子兴所，遂积嫌隙。"

即郭子兴的儿子对朱元璋是这样忌恨，则淹死他们的就是朱元璋无疑了。

但是，郑晓的考证明显与《敕赐滁阳王庙碑》不符，今人不采。

同样是明嘉靖年间的史学家，王世贞对郭子兴三个儿子的归宿作了解答："其长者与天佑（郭子兴的妻弟张天佑）从攻集庆路战死，次子陷于贼死。少者以失职，谋不利死。或曰：此皆高帝意也。"

表面上看，王世贞的解答与《敕赐滁阳王庙碑》差不多，但妙的是最末一句"此皆高帝意也"——即郭子兴三个儿子都是被朱元璋谋害死的。

清初万斯同撰《明史》，记述得更详细，也更露骨："天叙（次子）、天祐引兵攻集庆，陈埜先叛，俱被杀。宋（小明王政权）复以天爵（第三子）为中书右丞。已而，太祖为中章政事。天爵稍失职怨望久之。谋不利。诛死。子兴后遂绝。"

一句"子兴后遂绝",成了现在广大史家的共识。

郭子兴真是绝后了吗?

这得从郭子兴是否只有三个儿子说起。

《敕赐滁阳王庙碑》说"夫人张氏,生三子",注意,郑晓所考证出来的是郭大舍、郭二舍、郭三舍,只是郭子兴夫人张氏生的三个儿子。

大家不可忘了,郭子兴并非只有张氏一个夫人。

郑晓还考证出:"(郭子兴)又次李夫人生郭老舍。洪武四年旨云:'说与郭老舍。再三留你不住,实要回乡守祖,你旧有二所庄田,我就赐与你耕种。'教户部开除粮草。"

即郭子兴的小妾李夫人还生有一个儿子,是郭子兴的第四子,名叫郭老舍。朱元璋本想留郭老舍做官,但"再三留你不住,实要回乡守祖",只好赐他还乡耕种了。

明万历年间的史学家何乔远在《名山藏》中更详细记载了郭老舍辞官过程,称:"而季子老舍尚在,召欲官之,高后谓老舍曰:'皇帝法所不可无亲,今官尔,尔胜官乎?'老舍悟。入见。帝曰:'官尔!'老舍顿首曰:'陛下官臣,则与臣百品。'帝曰:'是何官也?'大陈文武臣民冠,恣取之。冠有棕顶帽,帽百目,老舍俯取曰:'是也。'帝曰:'其学于成均于?'老舍曰:'不也!臣请得冠,是冠障蔽风日,耕于瘠卤之岗。'帝曰:'善。'即日赐牛一头,马十二蹄。送归山中,复其家。"

如果说,郭子兴真有第四子郭老舍,为什么洪武十四年郭子兴滁阳王庙祭祀活动制度化时,朱元璋命令宥氏为首的千百户三家负责看庙,而不把这一任务交给郭老舍呢?

原来,郭老舍回乡后,于洪武十一年被人骗到了贵州一个黑窑里打黑工。

而在郭老舍失踪期间,朱元璋召太常司丞张来仪撰写了碑文,令郭子兴的邻居宥氏首率而祀之。

等朝廷为郭子兴封王、建庙、定庙祀、立碑、建坟与享堂等一系列程序都已经完成,郭老舍才被解救回到家乡,当时已经是洪武二十八年了。《名山藏》记：“洪武十六年十一月，太祖面谕太常丞张来仪为子兴庙碑，碑言王无后。二十八年，太祖令旗手卫官李忠召老舍于黑窑厂。入四川候蜀王。蜀王母，子兴女，所谓郭惠妃也。”

而嘉靖《定远县志》中《蜀王赐展亲之记》也有佐证：“前辈尊长必当尽心孝顺……如此乃可以保其家世，而我外祖先王亦将垂佑于无穷……付外氏郭、马二家兄弟。”由此可知，郭氏并未绝后。

补一句，王世贞认为这个郭老舍只是郭子兴乡中同族人，而不可能是郭子兴的幼子，他说：“而所谓郭老舍者，必滁阳王之族年少长者也。若其幼子，则在洪武四年时当尚少，而何以曰老舍？使果滁阳王子，是不胙茅土之封，必罹金罍之赐矣，宁能晏然而已乎？”理由有两个：一、郭老舍的名字中有“老”字，怎么可能是郭子兴的幼子？二、如果是郭子兴的幼子，应有封赏，不可能如此默默无闻。

王世贞的质疑依据不过如此，嘉靖《定远县志》却又记载：“郭老舍，洪武中，朝迁以滁阳王故，赐第宅、田地、钞锭、孳牧草场，永复其家。至今，子孙藩衍，乡人称为郭皇亲云。”又有“郭老舍墓，县西三里。”

《明孝宗实录》卷七十四又记：弘治六年四月“戊戌，赐郭琥冠带，令奉滁阳王祀事。琥，滁阳王子兴之后也。”

综上所述，滁阳王郭子兴并未绝后，其子孙生生不息，开枝散叶，分布于安徽、贵州、四川和重庆等地。

 明初兴起活人殉葬是朱元璋精心设计的吗

用活人殉葬，是一种惨无人道的残酷的制度。

从考古发现看，中国的殉葬制度，在殷商时期就存在了。

商人敬奉鬼神，坚信人死以后，灵魂会生活在另一个世界里，葬礼就按照“事死如事生，事亡如事存”的原则办。

奴隶是奴隶主贵族的私有财产，即奴隶主贵族死后，都用奴隶为之殉葬，以供其在“另一个世界里”奴役驱使。

商以后，周、春秋、战国、秦朝都沿袭了用活人殉葬的恶俗。

《墨子·节葬》篇说："天子杀殉，多者数百，寡者数十；将军大夫杀殉，多者数十，寡者数人。"

《史记·秦本纪》中也详细记载了秦国国君秦武公、秦穆公、秦景公等人用活人殉葬的数目。诚为可叹的是，秦穆公的殉葬人员名单中，竟出现了"三良臣"奄息、仲行、针虎。

虽然《史记·秦本纪》说："献公元年，止从死。"即从秦献公始，秦国就废除了人殉制度。但后面又记，秦始皇死后，秦二世下诏令说："先帝后宫非有子者，出焉不宜，皆令从死。"严令后宫嫔妃未生子女者一律殉葬。甚至，秦始皇下葬时，又发生了活埋陵墓大批工匠的惨剧，使得为秦始皇殉葬者人数之多，为历史所罕见。

汉高祖刘邦觉得殉葬制度太过残忍，极为不人道，所以将殉葬制度废除。他的这种举动引来很多百姓的敬仰。

旧本题汉班固撰的《汉武故事》记载有皇帝死后嫔妃守陵之事："常所幸御，葬毕悉居茂陵。"

但这只是守陵，而非殉葬。

汉、唐两朝皇陵多采用让皇亲国戚和达官显宦死后在皇陵附近陪葬的制度，并非活人殉葬制度。

可以说，活人殉葬制度是一个原始、蒙昧、毫无人道的野蛮制度。契丹、党项、女真、蒙古等游牧民族相对原始，均有人殉的传统，随着他们先后入主中原，使中原人殉再度兴起。

《明朝小史》卷三记，明太祖死后"伺寝宫人尽数殉葬"，为他伺寝的四十余名妃嫔全部陪葬（其中有两个幸运死在太祖之前，得以埋在太祖陵墓的东西两侧外，其余三十八人都是殉葬而死）。

其后，明成祖的长陵也有妃嫔从殉。《朝鲜李朝世宗实录》载："帝之崩，宫人殉葬者三十余人。"

这三十余人的死法非常悲惨，《朝鲜李朝世宗实录》用简短的文字活画出一幅阴森冷酷的图景：当死之日，先让她们在殿外用餐，吃完后带到殿内，殿内放了三十多张大小木床。这些即将陪葬的妃嫔被赶上木床，头钻入上方早已经结套备好的绳子，一时间，哭声震殿阁，等木床移去，哭声始绝。

这三十余人中，有两个是朝鲜进献的女子，一为韩氏，一为崔氏。韩氏被带入内殿前，曾跪倒在前来"辞诀"的明仁宗面前，声嘶力竭，哀求仁宗放自己回国奉养老母亲。明仁宗不为所动。最终她只能和其他人一起被送上了黄泉路。

韩氏被押上小木床，她的乳母金黑就在一旁含泪目送，韩氏回头痛呼："娘，吾去！娘，吾去！"话还没说完，脚下的小木床被移走，她的颈脖被勒紧，很快吐舌气绝而亡。

明仁宗死时，殉葬的妃嫔数量少了一些，但仍有五个。

明宣宗死时，也有十个。

其中有一个名叫郭爱的宫女，入宫不足一月，当她被告知列为殉葬之人后，悲愤填膺，写绝命诗云：

修短有数兮，不足较也；

生而如梦兮，死则觉也；

失吾亲而归兮，惭余之不孝也；

心凄凄而不能已兮，是则可悼也。

至于明代宗死后，史书上仅记载"诸妃嫔唐氏等"殉葬。

明初五个皇帝的殉葬嫔妃总数加起来在一百人左右，这是一个很恐怖的数字。

明宣宗朱瞻基的长子明英宗朱祁镇经历过被瓦剌人掳去的"土木之变"，受过很大的苦难，他两次当皇帝，一次当太上皇。代宗去世时，也是他安排了给代宗殉葬的嫔妃，彼时还没有要取消殉葬的意思。但到他快要死了，他却做出了取消殉葬制度的决定，下诏称"殉葬非古礼，仁者所不忍，众妃不要殉葬"，并要求"此言俱要遵行，毋违"。

英宗的继任者宪宗皇帝在临终前也再一次强调不要殉葬，以表达对先帝决定的尊重。

这么一来，明朝的人殉制度终于画上了句号，此后至明亡，诸帝的后宫妃嫔，未有从殉者。

史家们因此大赞英宗"盛德之事可法后世者"。

至于清朝努尔哈赤、皇太极等人再次兴起人殉陋习，那是另一回事了。

这里有一个问题，中原王朝自汉唐以后已经废除了人殉制度，明初又重新兴起，按照《沈氏日旦》的说法是："嫔御殉葬，夷俗也。国初犹仍胡元遗风，至英庙始禁辈著为令。"即明朝的人殉制度是沿袭元朝来的。但自古以来，都是"夷习华夏"居多，对于人殉这种倒行逆施的恶习，明初统治者怎么又反倒向蒙元学习起来了呢？

有人说，殉葬的死灰复燃，受契丹、党项、女真、蒙古等游牧民族人殉传统的影响是一方面；另一方面，也是程朱理学过于强调忠孝节烈的结果。

理学要求每个人都做圣人，都遵守忠孝节烈的道德规范。明太祖朱元璋的葬礼是建文帝主持的；明成祖的葬礼是明仁宗主持的；明仁宗的葬礼是明宣宗主持的；明宣宗的葬礼是明英宗亲政前由"三杨"主持的。

建文帝、仁宗、宣宗自小受文官影响很深，被文官们称为仁孝贤君，他们搞出了殉葬恶行；而被文官们指责为残暴的明太祖和明成祖其实未搞过殉葬，所以，罪魁祸首就在于理学的兴起。

仔细一想，这种说法有些道理。

要知道，明太祖朱元璋出身于田亩，登位后专注于民生，搞了很多民生工程，人殉恶政似乎不应该是他推行起来的。

事实上，也没有任何史料可以表明，以宫妃三十八人殉葬是朱元璋本人生前就已做好的决定。

但是，我们从朱元璋制订下的《祖训》以及其一手设计的种种严密制度来看，多少可以看出些端倪。

朱元璋此人，极其重视对历代王朝治乱兴衰经验教训的总结。

鉴于出现汉唐女宠、宦官、外戚乱政的血淋淋教训，朱元璋对后妃采取了镌铁牌、立祖训、严教育等一系列措施，以防患于未然，史称"明太祖鉴前代女祸，立纲陈纪，首严内教"。

洪武元年（1368），朱元璋即命儒臣修女诫，称："治天下者，正家为先。正家之道，始于谨夫妇。"

在朱元璋看来，后妃们的职责就是生儿育女、侍奉皇帝和处理后宫事务等，绝不能问宫外之事和参与朝政。朱元璋也因此对于后妃的身世、人数、品级等都做出了制度上的规定。

太子朱标意外早逝，朱元璋晚年对年幼的皇孙朱允炆表现出了诸多的担心，从而殚精竭虑地为自己的身后事周密地安排。

所以，我们有理由相信，明太祖朱元璋就是明朝恢复人殉恶制的始作俑者！

其后的明成祖、仁宗、宣宗等人的葬礼，不过是一句"一如太祖旧制"的行为而已。

第六章　靖难之变中的人

建文帝说过"毋使负杀叔父名"之类的蠢话吗

话说，朱元璋在元末乱世削平群雄，建立了以他为首的大明王朝后，经过一番劳心劳力的治国，深感创业难、守业更难。

他通过总结历史上统治者亡国绝祀的沉痛教训，决定封诸子为王，分镇诸国。

朱元璋认为，只有这样，才能本固枝荣，从而确保朱明王朝君临万代。

洪武三年四月，朱元璋在分封第二子至第十子为亲王时，手舞足蹈地对廷臣说："先王封建所以庇民，周行之而久远，秦废之而速亡。汉、晋以来，莫不皆然。"

朱元璋认为，周朝之所以可以延续八百年，就是因为实行了分封建土制度；而秦朝之所以二世而亡，就是由于没有实行这一制度。而且，汉、晋以来，各朝各代的败亡都是这个原因。

朱元璋似乎忘了，汉高祖刘邦是实施过封建诸藩制度的，后来就发生了历史上有名的"七国之乱"；与之相类，西晋也发生了"八王之乱"。

朱元璋只顾着沾沾自喜于自己这一想法，眉飞色舞地说："朕封诸子颇殊古道，内设武臣，盖欲藩屏国家，备悔御边，闲中助王，使知时务。所以出则为将，入则为相。"还一再强调："为长久之计，莫过于此。"

为了实现诸藩拱卫中央的目的，朱元璋在各王府中设立相府，任命了文相、武相、文付、武付。武相和武付多派宿将充任，如华云龙为燕府武相，耿炳文为秦府武相，汪兴祖为晋府武付，吴祯为吴府武付。

有了将，还需有兵。朱元璋诏令："凡王国有守镇兵，有护卫兵。其守镇兵有常选指挥掌之。其护卫兵从王调遣。如本国是险要之地，遇有警急，其守镇兵、护卫兵并从王调遣。"规定设置亲王护卫指挥使司，每王府设三护卫，约为一万六千多人。另外还有权节制封国内的守镇兵。

这还不够，朱元璋还有意识地安排王府官兼任地方高级职务，如郑九成为秦府左相兼陕西行省参政，汪河为晋府左相兼山西行省参政，等等。即亲王有权过问所封国内的重大事务。

洪武三年，汪河赴任晋府左相兼山西行省参政时，好友苏伯衡写《送晋王相汪君序》相赠，文中这样慨叹："矧今晋王所赐履表里山河，乃尧之故都，叔虞之旧封，韩赵魏之全壤，地大且要，保王躬而制外闑。"

想想看，单以一晋王论，其已占尽了战国时韩、赵、魏三国之全壤；诸王的权势加在一起，岂不会导致强枝弱干之势?！

有大臣觉察出了其中的危险，不断提醒朱元璋。

其中，洪武九年，山西平遥训导叶伯巨上万言书，说："国家裂土分封，使诸王各有分地，以树藩屏，以复古制，盖惩宋元之孤立、宗室不竞之弊也。然而秦、晋、燕、齐、梁、楚、吴、蜀诸国各尽其地而封之，都城宫室之制广狭大小，亚于天子之都，赐之以甲兵卫士之盛。臣恐数世之后，尾大不掉。"

的确，亲王典兵当然可以预防外姓利用掌握军权反叛朝廷，但诸王兵权过大也可能导致皇室内部斗争的加剧。

但朱元璋却嘴硬，说："此离间吾骨肉！"直接把叶伯巨逮捕下狱。

为了规避叶伯巨所说的"尾大不掉"之事发生，朱元璋费尽心机，在《皇明祖训》里对诸王进行苦口婆心的规劝，说："凡自古亲王居国，其乐过于天子。何以见之？冠服、宫室、车马、仪仗亚于天子，而自奉丰厚，政务亦简。若能谨守藩辅之礼，不作非为，乐莫大焉。至如天子总揽万机，晚眠早起，劳心焦思，唯忧天下之难治。此亲王所以乐于天子也。"紧接着又说："凡古王侯，妄窥大位者，无不自取灭亡。或连及朝廷俱废。盖王与天子本是至亲，或因自不守分，或因奸人异谋，自家不和，外人窥觑，英雄乘此得志，所以倾朝廷而累身已也。若朝廷之失，固有此祸；若王之失，亦有此祸。当各守祖宗成法勿失亲亲之义。"

朱元璋这番话的中心思想就是：当皇帝是一门苦差使，没什么好的；当藩王才真正是人间至乐，大家应该好好珍惜，各守本分。

当皇帝没什么好的？朱元璋还真当已经就藩的诸子是三岁小孩童来哄了。

不过，有他在，局面还镇得住，等他走了，就要乱翻天了。

洪武三十一年，朱元璋撒手尘寰，驾鹤西去。

继位的建文帝惊恐地发现：诸王尾大不掉之势已经形成了。

为此，建文帝不得不手忙脚乱地进行削藩。

按说，削藩就削藩，但绝不能操之过急，而应用温水煮青蛙的手法。

高巍曾向建文帝献计，说："高皇帝分封诸王，此之古制。既皆过当，诸王又率多骄逸不法，违犯朝制。不削，朝廷纲纪不立；削之，则伤亲亲之恩。贾谊曰：'欲天下治安，莫如众建诸侯而少其力。'今盍师其意，勿行晁错削夺之谋，而效主父偃推恩之策。在北诸王，子弟分封于南；在南，子弟分封于北。如此则籓王之权，不削而自削矣。臣又愿益隆亲亲之礼，岁时伏腊使人馈问。贤者下诏褒赏之。骄逸不法者，初犯容之，再犯赦之，三犯不改，则告太庙废处之。岂有不顺服者哉！"

但是，建文帝竟不能用，而是采取铁腕手段，雷厉风行。

建文帝为什么可以如此肆无忌惮呢？

《明史·黄子澄传》可以为我们提供一个答案。惠帝为皇太孙时，尝坐东角门谓子澄曰："诸王尊属拥重兵，多不法，奈何?"对曰："诸王护卫兵，才足自守。倘有变，临以六师，其谁能支? 汉七国非不强，卒底亡灭。大小强弱势不同，而顺逆之理异也。"太孙是其言。

所以，建文帝即位后不久，就以太祖遗诏的名义宣布"王国所在文武吏士听朝廷节制，惟护卫官军听王"。

该年"八月，周王橚有罪，废为庶人，徙云南"。

"冬十一月，工部侍郎张昺为北平布政使，谢贵、张信掌北平都指挥使司，察燕阴事。"

次年（建文元年）二月断然下令："亲王不得节制文武吏士。"

"夏四月，湘王柏自焚死。齐王榑、代王桂有罪，废为庶人。"

"六月，岷王楩有罪，废为庶人，徙漳州。"

特别补充一下，建文帝流放了四个皇叔，逼死了一个皇叔，看着这五个皇父逆来顺受，听凭摆布，他却全无一点怜悯。甚至，湘王朱柏全家自焚明志，他还赐给这位叔父一个谥号"戾"，足见其心坚如铁，与史书所称的"仁慈"完全不符。

七月，建文帝"诏让燕王棣，逮王府官僚"，终于迫得燕王朱棣举兵相抗。

建文帝的表现也相当干净利落，马上祭告天地宗庙社稷，削燕王属籍，派安陆侯吴杰，江阴侯吴高，都督耿瓛，都指挥盛庸、潘忠、杨松、顾成、徐凯、李友、陈晖、平安等人率数十万大军分道并进，气势汹汹，直扑北平。

如此杀伐干练的建文帝，为何会有"仁慈"之名呢?

主要得益于《明史》里的两条记载。

一条来自《黄子澄传》，文中说："明日又入言曰，'今所虑者独燕王耳，宜因其称病袭之。'帝犹豫曰，'朕即位未久，连黜诸王，若又削燕，何以自解于天下?'"

另一条来自《恭闵帝本纪》，文中说："王以十余骑逼庸营野宿，及明起视，已在围中。乃从容引马，鸣角穿营而去。诸将以天子有诏，毋使负杀叔父名，仓卒相顾愕眙，不敢发一矢。"

《黄子澄传》条的记载突如其来，让人手足无措。

建文帝处理周王、湘王、齐王、代王、岷王手脚麻利，血腥残忍，怎么轮到处理燕王时，却踌躇犹豫起来了？没头没脑地来了一句"若又削燕，何以自解于天下"，让人难以置信。

更加让人难以置信的是：中央军与叛军交战，中央军自士兵到将领，都以"天子有诏，毋使负杀叔父名"，不敢伤燕王朱棣一根毫毛。

人们也因此将朱棣赢得天下的原因归结于"毋使负杀叔父名"这句话，感叹无限地说：建文帝，真是太仁慈了！

想想看，因为这所谓的"仁慈"，致使兵祸连结，在三年的战乱里，双方战死士卒高达几十万人，"淮以北鞠为茂草"，这是"仁慈"吗？

还有，因为这所谓的"仁慈"，致使江山易主，建文帝自己生死不明、下落成谜，这又是"仁慈"吗？

我总觉得，朱元璋是把就藩诸王当成小孩子哄，说"当皇帝不如当藩王好"；而《明史》是把读者当成小孩子哄，说建文帝因"毋使负杀叔父名"而失天下。

话说回来，"毋使负杀叔父名"这一句"名言"，并非《明史》的胡编乱造，其在明朝官方修订的《明神宗实录》中也出现过，明朝不少人也对此产生过质疑。

崇祯年间的朱国祯曾指出，在白河沟之战中，朱棣被猛将平安追杀得极其狼狈，在走投无路之际，平安的战马马失前蹄，他这才侥幸逃了一命。后来朱棣登基，和平安聊起前事，问："前日之战，汝马不蹶，其杀我乎？"平安据实回答："杀之。"

另外，镇守济南城的铁炫假装向朱棣投降，准备在朱棣进城的时候，用千斤铁闸将之砸死。只不过，此计实施时，控制机关的人时机把握不准，仅砸中朱棣的马头而已。

还有，朱棣在靖难之役胜利后，曾效仿唐太宗表彰"昭陵六骏"的做法，命画师给自己曾乘坐过的战马画像，有《四骏图》《八骏图》，画像上有记录："其一曰龙驹，郑村坝大战，胸膛着一箭，都指挥丑丑拔箭；其二曰赤兔，白沟河大战，胸膛着一箭，都指挥亚失帖木拔箭；三曰枣骝，小河大战，胸膛一箭，后两曲池一箭，安顺侯脱火赤拔箭；四曰黄马，灵璧县大战，后曲池着一箭，指挥鸡儿拔箭……"

刀枪、弓箭都是不长眼睛的，朱棣没死在战阵，实赖其命大，而非建文帝的"毋使负杀叔父名"啊。

建文帝真死于靖难之役了吗

建文帝朱允炆是明太祖朱元璋之孙，其父朱标是朱元璋的长子，并很早就被立为太子。朱标短命，中年早逝。朱元璋按封建礼法传统，立朱允炆为皇太孙，为帝国继承人。

洪武三十一年，朱元璋驾崩，二十一岁的朱允炆继位，建年号为"建文"，史称"建文帝"。

建文政权存在时间仅有四年，即被他的四叔燕王朱棣发起靖难之役推翻。

关于建文帝的下落，《明太宗实录》是这样记载的："上（指明太宗朱棣）望见宫中烟起，急遣中使往救。至已不及。中使出其尸于火，还白上。上哭曰：'果然若是痴騃耶？吾来为扶翼尔为善，尔竟不谅，而遽至此乎？'……壬申，备礼葬建文君。遣官致祭，辍朝三日。"

也就是说，靖难之役接近尾声，朱棣大军入南京城，建文帝心生绝望，效仿殷商亡国之君纣王，登楼自焚身亡。

《明太宗实录》的记载还无比生动传神：彼时，朱棣遥望皇宫中浓烟大起，情知不好，慌忙派遣太监前往救火。但一切都于事无补了，大火扑灭，太监把建文帝从火中背出，建文帝却已成了一具焦尸。朱棣望焦尸失声痛哭："真是个傻孩子啊，你四叔我是来扶助你学好做好的，你却不明白你四叔我的一片苦心，竟然做出这等傻事！"

改日，以大礼埋葬了建文帝，并停朝不视事，致哀三日。

尽管《明太宗实录》上的记录言之凿凿，但民间却悄然流传着建文帝各种下落的传说。

以至于三百多年后清朝人编修的《明史》，对于建文帝的结局，虽然只是一语带过，却包含了三种猜测。原文写："都城陷，宫中火起，帝不知所终。燕王遣中使出帝后尸于火中，越八日壬申葬之。或云帝由地道出亡。"

看，第一种结局是：帝不知所终；

第二种结局是：焚死；

第三种结局是：由地道出亡。

看得出，《明史》的编修者是不大相信《明太宗实录》上的记录的，所以把《明太宗实录》上的"焚死"之说列在了第二。

的确，看《明太宗实录》记朱棣进城的过程，就满满的阿谀赞美之词，一看而知其伪。

且看它是这样写的："上遂按兵而入，城中军民皆具香花夹道迎拜，将士入城肃然，秋毫无犯，市不易肆，民皆安堵。"

对于这颂扬之语，清人夏燮实在看不过眼，在著《明通鉴》时，加了寥寥几笔："而是时谷王橞、李景隆已开门纳京师、（徐）辉祖等力战，败绩。"揭露朱棣进城，并非城中军民夹道叩拜欢迎，而是经过了一番激烈的战斗。

所以，对于《明太宗实录》中咬定的建文帝"阖宫自焚"，绝大多数史学家不以为然。

明末史学家谈迁在《国榷》中直言《明太宗实录》此条记录不实，其论为："建文帝而在，长陵（指朱棣）何以置之？曰：不有生金之赐，即一力士任耳。欲终为濠梁布衣而不可得也。然则周公辅成王义何居？曰：其弟与子之不免，况其身乎？高皇帝谥元主为顺，而庙其世祖，不忍以孙俘而归之。呜呼！高皇帝之厚，勿可及也！仅一传，金陵故老无能指建文帝葬处，非其迹易湮也。史牒禅代沿例久矣，孟氏所以不尽信书也。"

如果按照《明太宗实录》上说的，朱棣真的对建文帝"祭葬仍天子"，但明末"金陵故老无能指建文帝葬处"，说明当年朱棣所安葬的尸体绝不是建文帝本人，朱棣安葬时用天子礼，不过是掩人耳目，而朱棣明知墓内安葬的不是建文帝，时间一长，也忘了交代相关部门按时维护，长此以往，该墓便湮没无闻了。

建文帝既然没有死于那一场大火，那么，他的真正下落如何，也就成为了明初第一谜案。

此妖僧，播乱天下成大业，毁誉参半

《水浒传》里写潘巧云与妖僧裴如海偷情一段，对心怀不轨的和尚有过一段绝妙的揶揄和反讽。

它是这样写的："但凡世上的人，惟有和尚色情最紧，为何说这句话？且如俗人、出家人，都是一般父精母血所生，缘何见得和尚家色情最紧？惟有和尚家第一闲。一日三餐，吃了檀越施主的好斋好供，住了那高堂大殿僧房，又无俗事所烦，房里好床好铺睡着，没得寻思，只是想着此一件事。假如譬喻说一个财主家，虽然十相俱足，一日有多少闲事恼心，夜间又被钱物挂念，到三更二更才睡，总有娇妻美妾同床共枕，那得情趣？又有那一等小百姓们，一日价辛辛苦苦挣扎，早晨巴不到晚，起的是五更，睡的是半夜。到晚来，未上床，先去摸一摸米瓮看，到底没颗米，明日又无钱，总然妻子有些颜色，也无些甚么意兴。因此上输与这和尚们一心闲静，专一理会这等勾当。那时古人评论到此去处，说这和尚们真个利害，因此苏东坡学士道：'不秃不毒，不毒不秃，转秃转毒，转毒转秃。'和尚们还有四句言语，道是：一个字便是僧，两个字是和尚，三个字鬼乐官，四字色中饿鬼。"

书中所引苏东坡所说的"不秃不毒"，原是苏东坡对佛印和尚的恶作剧，后面那一句"一个字便是僧"却是原创。

按照《水浒传》这么分析，那些虽然身通空门，却心术不正的和尚，往往就是社会不安定因素的一部分。

说到底，骗吃骗喝、骗财骗色还是小事，有些游方僧人唯恐天下不乱、专门撺掇政治野心家、或者自己直接扯旗造反，那就比较恐怖了。

比如说，隋末唐初怀戎僧人高昙晟就借县令设斋自己做法事为名，串联起了几十名僧人杀死县令和镇守军将，自封大乘皇帝，国号"佛"，

立尼姑静宣为邪输皇后，很是风光暴乱了一段日子。

又比如说，清末民初四川懋功僧人察都以如来佛祖保佑为名，据八角寺复"大清国"，自称"大清通治皇帝"，一度兴风作浪，闹得鸡犬不宁。

不过，高昙晟、察都这些人最终还是沦为了笑柄。

今天说一个作乱成功了的妖僧。

注意，别想歪了，不是朱元璋。

实际上，历史上曾有过出家经历的朱元璋、梁武帝萧衍等帝王，都不算是严格意义的僧人。

这里要说的作乱成功的妖僧，法名道衍，和历史上赫赫有名的济公活佛（法号道济）是同乡。

道衍毕生推崇姜太公、黄石老人、鬼谷子等一类阴阳家、术数家、兵法家。

某年，道衍游览嵩山寺，相士袁珙看他一脸戾气，厌恶万分地对他道："死秃驴，瞧你长相凶恶，三角形眼眶，如同吊睛饿虎，天性必是嗜好杀戮之人！"

道衍听了，不怒反喜，满载欢乐而归。

洪武八年（1375），明太祖朱元璋征召精通儒书的僧人到京师御用。

道衍信心满满地到礼部应试，憾未被录用，仅得到僧服一领。

道衍穿起御赐僧服，放声高歌，在众人瞩目中昂然步出京师，过丹徒北固山，反复吟咏成一诗，云：

谯橹年来战血干，烟花犹自半凋残。

五州山近朝云乱，万岁楼空夜月寒。

江水无潮通铁瓮，野田有路到金坛。

萧梁帝业今何在？北固青青客倦看。

同为应征失败的僧人宗泐听了，脸色大变，啐骂道："呸呸呸！这哪是佛家弟子说的话！"

道衍神情吊诡，哈哈大笑。

不久，在高僧来复的荐举下，道衍入天界寺挂单，谋了一个僧职。

洪武十五年（1382），马皇后病逝，明太祖分派京师僧众随侍诸王，诵经祈福。

四十八岁的道衍被分配给了燕王朱棣。

朱棣第一眼见到道衍，就很不爽，对他的倒吊三角眼极其反感，打算让他滚蛋。

道衍像个溺水者，拼命要抓住最后一根稻草，伸长颈子，凑到朱棣耳边轻声说道："贫僧若能为殿下所用，定能为您奉上白帽子。"

"王"字头上加个白，就是个"皇"字！

朱棣愣了愣神，留下了道衍。

朱棣回燕地就藩，道衍在北平庆寿寺住持，却常常"出入府中，迹甚密，时时屏人语"。

洪武三十一年（1398），明太祖驾崩，年仅二十一岁的朱允炆即位，年号建文。

建文帝在亲信的鼓动下，着手削藩。

周王朱橚、湘王朱柏、代王朱桂、齐王朱榑、岷王朱楩相继获罪，被废除藩国。

道衍极力鼓动朱棣起兵。

却说，时值冬日，朱棣看窗外冬景，愁绪纷飞，没头没脑地来了一句："天寒地冻，水无一点不成冰。"

早有准备的道衍张口应和下句："世乱民贫，王不出头谁做主。"

朱棣尚心存余虑，说道："民意都倾向于朝廷，怎么办？"

道衍冷笑："臣只知天道，不管民心。"

朱棣遂定反心，拉拢军队、招兵买马。

然而，起兵当日，风雨大作，王府的檐瓦被片片吹落。

这分明是不祥之兆！

朱棣等人心中惧栗，面如死灰。

道衍急得不行，牵强附会地说："这是祥兆！这是祥兆！嗯，这个……这个叫飞龙在天，所以会有风雨跟随。青瓦片掉下了，那是要改用皇帝那黄色的瓦了。"

就这样，在道衍的反复鼓励、勉励下，朱棣终于如期举兵。

举兵过程中，朱棣"战守机事皆决于道衍"。

朱棣成功篡位后，以"道衍力为多，论功以为第一"，要他蓄发还俗，要他恢复本姓——姚，并赐名"广孝"；将元朝宰相脱脱的宅院全盘赏赐；赐以宫女，赏以高官显职。

道衍却死活不干，不肯蓄发，不肯入住赏赐的豪宅大院，不肯接受赏赐的宫女，不肯接受高官显职，只接受了一个僧录司左善世的从六品小官，僧衣布袍，脑门光光，偶尔上朝议事，大部分时间住在寺院念经吃斋。

一年之后，朱棣又授予道衍资善大夫、太子少师的正二品显职，让其位极文官，并让其以钦差身份前往苏湖赈济。

道衍家在苏州，此番赈济，算得上是衣锦还乡。

回到阔别了二十余载的家乡，道衍将皇帝奖赏的金银全部分发给自己的宗族乡人。

做完了这些，道衍满心欢喜地去姐姐家，姐姐却闭门不见。

道衍掉头去拜会老友王宾。

王宾也不肯相见，只是让人传话道："和尚误矣，和尚误矣。"

道衍悻悻而退，再又去找姐姐，这次惨遭姐姐痛骂。

道衍圆寂于永乐十六年（1418），时年八十四岁，以僧人礼下葬。

朱棣下诏废朝二日，追赠其为推诚辅国协谋宣力文臣、特进荣禄大夫、上柱国、荣国公，谥恭靖。

朱元璋给建文帝留下此良臣猛将，可惜用废了

稍微了解一点明初历史的人，都会骂朱元璋歹毒狠心，把跟随自己打天下的良臣虎将屠戮一空，以至于后来的建文帝无将可用，被燕王朱棣夺了江山，大江两岸数百万军民也跟着遭殃。

其实，朱元璋洪武一朝时间长达三十一年，就算朱元璋没有屠戮功

臣，功臣们也会老的老、病的病、死的死，名将凋零，新陈代谢！

纵然如此，在燕王朱棣起兵之初，建文帝的手里还是抓有一副好牌的，他派出征讨朱棣的大将耿炳文就是功臣群体中硕果尚存的老人，时年已七十一岁。而在随耿炳文出征的列将中，更有一位曾是威风八面，且正在当打之年的猛将平安。

平安的父亲平定是最早跟随朱元璋起兵的滁州人，官至济宁卫指挥金事，却在攻打元大都时阵亡了。

平定死后，平安成了孤儿。

朱元璋痛平定之殒，又怜平安之孤，遂收平安为养子，小名保儿。

平安长大成人，身躯奇伟，力举数百斤，有其父威武雄壮之风，袭父职，迁密云指挥使，进右军都督金事。

耿炳文初战失利，即被建文帝罚下场坐冷板凳，另派李景隆代其职。

李景隆知道平安能打，任其为先锋。

燕军渡过白沟河，平安率万骑迎战。

朱棣不把平安放在心上，对左右说："平安，竖子耳。往岁从出塞，识我用兵，今当先破之。"

但是，两军交锋，朱棣屡战不下，心下焦躁，亲率士卒驰入阵，恶战至暝。

该战，朱棣血浸战甲，体力殆尽，好不容易杀出重围，却迷失了道路，从者仅三骑。最后，不得不下马伏地观察河流，辨出东西，找到了自己营垒所在。

次日再战，平安连接击败燕将房宽、陈亨。

朱棣见事急，亲冒矢石力战，直战到马受重创、箭壶成空，剑折不可击！

朱棣扭头要撤离战场时，平安突然杀至，朱棣慌得以剑击马，拼命逃窜，狼狈异常。

但是，平安还是追了上来。

可以说，这是朱棣战斗生涯中最接近死亡的一次，平安的长槊离他的背心不过一二寸距离，幸好老天保佑，平安的战马突然马失前蹄，朱棣侥幸逃了一命。

随后，朱高煦率援兵赶来，朱棣得全身而退。

燕兵转围济南府，平安在单家桥安下营寨，一面埋伏在御河抢夺燕军的饷船，一面发兵往攻德州。

平安双管齐下，朱棣难以招架，只好撤围而去。

次年，燕军卷土重来，在夹河大败盛庸军，并回军袭取单家桥。

平安奋起迎击，阵擒燕将薛禄。

没奈何，朱棣只好灰溜溜退去。

改日，燕军与平安在滹沱河展开激战。

平安在阵中缚木为楼，高数丈，每战酣，便登楼眺望，发强弩射燕军，掌控着战场局势。

可惜的是，忽起大风，发屋拔树，声如巨雷，南军都指挥邓戬、陈鹏等均陷敌阵，平安被迫败走真定。

朱棣与南军数番大战，每亲身陷阵，所向皆靡，唯遇平安、盛庸两军难以得志。滹沱之战结束，朱棣身后的大旗上矢集猬毛，阵中诸将议论纷纷，其中老将顾成说："臣自少从军，今老矣，多历战阵，未尝见若此也。"

一个月之后，燕师出大名。

平安、盛庸等人分兵扰其饷道。

朱棣不堪其扰，上书建文帝，请求息兵议和。

建文帝自认为已经吃定了朱棣，坚决拒绝。

建文帝的态度更进一步激发了朱棣的斗志，其决计南下。遣偏师潜走沛县，焚粮舟，掠彰德，破尾尖寨，谕降林县。

屯兵于真定的平安趁北平空虚，率万骑直走北平。

朱棣知悉，大为恐惧，赶紧北归还救。

平安在杨村击败了燕将李彬，徐徐退去。

建文四年，燕兵再次南下，破萧县。

平安引军蹑其后，追至淝水，败燕将白义、刘江，阵斩王真。

王真是燕军中一等一的骁将，此前，朱棣曾多次以王真为榜样激励诸将，说："诸将奋勇如王真，何事不成！"

哪料，就是这样一个箭头人物，竟然被平安轻松斩杀。

朱棣又惊又怒，亲自上阵搦战。

平安的部将火耳灰挺槊大呼，攒马直刺朱棣，然战马忽蹶，落地被擒。

南军士气稍沮，平安引军退去。

改日，平安复进至小河，从左右翼包抄分击燕军，斩燕将陈文。

随后，又在齐眉山下列阵大战燕军，自午至酉，大获全胜。

由是，燕诸将具谋北还，徐图后举。

朱棣却不甘心，想要找到南军的破绽，一举奠定胜局。

不得不说，朱棣实在是名将中的名将，很快，他就有了收获。

南军何福来与平安会合，移营灵璧，深堑高垒，以老燕师。

朱棣出其不意，发起夜袭，南军大乱，何福单骑逃走，平安及陈晖、马溥、徐真、孙成等三十七将被擒。

平安久驻真定，屡败燕兵，斩骁将数人，燕将莫敢撄其锋。听说他被擒了，军中欢呼动地，大家激动得流着热泪，说："吾属自此获安矣！"争请斩杀平安。

朱棣惜其材勇，选锐卒卫解送北平，命世子朱高炽与郭资等好生照看。

平安由是投降。

朱棣即位后，任平安为北平都指挥使，不久，又进升为行后府都督金事。

永乐七年（1409）三月，朱棣北巡北京，览章奏看见了平安的名字，心有所悸，对左右说："平保儿（平安小名）尚在耶？"

平安听说了此事，二话不说，举剑自杀。

 ## 朱元璋物色了两个人助建文帝削藩，可惜建文帝没用好

明太祖朱元璋开创了大明王朝后，为"家天下"之万年计，决定"众建诸侯，屏藩王室"。

他振振有词地说："天下之大，必建藩屏，上卫国家，下安生民，今诸子既长，宜各有爵封，分镇诸国。朕非私其亲，乃遵古先哲王之制，为久安长治之计。"

即从洪武三年到洪武十八年，其二十六人外加一个侄孙，全部封藩。

其中，一些藩王分封于北边军事要地，受命指挥边防大军，筑城屯田，习称"塞王"，如晋王、燕王、秦王、代王、肃王、辽王、庆王、宁王、谷王、安王等。

朱元璋这么做的目的，是让诸藩镇拱卫中央；但这些藩镇却给中央造成了巨大的威胁。

朝中的有识之士如叶伯巨等辈，先后上书指出分封的弊端所在。

叶伯巨语重心长地说："今裂土分封，使诸王各有分地，盖惩宋、元孤立，宗室不竞之弊。而秦、晋、燕、齐、梁、楚、吴、蜀诸国，无不连邑数十。城郭宫室亚于天子之都，优之以甲兵卫士之盛。臣恐数世之后，尾大不掉，然后削其地而夺之权，则必生觖望。甚者缘间而起，防之无及矣。"

忠言逆耳，朱元璋根本听不进，反而指责叶伯巨有意离间自己父子骨肉关系，将之下狱。

叶伯巨不但预见了封藩的恶果，也预料到了自己的命运，上书前，颓然向家人交代身后事，后来果然身死狱中。

户部右侍郎卓敬为洪武二十一年榜眼及第，在明知叶伯巨下狱的情况下，心念国家和天下百姓，毅然上书劝谏，说："陛下于诸王不早辨等威，而使服饰与太子埒，嫡庶相乱，尊卑无序，何以令天下？"

朱元璋在臣子们接二连三的劝谏下，已有所觉悟，承认说："尔言是，朕虑未及此。"但他年事已高，有心无力。

身体越来越衰老的朱元璋对未来的帝国继承人朱允炆说："朕以御虏付诸王，可令边尘不动，贻汝以安。"

经过叶伯巨、卓敬等人的闹腾，朱允炆已感到了削藩的紧迫性，反问爷爷说："虏不靖，诸王御之；诸王不靖，孰御之？"

朱元璋惶惑不知如何作答，反问道："汝意何如？"

看着满头白发的爷爷，朱允炆心有不忍，只好用语开解说："以德怀之，以礼制之，不可则削其地，又不可则废置其人，又其甚则举兵伐之。"

朱元璋呆了好一会儿，只好点头说："是也，无以易此矣。"

削藩二字说出来容易，操作起来却是无比艰难的。

朱允炆虽然知道要削藩，但如何削，心无定画。

亲信黄子澄在东角门给朱允炆谋划全局，胸有成竹地说："诸王护卫兵，才足自守。倘有变，临以六师，其谁能支？汉七国非不强，卒底亡灭。大小强弱势不同，而顺逆之理异也。"

听了黄子澄的话，朱允炆长舒了一口气。

实际上，黄子澄不过是书生之见，所说全是纸上谈兵。

朱元璋屠戮功臣过后，朝廷为之一空。

饶是如此，朱元璋还是精挑细选了两个人为朱允炆保驾护航的。

其一为齐泰，另一为卓敬。

可惜的是，朱允炆对这两个人的重视程度不够。

在削藩问题上，朱允炆主要问计于黄子澄。

朱元璋崩，朱允炆登位，龙椅尚未焐热，就巴巴地对黄子澄说："先生忆昔东角门之言乎？"

黄子澄回答："不敢忘。"

黄子澄提供的方案是："周、齐、湘、代、岷诸王，在先帝时，尚多不法，削之有名。今欲问罪，宜先周。周王，燕之母弟，削周是剪燕手足也。"

齐泰大惊，立刻提出反对，主张首先擒燕。

但是，朱允炆只听黄子澄的。

事实上，卓敬还有更高明的办法。

他在给朱允炆上奏章分析说："燕王智虑绝伦，雄才大略，酷类高帝。北平形胜地，士马精强，金、元年由兴。今宜徙封南昌，万一有变，亦易控制。夫将萌而未动者，几也；量时而可为者，势也。势非至刚莫能断，几非至明莫能察。"

卓敬的主张是在不动兵刀的情况下，通过迁徙的方式来削弱藩王的势力。

应该说，这是一条"天下至计"。但朱允炆竟然茫然不觉。

最终，靖难之役起，朱允炆被弄得人间蒸发，燕王朱棣即位。

朱棣捉获卓敬，指责他离间骨肉。

卓敬厉声曰："惜先帝不用敬言耳！"

朱棣虽然愤怒，但怜惜他的才能，下令将之下狱，派人以管仲、魏征之事相劝。

卓敬流着泪说："人臣委贽，有死无二。先皇帝曾无过举，一旦横行篡夺，恨不即死见故君地下，乃更欲臣我耶？"

朱棣还是不忍杀害。

朱棣的狗头军师姚广孝挑拨说："敬言诚见用，上宁有今日。"

朱棣这才悻悻下令将卓敬处死，并灭其三族。

 ## 两个好朋友相约为故主殉难，结局各异

陕西真宁（今甘肃正宁）人景清是个非常有性格的人。

他读书很有天分，曾连中两届乡试解元，却拒不入京参与会试。

明太祖朱元璋从陕西承宣布政右使张允照口中知悉此事，龙颜大怒，下令十年内不准景清参与大考。

景清因此成了个大器晚成的人，推迟到洪武二十七年才到京参加会试，却也一鸣惊人，中一甲第二名榜眼，得授编修，改御史。

洪武三十一年，朱元璋驾崩，皇太孙朱允炆继位。

建文帝朱允炆为防范宗室诸王谋逆，四下派遣心腹，遍布耳目。

景清被建文帝任命为北平参议，名义上协助燕王管理粮储、屯田、驿传、水利等事务，实际上是"察燕邸动静"，监视朱棣的举动。

景清和朱棣相处期间，经常旁敲侧击、敲山震虎，告诫朱棣要效忠朝廷。

不久，建文帝召景清回朝廷，晋升其为御史大夫，成都察院的最高

长官。

景清回朝，与齐泰、黄子澄、方孝孺一起，积极谋划"削藩"事宜。

建文帝"削藩"操之过急，朱棣铤而走险，举兵造反，发起了靖难之役，攻入了南京。

史载，"燕师入，诸臣死者甚众"，齐泰、黄子澄、方孝孺等忠臣均惨遭屠戮。

景清和方孝孺是非常要好的朋友，两人曾相约一同殉国，但方孝孺等人被杀，血色恐怖弥漫南京上空，举城震慑。

在这种背景下，景清"独诣阙自归"，前往归附朱棣。

朱棣见景清来投，十分高兴，向其他臣子高声介绍说："吾故人也！"

朱棣对景清既往不咎，仍让他留任原职。

景清厕身于朝堂之上，对朱棣毕恭毕敬，感恩戴德。

对于景清这种"言不顾行，贪生怕死"的做法，同僚非常鄙视，不管是当面还是背后，经常对景清冷嘲热讽。

景清不为所动，依然不卑不亢

朱棣也渐渐放松了对景清的戒备。

一日早朝，景清身着红色朝服、暗藏利刃来到朝堂，准备在朝堂刺杀朱棣。

哪料，事有凑巧，前几日有天文官上奏，称有红色异星将侵犯帝座，请求皇帝加以防范。朱棣一上朝，就看到了景清的红袍，惕然起警，命人搜查，搜出了利刃。

朱棣怒不可遏，责问景清为何至此。

景清见事情已经败露，奋起大骂道："欲为故主报仇耳！"

朱棣下令将景清凌迟处死。

景清毫无惧色，"且挟且骂，含血直喷御袍"。

朱棣狂性大发，"命剥其皮，草楱之，械系长安门，碎磔其骨肉"。

事情还没有完，其后一日，朱棣路过长安门，悬挂景清人皮的绳子突然断裂，景清人皮"趋前数次，为犯驾状"。

朱棣头皮发麻，"命赤其族，籍其乡，转相攀染，曰瓜蔓抄"，"村里为墟"。

"意外"死亡的驸马爷

明太祖朱元璋一生妻妾成群、子女众多，共生有二十六个儿子、十六个女儿。

朱元璋为了维护自己的皇权，千方百计和勋贵集团抱成团，其中一条路径就是和勋贵成员结成亲家。

比如说，朱元璋的长女临安公主，就下嫁给了韩国公李善长之子李祺；次女宁国公主下嫁汝南侯梅思祖之侄梅殷；另外，福清公主下嫁凤翔侯张龙之子张麟；寿春公主下嫁颍国公傅友德之子傅忠；南康公主下嫁东川侯胡海之子胡观；永嘉公主下嫁武定侯郭英之子郭镇；等等。

十六位女婿中，朱元璋最喜爱梅殷。《国榷》就说梅殷"负才气，太祖最眷注"。

但是，梅殷却死得不明不白。

永乐三年十月，梅殷上朝经过笪桥时，落水死亡。

据目击者前军都督佥事谭深和锦衣卫指挥使赵曦报告，梅殷是"自赴水死"，即溺水自杀。

既然是自杀，就证明这个人对人生已经厌倦，毅然绝然地告别尘世，那就早死早投胎吧。

面对哭哭啼啼的宁国公主，永乐大帝朱棣只是淡淡地说了一声："节哀顺变。"

但是宁国公主不依不饶，一口咬定梅殷并非厌世之人，其意外落水，一定是有人谋杀。

谁？谁敢谋杀堂堂大明朝驸马?！

朱棣龙颜大怒，反问宁国公主。

宁国公主没有回避朱棣的目光，止住了哭啼，杏眼圆睁，虽然满面怒容，却腮边有泪，凛然中又有如许哀戚。

朱棣扭转头，一摆手，说："罢罢罢，朕让人深查到底，务必揪出杀人真凶！"

宁国公主是马皇后所生，对这个妹妹，朱棣与生俱来有几分忌惮。

很快，朱棣就给宁国公主一个"合理"的交代：谭深、赵曦二人与驸马梅殷"有隙"，为泄私愤，在笪桥上行凶，将驸马梅殷推落水中溺死。

紧接着，朱棣手脚麻利地将谭、赵二人处决。

该年十二月，朱棣进封宁国公主为宁国长公主，派遣官员办理梅殷的丧事，谥荣定，并予梅殷封荫。

梅殷溺死之案就此完结。

但是，两百多年后，史家谈迁在《国榷》中直言：杀梅殷，谭赵二人不过是代人行凶而已，真正幕后操盘的，就是朱棣本人。

原来，梅殷得明太祖宠爱，在靖难之役中，他一直是建文帝的死忠，率军在淮上与朱棣对抗。

建文四年（1402）四月，朱棣大败建文帝军队，派遣使者以进香为名，向梅殷借道进军南京。

梅殷答复说："进香，皇考有禁，不遵者为不孝。"

朱棣听闻大怒，写信给梅殷说："今兴兵诛君侧恶，天命有归，非人所能阻。"

梅殷同样大怒，割去送信使者的耳鼻，将其放归朱棣，并对他说："留汝口为殿下言君臣大义。"

朱棣虽怒，却也无可奈何，只得改道从扬州进军南京。

朱棣即位后安葬了建文帝，却没有给建文帝任何谥号和庙号。

梅殷大为不满，在军中"缟素发丧，私谥孝愍皇帝"。

此后，梅殷还"拥兵淮上，图兴复"。

朱棣逼迫宁国公主啮血为书，送与梅殷。

梅殷见书恸哭，被迫还京。

朱棣在南京城外亲自迎接，不阴不阳地说："驸马劳苦。"

梅殷不冷不热地答："劳而无功耳！"

朱棣由此怀恨于心，则其谋划暗害梅殷，也就不足为怪了。

此人已入"奸臣"之列，却得一再重用

话说，明成祖朱棣反对建文帝削藩，发起靖难之役，杀入南京，不但逼死了建文帝，而且将忠于建文帝的文臣武将，如方孝孺、齐泰、黄子澄等诛杀殆尽。

明末清初史学家谷应泰感慨无限地说："文皇（指朱棣）甫入清宫，即加罗织，始而募悬赏格，继且穷治党与，一士秉贞，则祖免并及，一人厉操，则里落为墟。"

根据相关文献记载，被朱棣所杀的"奸恶官员"达到一百二十四人之多。

其实，朱棣入南京当天，就榜示有所谓奸臣二十九人，气势汹汹地先拿这二十九人开刀。

但在这二十九人中，有一个人却神奇地活了下来，并一直活到朱棣的曾孙明英宗朱祁镇即位！

这人，就是山东昌邑人黄福。

黄福有才学，而且是个实干型干部，在洪武朝被明太祖朱元璋"超拜工部右侍郎"。

到了建文帝朝，黄福深受建文帝倚重，仍任工部右侍郎。

不过，黄福为人圆滑，并非方孝孺一类死撑到底的忠臣烈士，朱棣初入南京，他便观风望旨，主动迎附于马下。

饶是如此，黄福还是被朱棣列在了二十九名"左班奸臣"名单之上。

这是拍马屁拍到马蹄上了。

一般人遇上这样的尴尬，死的心都有了。

黄福不肯死，面对外界的冷嘲热讽，他心平气和地说："臣固应死，但目为奸党，则臣心未服。"

本来，黄福被指为奸臣，只要他以死明志，自然能一涮耻辱，但他珍惜生命，居然以此为借口，理直气壮地活了下来。

而朱棣虽然把黄福打入奸臣之列，却爱惜他的才能，并不杀他，恢复了他的官职，不久，又升他为工部尚书。

都察院左副都御史陈瑛，是朱棣的老人。陈瑛在洪武末年被明太祖擢为御史，出任山东按察使。建文初，朝中削藩之议四起，彼时朝廷通过燕王府长史葛诚入奏，侦知燕王将反，遂调陈瑛为北平按察佥事，目的是加紧对燕王的侦查。陈瑛到了北平，便接受了燕王贿赂，私附燕王。陈瑛后来被人告发，诏逮至京，贬谪广西。朱棣登位，立马将谪居广西的陈瑛升为三品大吏，掌都察院事。

陈瑛上任之始，即刻承上意，展开对建文朝遗臣的残杀，纠劾的勋贵臣僚达三十七人。

永乐三年（1405），陈瑛弹劾黄福，黄福即被一贬再贬，先是迁为北京行部尚书，后被谪为办事官，甚至一度被关进了锦衣卫诏狱。

但黄福的才能始终让朱棣念念不忘。

永乐四年（1406）七月，朱棣下令南征安南，很多官员得以戴罪立功，黄福也被复职从征安南，负责督运军饷，复担重任。

有人暗中提醒朱棣不宜重用黄福，朱棣微笑着说："福才不逮尔耶？"

来人愤愤不平地说："此建文旧臣，且近有过。"

朱棣的回答非常有见地，他说："君臣相与在推诚，不可蓄疑。唐太宗为君，王珪、魏征，初皆仇怨，一体委任之，不疑两人，终能尽心辅政，知无不言。尉迟敬德亦仇敌也，即获而用之，便得其死力，皆太宗有至公之量，故能如此。今朕用人无间新旧，惟贤才是用，何尚存一毫私意？有过者必体情容之，有才者必推诚任之，上能诚则人乐尽力，若或蓄疑则人苟图免责，谁肯尽心？尔自今慎之，勿复妄言。"

得了，来人不但没能将黄福打压下去，反使朱棣将黄福推到了魏征的高度。

永乐五年（1407）三月，平定安南，朱棣纳安南为郡县，复旧名交趾，设立三司。

黄福任首位交趾承宣布政使司布政使兼提刑按察使司按察使，全面管理交趾行政、司法事务。

黄福对交趾地区进行户籍编制、划分州县，制定轻省的赋税政策，设立学校、驿站，促使流民复业，推行明朝的各种改革政策，使安南境内得以稳定。

朝廷中官员被贬，多被谪往交趾，黄福对这些人加以拯恤，并选有贤才者共事，一时间，至者如归。

永乐二十二年（1424），朱棣驾崩，明仁宗朱高炽即位，黄福被召还，任兼管詹事府事，受命辅助太子朱瞻基。

黄福离开交趾之日，民众号泣相扶，前来送别。

该年，黄福已经交趾任官十九年矣！

洪熙元年（1425）五月，朱高炽驾崩，黄福督工建造献陵。

宣德元年（1426），交趾起民变，黄福又以工部尚书兼詹事头衔，重回交趾，负责交趾地区承宣布政使司、提刑按察使司事。

黄福抵达鸡陵关时，交趾叛军拜下哭泣道："公，交民父母也，公不去，我曹不至此。"

宣德七年（1432），明宣宗朱瞻基和杨士奇评论朝中大臣，杨士奇说："福受知太祖，正直明果，一志国家。永乐初，建北京行部，绥辑凋瘵，及使交阯，总藩宪，具有成绩，诚六卿所不及。福年七十矣，诸后进少年高坐公堂理政事，福四朝旧人，乃朝暮奔走劳瘁，殊非国家优老敬贤之道。"朱瞻基听后抚掌称赞，命黄福任南京户部尚书。

宣德十年（1435），明英宗朱祁镇即位，黄福加官少保，之后参赞南京守备、襄城伯李隆机务。

正统五年（1440）正月，黄福在任上逝世，享年七十八岁。

由于黄福的名字始终位列朱棣所制订的"奸臣榜"，朝廷因此没有给予赠谥，群臣议论纷纷。

明宪宗成化年间，朝廷追赠其为太保，谥号"忠宣"。

第七章　明君与昏君

这一军事重镇，明朝十四任皇帝亲自镇守

在中国古代历史上，出现过两个伟大的王朝，其一是汉，其二是唐。

这两个王朝消亡之时，接替它们的政府均无力单独接替那广大而破碎的版图，从而都出现了一个混乱不堪的大分裂时代。

唐朝全盛时，领土东至朝鲜半岛，西达中亚咸海，北括贝加尔湖和叶尼塞河上游，南至越南顺化一带与南海群岛，面积约有 1251.19 万平方千米。

公元 907 年，朱温逼迫唐哀帝李柷禅让帝位，建国号大梁，史称后梁，定都汴梁。

不过，后梁的实际统治面积仅局限于汉水和淮水以北，黄河以南及关中地区的一小块地盘，不足大唐面积的九分之二。

公元 923 年，大唐遗臣晋王李存勖灭梁，复大唐国号，史称后唐，定都洛阳，其国土面积等于梁、晋的总和，进而控制关中李茂贞所建的岐政权，并吞蜀地，势力一度膨胀，地域非常辽阔。

可惜好景不长。公元934年，后唐第二代皇帝唐明宗李嗣源一死，唐臣孟知祥在成都割据称帝，分去了四川一大块地盘。

最惨的还不止于此，两年之后，唐明宗李嗣源的女婿石敬瑭称帝，定都汴梁，建国号晋，史称后晋。为了称帝，他竟把燕云十六州割给了契丹！

燕云十六州的丢失，从此成为了汉民族心头永远的痛。

曾几何时，从黄帝、夏商周三代而下，中国总体呈东、西方相争的政治格局，周、秦、汉、隋、唐建立了政权后，均立足于关中，目的是在防范西北游牧民族的基础上，进谋东部富饶之地。

而随着游牧民族发展重心的北移，自北宋开始，东西方相争格局转化成了南北格局。

为了收取这十六州之地，后周第二代皇帝周世宗柴荣以倾国之力北伐，可惜中道崩殂，以致功败垂成。

公元960年，赵匡胤篡夺后周江山，虽然先后灭荆南国、灭后蜀、灭南汉、灭南唐，迫降吴越国和清源军，但领土面积大约只有230万平方千米，为中国历史上大统一时期领土面积最小的王朝，不仅比唐大为收缩，而且还不及占据了燕云十六州的辽国（辽国土面积为448.54万平方千米）。

国土面积小，其带来最大的苦恼就是：难以组建大规模的骑兵军团。

与汉唐相比，北宋的版图萎缩在中原，缺乏放养马匹的牧场，马匹奇缺，能够拥有的马匹多出自中原本土，而中原本土的马匹以圈养为主，个子矮、骨架细、速度缓慢、爆发力欠缺，不适合战场作战。

《宋会要》中记北宋境内中原本土所产的马，"自四赤（尺）七寸至四赤（尺）一寸七等中，各以一寸为差"，折合成现代高度，约合1.27米至1.46米，马高平均值为1.36米，很瘦小。

在冷兵器时代，可以说，谁拥有了强大的骑兵军团，谁就在战场上具有更多的话事权。

恩格斯就曾经说过："骑兵在整个中世纪一直是各国军队中的主要兵种。"

由于没有成规模的骑兵军团，北宋王朝在与游牧民族的战斗中就往往位于下风。

须知，骑兵骑在马背上奔驰驱策可以形成巨大的冲击力，让步兵无从抵挡。另外，在转移战场方面机动灵活，败可退、胜可追。

不仅如此，中原的士兵来自农耕文明的农家子弟，惯用锹犁的手和伺弄庄稼的劳动方式使他们乐于安享现态，缺少暴戾之气，从而也使他们在战争中缺乏了应有的杀气。

与之相比，作为长在马背上的民族，他们没有农业，没有纺织业，只能穿着兽皮，拎着武器，在恶劣的环境中围猎、搏杀、掠夺。对他们而言，战争就是一种乐趣，战争意味着宣泄、意味着释放、意味着猎取、意味着获得。

所以，中原王朝要抵御游牧民族的入侵，就必须倚仗地理上的优势，居高临下，或借助地形的多变，利用崇山峻岭和狭谷深涧对骑兵进行干扰、袭击，破坏骑兵种种迂回、穿插、长途奔袭战术，以达到以步制骑。

偏偏，北方的燕云十六州已掌握在辽国手里。这十六州大致包括了今天的北京、天津、河北北部、山西北部，自东向西长约 600 千米，南北宽约 200 千米，全部面积为 12 万平方千米。分布其上的太行、燕山等山脉，状如巨龙，绵延千里，屏蔽着华北大平原，拱卫着中原腹地，是游牧民族与农耕民族的分水岭。

失去了十六州，以步兵为主的中原王朝就失去了抵御游牧民族的天然屏障，还有那依山而建的万里长城。从辽宋新开的边界到北宋首都汴梁的 800 千米间，一望平川，门户大开，无险可守。

所以说，北宋王朝的政治中心乃是安置在辽国这把悬挂着的利刃之下。

如果说，北宋王朝的军事储备和军事实力能一直保持在上佳状态，并能建立起互有策应的防御体系，进攻上虽略显不足，但还是可以抵御住来自北方的打击的。

第七章 明君与昏君

171

但人为上的因素远比地理上的因素容易变幻，当北宋政府稍微失掉了北方敌人的警惕性，当北宋军队稍有下降，万里胡骑就可以滚滚而来，自北而南，由高到低，风一样刮遍华北平原。

可见，国土面积小，没有燕云十六州，没有万里长城作为抵御游牧民族的屏障，北宋王朝是一个先天不足的大统一王朝，不解决这个问题，北宋王朝就一直会生活在危险中。

作为一个开国之主，赵匡胤对燕云十六州的重要性是有清醒的认识的。他说："天下视幽蓟为北门，无幽蓟则天下时常不安。"

而早在平定南唐时，他还说过一句更加著名的话："卧榻之侧，岂容他人鼾睡！"

如果说，南唐、后蜀、吴越这些小国是睡在卧榻之侧的"他人"，那么，辽国这个庞然大物，简直就是睡在卧榻之侧的一头狼。

怎么看待这头狼，对这头狼采取什么样的应对措施，赵匡胤是有着自己的思考的。

首先，中原大地饱经五代乱世，处处疮痍，国内急需一段休养生息的时间。

在没有必胜把握的前提下，赵匡胤的打算是存活北汉，以充当辽宋之间的缓冲。

而为收复十六州，他广积钱粮，设立"封桩库"，打算积蓄好三五十万两白银，如果能向辽人赎买就赎买，如果不能赎买，就"散滞财，募勇士，俾图攻取耳"！将这笔钱充当军费，强行收取燕云十六州。他说，辽兵多次侵扰我边境，若我用二十匹绢的价格收购一名辽兵的脑袋，辽国精兵也就十万人。只要花费我二百万匹绢，就可以将他们悉数消灭。

汴梁所处，自古为四战之地，一代纵横家张仪就说："魏之地势，固战场也。"周围没有山岭险阻，建都于此，即是置身于辽国的兵锋之下。

为了解决辽国骑兵对北宋都城汴梁的威胁，赵匡胤毅然决然地提出："吾欲西迁，据山河之胜，以去冗兵，循周汉故事，以安天下也。"打算先迁都洛阳，可能的话，再迁都长安。

洛阳位居"天下之中"，"东压江淮，西挟关陇，北通幽燕，南系荆襄"，四面群山环绕、雄关林立，临洛水，负邙山，望伊阙，据成皋，控崤函，有"八关都邑""山河拱戴，形势甲于天下"之称。秦以后宋以前有东汉、曹魏、西晋等王朝建都于此，为"九朝古都"。可是，这一提议，遭到了一些人的反对。

起居郎李符给出的理由是：洛阳穷，太穷了，经济凋敝。而且，饱经战火，建筑遭到严重破坏，不适合皇家居住。

铁骑左右厢都指挥使李怀忠也说："东京有汴渠之漕，岁致江淮米数百万斛，都下兵数十万人，咸仰给焉。"又说，"且府库重兵，皆在大梁，根本安固已久，不可动摇。一旦遽欲迁徙，臣实未见其利。"他认为汴梁已得运河漕运之利，京师地位根基已固，不能动摇，如执意要迁都，百害无一利。

的确，自后梁建都汴梁以降，几代统治者都不断开挖运河，以通漕运。赵匡胤本人建立大宋王朝后，从建隆二年（961）开始，就着手在汴梁周围开展大规模的水利建设，挖蔡河以达许镇，又从新郑引闵水与蔡河汇合而经陈州、颍州直达寿春。更在汴梁城北开挖五丈河和金水河。时至开宝年间，以汴梁为中心的运河体系已经构建完善，江南的米粟由长江入淮泗，经汴水入京师；陕西的米粟从三门峡转入黄河，入汴水达京师；陕蔡的米粟则由惠民河转蔡河，入汴水达京师；京东的米粟由齐鲁地区入五丈河达京师。

一句话，交通发达，粮运便利，建都在汴梁，可取天下米粟以养京师。这是建都洛阳或长安所不可比拟的。

但，这既是汴梁作为京师的优点，同时也是它的缺点。

赵匡胤觉得，既然汴梁城中所需物资全仰给于水路，一旦水路被截，京师被围，后果将不堪设想。

但最终，赵匡胤在弟弟晋王赵光义的极力反对下，没能如愿迁都。

赵光义反对的原因，无非是自己已在开封府担任了十六年的府尹，培植了大量亲信，在朝中的势力正在不断壮大。考虑到迁都成功，自己这个开封府尹势必远离政治中心，不利于发展。

而就在迁都之争后六个月，赵匡胤就暴毙了，死于可疑的烛光斧影中。赵光义则华丽转身，从一介亲王蜕变成北宋第二位皇帝。

赵匡胤的预见是非常准确的，他说，如若不出迁都，则"不出百年，天下民力殚矣"。

不迁都，京师的生存就全倚仗于运河漕运的供养，运河的开挖和维护就会成为国家头等大事，而无休无止的开挖和清淤会使百姓疲于奔命。

原本，长江下游经济发达，但因为其水路与京师畅通，就自然而然地成了京师粮食和物资的主要来源地，负担日见沉重，经济发展受到了严重影响。

这样，当集天下之财于京师之时，京师虽然繁华，地方却更加困厄。

果然，百年未到，国力尽耗，长江下游地区经济发展近乎停滞，庞大的军费常常透支国家财政，财政上的"积贫"和军事上的"积弱"终于积重难返。当"靖康之难"爆发，北宋政权仿佛在一夜之间就灭亡了。

北宋灭亡之初，一代名将岳飞为收复失地，奔走操劳，辗转血战。他尚为军中偏裨小将的时候，曾和河北西路招抚使张所有过一场不但要收复两河、两京（东京汴梁、西京洛阳），还必须收复燕云十六州的高论。

岳飞慷慨激昂地说："河北视天下如珠玑，天下视河北犹四肢。人可以没有珠玑宝玉，却不可以失去四肢。本朝之都城汴梁，非有秦关百二之险。平川旷野，长河千里，首尾绵亘，难于呼接，独恃河北燕山山脉为自固。再以精甲健马，凭据要冲，深沟高垒，峙列重镇，则虏人不敢窥河南，京师根本之地可固。如今朝廷任命招抚为河北之使，岳飞愿意以偏师从麾下，所向惟招抚之命是从，尽取河北之地，以为京师援耳！"

不过，岳飞横遭奸人秦桧所害，中兴成半壁，诸君痛饮无期，肠空热。

燕云十六州重回汉人之手，赖于明太祖逐蒙元疾如风雨的北伐。

当大明铁骑兵大步迈入北京城时，此时距离石敬瑭割让燕云十六州已长达 455 年！

明太祖在元末群雄并起之际，由淮河流域向南推进，稳扎稳打，取南京，占浙西，"高筑墙、广积粮、缓称王"，以南京附近的州县作为取天下的根据地，最后建都南京。

南京虽称六朝古都，但这六朝（孙吴、东晋、刘宋、南齐、南梁、南陈）都不过是偏安一隅的地方政权，且国祚不长、传国不远。

明太祖雄才大略，当然知道幽燕之地乃是南北相争的关键：汉族政权失去它，只能偏安南方；游牧民族占有它，则可挥鞭南下。

现在，既然收回了这片困扰了汉族人民四百多年的土地，而大明王朝的社会发展想要治隆唐宋、疆域拓展想要远迈汉唐，就必须把这片土地牢牢地掌握在自己手里，永不再失。

可是，这片土地离长江下游的南京有千里之遥，并且，时时遭受北方游牧民族的侵扰，要实现这一点，难度很大。

明太祖想到了迁都。

但北京历经辽、金、元等异族统治，"胡化"严重，还不适合作为新生明朝的国都。

迁都成了明太祖的一个心病，该心病，毕明太祖一生，都没能解决。

最终，将国都成功迁到了北京的人是明成祖朱棣。

虽说朱棣登上帝位并不是明太祖先前所设定的轨道，但朱棣迁都北京，绝对没有违背明太祖要迁离南京的本意。

燕王时代的朱棣在藩国燕地，多次与蒙元残余势力作战，深谙燕地的战略重要性。所以，他在即皇帝位后的第二年就改北平为北京，并经过长达二十多年的精心筹备，于公元 1421 年完成了迁都之举。

从此，自朱棣而下，有明一朝共十四位皇帝坐镇此地，是为君王死社稷，天子守国门也！

小时候被当成女孩子养，长大后成为中兴之主

明朝自公元 1368 年朱元璋称帝立国始，仅仅过了八十年，就发生了举世震惊的"土木堡之变"，明帝朱祁镇被漠西蒙古瓦剌部掳去，大明帝国几乎就此崩溃。所幸大英雄于谦挺身而出，独撑危局，力排众议，

拥立朱祁镇的弟弟郕王朱祁钰为帝，遥尊朱祁镇为太上皇，粉碎了瓦剌以朱祁镇要胁和勒索大明王朝的企图，取得了北京保卫战的最后胜利，延续了大明王朝的国运。

大明王朝的国运虽然得以延续，但大明王朝发展的轨道却发生了重大改变。

原本，瓦剌南犯，兵逼大同，朱祁镇锐意亲征，曾按照皇太后的旨意，立儿子朱见濬为皇太子，留京监国。不过，朱见濬尚不足两岁，所谓监国，不过说来好听而已。

瓦剌人既掳去国君，又兵临帝都北京城下，形势危急，于谦为避免国无长君的情形出现，不立既定皇储太子为帝而改立朱祁钰，魄力虽大，却已犯了大忌。

一年之后，在于谦等大臣不断动用外交手段的斡旋下，太上皇朱祁镇平安回来了。

然而，天无二日、国无二帝，已经坐稳了帝位的朱祁钰是不可能让出帝位的。朱祁钰把太上皇哥哥软禁在南宫，又把皇太子朱见濬废为沂王，改立自己的儿子朱见济为皇太子（朱见济不久夭折，被朱祁钰追封为怀献太子）。

政治斗争从来都是残酷无情的，早在朱祁钰登位之初，朱祁镇的母亲、宣宗皇后孙氏就担心皇太孙朱见濬会受到冷落，专门选拔了自己身边的心腹侍女万贞儿前去侍奉照顾太子，做朱见濬的保姆。

朱见濬的太子位被废，跌落到了性命朝不保夕的境地，人人见他如见瘟神，唯恐避之而不及。

在那一段黑暗的岁月里，万贞儿成了朱见濬身边唯一可以依靠和依恋的亲人。难得的是，万贞儿也始终守护在朱见濬身边，呵护有加，关怀备至，不离不弃。

时间又过了八年，朱祁钰病重。大臣石亨、徐有贞等人为窃取拥戴大功，发动了"夺门之变"，迎朱祁镇复位。

朱祁镇复辟后，废朱祁钰为郕王，改元天顺，重立十一岁的儿子朱见濬为太子，改名为朱见深。

这样，朱见深时来运转了。

天顺八年（1464），朱祁镇驾崩，皇太子朱见深继位。次年，改年号为成化。

贵为天子的朱见深难以割舍万贞儿多年相伴的依恋之情，将一腔恋母情结演化为轰轰烈烈的爱情故事，将年长了自己十七岁的万贞儿册封为妃子。

朱见深原本想立万贞儿为皇后，但因万贞儿出身低贱，不合礼法祖制，遭到了朱见深生母周太后和朝臣的反对。

后来被立为皇后的吴氏却大吃飞醋，以后宫之主的身份杖责万氏。

朱见深知道了此事，二话不说，立刻废掉了吴皇后。继立的王皇后也由此洞悉了万氏在皇帝心目中的地位，小心翼翼地做人，轻易不去招惹万氏。

万氏得意非凡，从此飞扬跋扈，成了后宫真正的主人。

成化二年（1466）正月，万氏生下了朱见深的第一个儿子，被封贵妃。不幸的是，这个皇子不久便死了。更不幸的是，万氏从此再也没有怀孕。

万氏深谙"母凭子贵"的道理，自己不能生养，就不能容忍别人生养，宫中凡是与皇帝发生关系而怀孕的女人，她必定抢在孩子出生前将之送上西天。

贤妃柏氏曾经逃过万氏的法眼，生下一子，即悼恭太子。可是，此事被万氏侦知，母亲终难逃一死。

万氏已经变成了一个蛇蝎心肠的恶巫婆，而朱见深仍旧深爱着她。

某天，朱见深揽镜自照，看到镜中头上泛动着光芒的白发，不胜感叹："老将至矣，无子。"

实际上，悼恭太子之外，还有一条漏网之鱼——即后来的明孝宗朱祐樘。

朱祐樘的生母纪氏是广西贺县人，瑶族土官的女儿。

成化初年广西瑶民作乱，明军在大藤峡镇压了这场暴乱，俘获了许多瑶族的子女，将许多面貌姣好的女子送进宫中做宫女——纪氏就这样被送进了宫中。

进宫后的纪氏在宫中负责内库的事务。在一个风和日丽的日子里，与朱见深发生了一次浪漫的邂逅，怀上了朱祐樘。

万氏知道纪氏怀孕了，气急败坏，专门派人送来毒药给纪氏喝。

宫中的太监张敏、怀恩，被废的吴后及其他宫女全力维护，巧妙地与万氏周旋，纪氏这才堪堪保住了一条小命。

张敏、怀恩等人把纪氏藏在皇宫西隅"冷宫"区的安乐堂。孩子生下来后，为了掩人耳目，大家就将这个孩子当成小宫女来养育。

朱祐樘在安乐堂整整生活了六年，穿宫女们的小衣裙，和小宫女们一起吃饭、一起睡觉、一起玩耍，和普通的小宫女没什么两样。

现在，站在朱见深身边的太监张敏看着皇帝对着镜子叹息，经过一番激烈的思想斗争，猛然下跪说："圣上已有后，匿不敢现。"然后将来龙去脉做了详详细细的汇报。

朱见深惊呆了，惊醒过来后，并没有怨恨万氏，只是欢喜得不得了，一个劲地要见自己的孩子。

纪氏又忧又喜，给孩子穿好男孩子的衣服，流着泪对他说："儿去，吾不得生！"

果然，万贵妃知悉此事，日夜咒骂，口口声声说："奴才们竟敢欺骗我！"

不久，纪氏就莫名其妙地死了。

朱见深的生母周太后深味其中的危险气息，亲自照管朱祐樘。这样，朱祐樘得以平安长大，在朱见深驾崩后登上了帝位。

朱见深驾崩于成化二十三年（1487），该年，万氏暴病身亡。朱见深伤感无限，哀叹说："万氏长去了，我亦将去矣！"果然，不久就龙驭殡天了。

朱祐樘继位后改年号为"弘治"，夙兴夜寐，励精图治，着力收拾祖父、父亲留下的烂摊子，终于力挽狂澜，开创出了政治清明、经济繁荣、人民安居乐业的和平鼎盛时代，国力蒸蒸日上，史称"弘治中兴"。

朱祐樘在位时间不是很长，做皇帝却很成功，乃是一代明君、中兴之主。

弘治十八年（1505），朱祐樘驾崩于乾清宫，年仅三十六岁，庙号孝宗，谥号"建天明道诚纯中正圣文神武至仁大德敬皇帝"。

 ## 万贵妃性格前后为何大异

明朝的名士于慎行是一个很有意思的人。

于慎行生于嘉靖二十四年（1545），十七岁中举人，二十三岁中进士，选为庶吉士。散馆后，授翰林编修。万历元年（1573）升为修撰，充当万历皇帝的日讲官。

于慎行年纪轻轻，二十八岁便成为皇帝老师，可谓世间罕见。

因为和皇帝接触时间长，后来又任礼部右侍郎、左侍郎，转吏部掌詹事府，礼部尚书等职，于慎行因此对朝中诸多掌故了然于胸。

万历十九年（1591），发生了山东乡试泄题事件，于慎行引咎辞职，家居十六年，直至万历三十五年（1607）才以原官加太子少保兼东阁大学士入阁办事，不久病逝。

在家闲居十六年时，于慎行根据自己在朝中亲历及见闻，写了一部有关明朝万历以前的典章人物、财政赋税的书，名叫《谷山笔麈》。

这部书虽然属于私人笔记，但对后世研究明代社会政治、经济、文化等很有参考价值。甚至，清人编撰《明史》也间或从中取材。

《谷山笔麈》卷二讲述了一个骇人听闻的故事，大意是这样的：

明孝宗出生前，万贵妃宠冠后廷，宫中嫔妃谁有了身孕，必千方百计要其堕胎。

明孝宗的生母纪氏原是宫人入侍，竟有了身孕。

万贵妃让太医用药堕胎，太医用药后，没能成功堕胎，就秘密让人把生下来的婴儿藏匿在西宫抚养，却向万贵妃谎报："已堕。"

万贵妃所做的这一切明宪宗并不知情。

一日，明宪宗在内殿嗟呀自叹，一内使跪问其故。

明宪宗说："汝不见百官奏耶？"

小内使应答："万岁已有皇子，第不知耳。"

明宪宗愕然，问："安在？"

小内使惶恐，说："奴不能言，奴言即死。"

一旁的太监怀恩顿首说："内使所言属实。皇子潜养于西宫，今已三岁，匿不敢闻。"

明宪宗回头向百官细说了这一情况。

于是，廷臣吉服入贺，派遣使者前往迎皇子。

使者到了，宣诏。

纪氏抱皇子哭泣说："儿去，吾不得活。儿见黄袍有须者，即尔父也。"

皇子换上了一件小绯袍，乘坐一顶小轿子，被拥至奉天门下。

明宪宗将皇子抱起置膝上，皇子辄抱宪宗的颈脖，呼叫："爹爹。"

宪宗皇帝老泪纵横，悲泣不成声。

该日，颁诏天下，立太子。

宪宗皇帝的生母周太后住在仁寿宫，生恐皇子被万贵妃伤害，交代宪宗皇帝："以儿付我。"

皇子于是到了仁寿宫居住。

也从这一天起，有孕的妃嫔相继平安生下了皇子。

一日，宪宗皇帝上朝了。

贵妃召太子食。周太后叮嘱太子说："儿去毋食也。"

太子至中宫，拒贵妃赐食，说："已饱。"

拒肉汤，说："肉汤疑有毒。"

万贵妃恚怒万分，说："这个小孩儿不过几岁就这样，长大了岂不是吃了我！"忿不能语，以致成疾。

讲完了这个故事，于慎行又补了一刀，说：明孝宗刚刚生下来时，头顶上有数寸许未长头发，乃是药力所致。

又说：太子被迎入仁寿宫后，万贵妃便派遣使者下毒害死了太子的生母纪氏。（太子迎入东朝，贵妃使赐孝穆死。或曰孝穆自缢。）

于慎行所说这个故事是有很复杂的背景的：明正统十四年（1449）

七月发生了举世震惊的"土木堡之变"，明英宗朱祁镇被漠西蒙古瓦剌部掳去。国不可一日无君，关键时刻，大英雄于谦挺身而出，独撑危局，拥立英宗的弟弟、郕王朱祁钰为帝，取得了北京保卫战的胜利，延续了大明王朝的国运。

不过，英宗在亲征瓦剌前，已立不足两岁的儿子、即后来的明宪宗为太子。朱祁钰登上了帝位，明宪宗的处境就危险了。

所幸，在朱祁钰登位之初，英宗的母亲、宣宗皇后孙氏担心皇太孙会有不测，专门选拔了身边的心腹侍女万贞儿前去侍奉照顾太子，做太子的保姆。

在那一段黑暗的岁月里，万贞儿始终守护在太子身边，呵护有加，关怀备至。

后来，英宗在瓦剌平安回来了，并于朱祁钰病重期间，发动了"夺门之变"，顺利复位。

天顺八年（1464），英宗驾崩，宪宗继位，随即册封照顾自己多年、年长了自己十七岁的万贞儿为妃子，是为万贵妃。

可以想象，宪宗肯定是专宠万贵妃的了。

但要说万贵妃不能容忍宫中的妃嫔生养，宫中凡是与皇帝发生关系而怀孕的女人，她一定要千方百计用药进行堕胎，这事儿的真伪，就值得推敲了。

于慎行在讲述完这个故事后，意味深长地说："万历甲戌，一老中官为予道说如此。"（这是在万历二年，一个宫中的老太监跟我这么说的。）

从明宪宗成化年间到万历年间，时间上隔了一百多年，一个宫中的老太监说的故事，真实性有多少呢？只能说是姑妄说之、姑且听之，爱信不信，您看着办。

写《万历野获编》的沈德符对这事是不信的。他在《万历野获编》卷三中明确说：于慎行公说孝宗生母事是万历初年一宫中老太监所说，他难道不知道老太监传言讹误，比齐东野人的荒唐言论更加荒唐可笑吗？我在宫中每听到这些太监津津有味地说本朝掌故，实在没有一句实语，让人可笑。

写《国榷》的谈迁对这事应该也是持怀疑态度的。他在《国榷》录此事时，也照录了于慎行那一句："万历甲戌，一老中官为予道说如此。"

不过，也有人对这事深信不疑。比如写《胜朝彤史拾遗记》的毛奇龄。毛奇龄在《胜朝彤史拾遗记》中就绘声绘色地铺陈、敷染了这个故事。他还言之凿凿地说那个向宪宗透露秘密的小内使就是宪、孝两朝的宦官张敏。并且说，孝宗的生母纪氏被万贵妃毒死后，张敏也被迫自杀了（"敏惧，亦吞金死"）。

对于某一个故事，有人选择相信，有人选择不相信，原本也没什么。问题是，清政府修《明史》时，毛奇龄参与了《明史》的编纂工作。而在修撰《明史·后妃传》时，毛奇龄就专门负责写天顺、成化、弘治、正德四朝的后妃传。

好个毛奇龄，竟然就把他先前写在《胜朝彤史拾遗记》里面关于这四朝的后妃的纪闻原封不动地移入了《明史》之中，这样，万贵妃的罪行就坐实了。

话说回来，万贵妃堕胎杀人的恶行虽说是最先出自于慎行的《谷山笔麈》，事不一定真确，但又有没有可能是真呢？

向来以读书细心著称的乾隆就对《明史·万贵妃传》表示不满，专门提出了两点疑问：

一、《明史·万贵妃传》中说宪宗专宠万贵妃，致使万贵妃飞扬跋扈，"后宫有妊，皆遭潜害"，可是，继万贵妃替宪宗生下的长子不幸夭折后，贤妃柏氏不就在成化五年（1469）光明正大地生下了明宪宗的次子朱祐极了吗？而且，成化七年（1471）十一月，朱祐极还光明正大地受封为了皇太子！只不过，成化八年（1472）正月，朱祐极因病去世罢了。而最让人觉得不可思议的是，孝宗朱祐樘是成化六年出生，而太子朱祐极是成化八年逝世。《明史·万贵妃传》却写纪妃让门监张敏溺死孝宗，张敏惊呼："上未有子，奈何弃之。"（皇上还没有儿子，为什么放弃抚养?!）这"上未有子"一语，从何说起?!

二、如果说万贵妃"专房溺惑"，那么其他妃嫔就很少有机会接触宪宗了，可是，孝宗受封太子之后，竟然出现了十子之国之事，其中最小的，是宪宗的第十四子。这明显不合情理。

可叹那乾隆帝日理万机，一望而知"后宫有妊尽遭药堕"之事不可信，偏偏今天的许多从事研究明清史的学者竟然把《明史·万贵妃传》这一段当成确凿无疑的史实来解读，实在令人遗憾万分。

其实，《明史·万贵妃传》中除了乾隆所提出的两点疑问外，还有很多地方与其他史料记载如《明实录》，甚至《明史》的其他篇目是相抵牾的。

比如说："其年六月，妃暴薨。或曰贵妃致之死，或曰自缢也。谥恭恪庄僖淑妃。敏惧，亦吞金死。"这段话是从《谷山笔麈》那一句"太子迎入东朝，贵妃使赐孝穆死。或曰孝穆自缢"演化而来。说孝宗父子相认后，孝宗的生母便被万贵妃害死了，但又加了一句"敏惧，亦吞金死"，即是说张敏恐惧，吞金自尽了。

然而，《明史》和《明实录》都明确记载，在孝宗被立为太子以后的三年，张敏曾想诬告浙江巡抚杨继宗，但是宪宗没有理他。这条记载释放出两条信息：1. 张敏没有自杀；2. 应该没发生张敏冒死抚养孝宗的事，否则宪宗不大会对他这么冷淡。

另外，据林焜熿的《金门志》所记，张敏去世的时间是成化二十一年，而孝宗被立为太子是成化十一年，二者相隔了十年。

还有，《明史·商辂传》有这样一段记载：

当初，皇帝与皇子相认后把他留在宫中，而皇子的生母纪妃仍然居住西宫。内阁首辅大臣商辂担心有其他变故，就偕同百官上奏疏说："皇子幼年聪慧，是国家未来的希望。虽说托付万贵妃厚加爱护，而万贵妃也把他当作亲生的一样抚养。但外界都在议论说皇子的生母因病别居，久不得见。应该搬迁住所，让他们母子朝夕相接。当然了，皇子仍然由万贵妃来抚育，这是宗社之幸啊。"于是，纪妃迁入永寿宫。过了一个多月，纪妃病重。商辂又上疏申请说："如有不测，礼遇一切要从厚。"并请求命司礼太监陪同皇子前往探病。皇帝全部听从了他的要求。

商辂请求要孝宗母子就近居住的奏疏，就收录在《明宪宗实录》

中，其中称赞万贵妃抚养孝宗及请求纪妃入住永寿宫的原话是这样说的：

"重以贵妃殿下躬亲抚育，保护之勤，恩爱之厚，逾于己出。凡内外群臣以及都城士庶之门闻之，莫不交口称赞，以为贵妃之贤，近代无比，此诚宗社无疆之福也。但外间皆谓，皇子之母因病另居，久不得见，揆之人情事体诚为未顺。伏望皇上敕令就近居住，皇子仍烦贵妃抚育，俾朝夕之间便于接见，庶得以遂母子之至情，惬众人之公论，不胜幸甚。"

从这两段记载来看，万贵妃并未想要毒死孝宗，因为，孝宗就是由她抚育的！这里的道理很简单：孝宗的生母身份卑微，要立孝宗为太子，交给万贵妃抚养比较名正言顺。等立为太子后再交给周太后抚养。

孝宗本来就由万贵妃抚养，那么万贵妃真要下毒，哪有下不成之理？

而从商辂奏章看，孝宗的生母也不是万贵妃毒死的，因为，孝宗父子相认时，纪氏早已沉疴多时，内阁首辅上奏请求母子相见，说明纪氏已经病入膏肓，再不见就可能见不着了。而纪氏搬进宫内居住了两个月之后才去世。

弘治九年（1496）举进士第，在孝宗朝授刑部主事的武陵人陈洪谟著有《继世纪闻》一书，里面提到宪宗朝的旧事，说万贵妃对孝宗母子都很好。

我们应该相信陈洪谟这一说法。

据《国榷》记，纪妃临死前一天，万贵妃还亲自去看望过她，"次日，少间，不召医，致大故"。看望过后，第二天才辞世，没有万贵妃毒死纪妃的迹象。

另外，《明宪宗实录》有这样一条记载："上还宫，忽报云妃薨逝矣。上震悼，辍视朝七日，谥曰恭肃端慎荣靖，葬天寿山西南，凡丧礼皆从厚。弘治初，言者籍籍不已，欲追废妃号籍其家毁其坟，赖今上仁圣卒置不究云。"该记载是说万贵妃病逝后，宪宗给她上谥号，并予厚葬。由于万贵妃任用万安一伙人乱政，到了孝宗朝，大臣要秋后算账，提议废除万贵妃的谥号并毁坏她的坟墓，孝宗制止了。

试想想看，明孝宗乃是一世英主，如若万贵妃真的把他害得九死一生、并毒杀了他的生身之母，则在自己当上了皇帝后，不报复发泄一下，说得过去吗？

所以说，明朝人黑万贵妃，实在黑得太过分了。

为什么要这么黑？

乾隆的猜测是："众人深嫉万安之假附乱政，遂装饰为无稽之言以归万妃。"

 ## 《明实录》有抹黑明武宗吗

我曾写了一篇《明武宗的豹房是大魔窟？大学士杨廷和日记透露了真相》，文中提到了一句"明朝的第十位皇帝明武宗朱厚照惨遭《明史》和《明实录》双重黑"。很有一些读者对此不以为然，认为《明实录》所记，全是明武宗本人生活的真实写照，他给后人留下荒淫无耻、怪异乖舛的形象，全是自己作孽，怪不得别人。

但是，我还是要说，明武宗没有子嗣，死后帝位传给了堂弟明世宗朱厚熜。这个朱厚熜很有心机，其以藩王入承大统，为了争取人心，就故意大暴明武宗之丑，以彰显自己得国是万民之幸。

如果不信，我们来看看武宗驾崩后不久，群臣在给武宗上庙谥的记录文书就一目了然了。

谥号是后人根据死者生前事迹评定的一种称号，有褒贬之意。所谓"谥者，行之迹"，"是以大行受大名，细行受细名。行出于己，名生于人"是也。

该记录文书题为《大行皇帝尊谥议》。

"大行皇帝"中的"行"本意是指"远行"，前面加一个"大"字，即是大规模的远行，意指一去不再回头，驾崩、去世。

即"大行皇帝"就是已经驾崩了的皇帝。

"大行皇帝"归葬山陵的仪式内容称为"大行皇帝丧礼"。明朝皇帝丧礼的制定，礼部要会同内阁或翰林院官，根据大行皇帝遗诏，向继任的嗣皇帝呈进"大行皇帝丧礼仪注"，由嗣皇帝审定后依礼施行。

嗣皇帝在群臣的劝进之下择日登基，此后的要事之一，便是敕谕令礼部会同文武群臣根据大行皇帝一生的表现进行评定、核议，为之上尊谥。

礼部同百官议定后所上的《尊谥议》，必须详细论述大行皇帝的生平功绩，说明给此谥号、庙号的缘由，经新皇帝认可后交付翰林院撰写谥册文，正式上大行皇帝尊谥仪式，诏告天下，晓谕万民。

领衔为武宗写《大行皇帝尊谥议》的是礼部尚书毛澄，此外，还有公、侯、驸马、伯，五府、六部、都察院等衙门官，魏国公徐鹏举等，时间是正德十六年五月初二。

全文如下（为方便读者阅读，文字上做了些删减和调整）：

大行皇帝为有德之君，天挺英资，在东宫时，讲诵不分于寒暑，兴衰备览于古今。（此段表扬武宗为太子时的聪慧与勤奋）

即位之初，便躬亲理政，纂修《孝宗实录》《通鉴纂要》，举尊崇之典，嘉重进士之科，创立规条，申令严格遵守和执行武举之选。（写武宗登基之初，增进士额数，政治清明，百姓安居乐业事迹）

天下多变，皇室疹生，藩镇边城惊于河曲，烽火达于甘泉。可谓时事艰难，至劳圣虑，命将出师，声罪致讨，大奸大恶之徒既已擒获，四海复安。（"皇室疹生"，指安化王朱寘鐇利用刘瑾专横跋扈引发的天下不满情绪，联结宁夏都指挥周昂等一批军官发起的叛乱。"命将出师，声罪致讨"指宁夏将军仇钺擒获朱寘鐇，平息事变。）

振旅于疆，战胜于外，福生于内，内外无患，是曰"圣人威严不杀，乃称神武"，大行皇帝称得上"神武"。（"战胜于外，福生于内"，指外平朱寘鐇之乱，内平刘瑾之祸。）

民间发生疫病，灾祸连绵；自青州、兖州延及至长江、黄河流域，由楚地、越地远至西蜀，盗贼满野，流亡载途。（刘瑾用事，民不聊生，致使各地起义不断，遍及南北直隶、山东、河南、湖广等广大地区，流民乞命，辗转多省。）

大行皇帝数勤大将，累发内兵，授成算于九重，收坐胜于万里，此乃武功之再见也。

丁丑年至庚辰年，边境不宁，致使圣舆远狩，而天戈至止，月捷频闻。（指正德十二年至十五年，蒙古鞑靼部小王子屡犯边境。武宗亲率大军在应州破敌。此战结束，蒙古兵多年不敢内犯。）

太阳初出，风烟顿息，谁又能意料到南昌复又成了逆犯作乱之地？（指正德十四年宁王朱宸濠在南昌发动的叛乱。）

流言外闻，甚于管蔡之恶；奸党内应，急于吴楚之谋。（指宁王勾结佞臣钱宁、伶人臧贤等人密谋起兵，蓄谋篡夺帝位。又企图以其长子入嗣武宗，妄图取得帝位。）

六飞亲征，万军齐发，并无亡矢之费，便坐收除寇之功，此又为盛世一大武功也。（明武宗于正德十四年六月御驾亲征，但没发一箭一矢，宁王已被提督南赣军务都御使王守仁所擒获。）

大行皇帝刚刚要收藏干戈弓矢、停息战事，重兴文治，讲势论道，再造太平，却一病不起。（明武宗于正德十五年九月初六在淮安清江浦上泛舟钓鱼，不慎跌入江中，江水寒冷，重病不起，十六年三月丙寅驾崩。）

大行皇帝弥留之际，念天下之重，虑继位之得人，远遵皇祖之明训，上承母后之懿旨，奉迎圣明，付托神器。（武宗无子，孝宗皇后张太后与内阁首辅杨廷和共议由藩王朱厚熜入继大统，撰写《武宗遗诏》，声称遵奉"兄终弟及"之祖训，以兴献王长子朱厚熜嗣皇帝位。）

汉唐以降，人主传授中最为光明正大之举，没有一件可以与今日之事相比。

遗诏一下，朝野吞声，扪心如摧，哀伤不尽。

臣等自认为已遍观史册所载，历代帝王前启后承，必有文德以兴光华文采，必有武功以振安乐气象。汉武帝、唐武宗皆以"聪明果毅、蹈厉发扬、思欲振殊俗"扬威远方的夷蛮部落，耀荣光而扬大烈。比之今日情形，大致相同。

故大行皇帝尊谥宜天锡之曰："承天达道英肃睿哲昭德显功宏文思孝毅皇帝"，庙号："武宗"。上以配九庙之徽称，下以新四方之观听。

臣等拜手稽首谨议。

最后补充说明，毛澄等百官所上庙号为"武"，按《谥法》取其"克定祸乱，又威强敌德，又保大定功曰武"之意，充分肯定了武宗成功抵御蒙古入犯，平定安化王、宁王之乱的功绩。

"毅"皇帝，即武宗帝号。《谥法》称："致果杀敌，又强而能断曰毅。"这是赞誉武宗其勇敢地杀敌立功、威武英雄的形象。

想想看，武宗一朝，既发生了刘瑾的阉党之乱，又有两次藩王效仿明成祖发起的叛乱，还有佞臣江彬之祸，多次农民起义，流民四起，却在武宗的领导下一一平定、肃清。如果说，武宗为人真如《明武宗实录》上记载的不堪，岂非中国历史上一大奇迹?！

所以，明武宗是否被《明武宗实录》所抹黑，乃是不言而喻。

宁王说明武宗朱厚照不是朱家的血脉，可信吗

《明孝宗实录》卷一百九十三记，弘治十五年十一月，内阁大学士刘健等进言："今冬以来因东宫进药，上厪圣虑，数日之间奏事益晚，今经两月未复前规。"即这一年尚在东宫的朱厚照患病，医治了两个月才见好转。

这条记载万不可轻视，它至少说明了一点：即明武宗自小落下病根，容易在冬天发病，严重者呼吸急促、甚至吐血，危及生命。

的确，说起明武宗的体质，遍观明朝诸帝画像，最清奇羸瘦的就是武宗，一副恹恹然病夫相。

另外，武宗十五岁登基，三十一岁驾崩，在长达十六年的时间里一直没有子嗣，从这个侧面，也可推知他身体底子不好。

说起武宗没有子嗣，又不得不提一下发生在正德十四年（1519）的一段小插曲。

《明武宗实录》卷之一百七十五记："上久无继嗣，又不时巡幸，人情危惧。濠日夕觊觎，大物既与钱宁辈，定谋宁矫。上命以玉带赐之。濠喜，令府中官属衣红者四十余日。"

这里说的是武宗大婚多年无子，又行无定性，喜欢四处巡游，朝臣认为储君不备，人心不稳，国本动摇，因此上书建议早日选宗室之子入宗庙。宁王朱宸濠觊觎帝位，就想将世子入继大统，幻想在武宗死后自己成为太上皇，从而轻取天下。为此，朱宸濠派重金遍赂宫中权幸，为世子入继大统做努力。在钱宁等人的鼓动下，武宗对朱宸濠世子入继大统的请求持默许态度，赏朱宸濠玉带。朱宸濠大喜，"令府中官属衣红者四十余日"。

不过，朱宸濠种种不轨形迹显露，世子入继大统的梦想最终落空。

朱宸濠因此恼羞成怒，起兵叛乱。

正德十四年（1519）六月十三日，朱宸濠借在王府设寿宴答谢宾客之机，戎装走上大殿前台上，大声说："孝宗为李广所误，抱民间子，我祖宗不血食者十四年。今太后有诏，令我起兵讨贼，亦知之乎？"拉开了叛乱的帷幕，起兵出市。

朱宸濠提到的孝宗，即武宗朱厚照的父亲朱祐樘。李广是孝宗朝的大太监，他的意思是孝宗没有儿子，误听了大太监李广的谗言，抱养了一个民间百姓的婴儿充当自己的孩子，即现在的明武宗朱厚照。朱厚照登位，致使大明王朝已有十四年不姓朱了，今日奉皇太后诏令，起兵推翻朱厚照。

朱宸濠说皇太后诏令他起兵云云，自然是假的。但他说朱厚照是民间百姓的孩子，倒非空穴来风。

至今，朱厚照的身世仍是一个未解之谜。

话说，明孝宗朱祐樘是明代人君典范，仁政爱民，克勤克俭，在人品上几乎无可挑剔。

就连对待后宫妃嫔的态度，也是历朝历代皇帝以来独一份：只有一个皇后，不立妃嫔，推崇一夫一妻，帝、后宫中同起居，如民间伉俪。

孝宗此举，是一美德。

但对帝王家而言，并不是好事。

普通人家，也要讲究香火传承，而帝王家传承的可是万里锦绣江山。

所以，自古以来的帝王坐拥三宫六院，并不一定是单纯为了满足那方面的需要，更多的是要开枝散叶，以保证帝位的承接。

明孝宗单恋张皇后这一枝花，也不知是他们俩谁的生育能力有问题，反正过了四年还没有怀上孩子。

皇帝不急太监急，皇帝子嗣关系到传承王朝大统，大臣和宗室皇亲都焦急万分，不断上书催促皇帝从速选妃以广储嗣。

孝宗却携手张皇后打起了一场爱情保卫战，坚持不纳妃嫔。为了给大臣和宗室皇亲一个交代，他们一起在宫中斋戒，祈求上苍怜悯，并于弘治四年九月传出喜讯：张皇后产下了一位皇子！

这个皇子，就是朱厚照。

瞬时，举国同欢。

但也有人提出了质疑：天下事不会有这么巧吧？大婚四年，一直没有生养，大臣们一催，皇子就出生了，这里面，恐怕有猫腻。

因此，一个谣言悄悄地流传起来：即这个皇子并非张皇后所生，而是周太后宫中的婢女郑金莲所生。孝宗皇帝和张皇后为了堵住大臣谏劝广纳妃嫔的嘴巴，把这个孩子强行抱了过来。托称是张皇后所生的龙子。

孝宗和张皇后对于这则谣言似乎也有所风闻，但未予追究。

既然这样，流言的传播就更加快速了。

虽说张皇后后来又产下一子一女，破除了她本人不能生育的说法，但"皇子为郑金莲所生"的说法还是在各地流传，甚嚣尘上。

到了弘治十七年，言官上奏孝宗，说此妖言惑众甚深，如不予以严惩，必将影响到太子朱厚照的前途。

孝宗这才意识到问题的严重性，于是派锦衣卫严加追查。

事情并不复杂，三下两下，锦衣卫就找到了谣言的源头——来自宫中婢女郑金莲的"父亲"郑旺和宫中小太监刘山两人。

孝宗命人将这两个人逮捕，亲自审查。

郑旺原来是武成中卫中所的一名替补士兵，住京城附近郑村镇，家境贫寒，把一个十二岁的女儿卖给东宁伯焦家做婢女，不久转卖给沈通政家，之后其女又被再次卖掉。数年之后，郑旺听说邻村驼子庄郑安家有一女儿入宫，郑安很快就要成为皇亲了。也不知怎的，郑旺突然想起了自己那个被转手卖了多次的女儿，并鬼迷心窍，认定入宫的就是自己的亲生女。为了能做上皇亲，郑旺通过种种关系，结交上了小太监刘山，托他在宫中帮忙寻找自己的女儿。刘山在宫中地位低下，能力有限，无从寻找，只知道宫中有一个姓郑的下等宫女，名叫郑金莲，仅此而已。急于对号入座的郑旺认定了这个郑金莲就是自己的女儿，时不时带一些时令蔬果托刘山带入宫中交给女儿。刘山其实跟郑金莲也不熟，为了应付郑旺，就从宫中随便找点衣物交给郑旺，谎称是郑金莲所送。郑旺得了这些衣物，到处显摆，吹嘘自己的女儿得到皇帝的恩宠。朱厚照出生后不久，刘山脑洞大开，对郑旺说朱厚照是郑金莲所生，因张皇后没有生育，强行抱了去。郑旺高兴得手舞足蹈。而等朱厚照被册封为皇太子，郑旺更加闲不住了，四面八方去炫耀，说自己是"皇亲国戚"，是皇帝的老丈人，当今皇太子的亲外公。

郑旺还狗胆包天，去孝宗皇帝妹妹仁和公主驸马齐世美府上拜访。而齐驸马儿子对郑旺也不敢怠慢，迎来送往，送给了他豹皮、马鞍、纱罗、衣襦等礼物。

郑旺得到这些东西，越发不可收拾，摆起皇亲的派头来，在乡间作威作福。

就这样，"皇子为郑金莲所生"的流言闹得满城风雨，世人皆知。

孝宗审理了此案，判处的结果是：太祖皇帝立有太监不得干政祖制，刘山干预外事，罪当处死；郑旺妖言惑众罪、冒认皇亲，判以监禁之刑；宫女郑金莲被送入浣衣局为奴。

本来孝宗亲自处理此案，就引发了民间阵阵哗然。

人们都说，当今皇上之所以要亲自御审此案，就是担心别人知道事情的真相，看来，郑旺的确就是皇上的国丈，当今皇太子的确就是郑金莲所生。

而孝宗的判处结果更让人"证实"了先前的怀疑：本案的主角是郑旺，怎么只判了个监禁？看来，他必定是皇上的国丈！

故事还没有完，朱厚照继位后不久，就下诏释放了关在大牢中的郑旺，并派人将其送回家乡。

而郑旺出狱之后，更加变本加厉，声称当今皇上朱厚照就是自己的外孙，还扬扬自得地说，自己之所以获释，就是有这层关系在。

郑旺还说，女儿郑金莲虽然是在浣衣局，却过着太后般的生活，连宫里的大太监见了她也要恭恭敬敬的。

可也真甭说，时在司礼监教书的翰林院编修王瓒说：某日，他从司礼监教书出来，看一个宫女被送进了浣衣房，那个宫女身裹一件红色毡衫，看不到长相，只远远看到一双小小足弓。浣衣局守门宦官看她来了，都恭敬地站立两旁，可见身份不同寻常。

郑旺在外面过足了嘴瘾还不够，正德三年（1508），还伙同同乡王玺闯到皇城东安门外，口口声声说要面圣以奏"国母"被囚禁的实情。

东厂"成全"了他们，把他们逮捕入狱，上报明武宗朱厚照。

武宗责令大理寺严审此案。

审判之时，郑旺面无惧色，在堂上一口咬定自己无罪，再三表示皇上真的是女儿郑金莲的亲骨肉。

但是，这次的风波搞得太大了。

大理寺判他妖言惑众罪，累犯，死刑，押往菜市口腰斩处死。

不过，人们都说，武宗这是要维护嫡长子承继大统的尊严地位，大义灭亲。

说起来，考诸明实录，也让人感觉到张太后跟明武宗之间的母子关系并不正常。明武宗继位不久，就搬出了皇宫，居住在豹房，远离张太后。而武宗后来病重，张太后也没有探望过一次儿子。当时，刑科给事中顾济上奏疏指责说："人间至情莫过于母子，如今皇帝孤身在外，两宫隔绝。"张太后对武宗的生死毫不放在心上，武宗死后，也无悲戚表现，只是与大学士杨廷和积极张罗着拥立新君。这有悖于母子间的亲情伦理。

不管怎么说，武宗的身世疑点重重，真实情况到底如何，后人只能靠猜了。

朱宸濠发动叛乱，充分利用了这一点，为自己造势。

话说回来，朱宸濠"贼喊抓贼"，他本人的身世也不见得光鲜亮丽。

朱宸濠是第四代宁王朱觐钧的儿子，"庶人（宸濠），康王之庶长子也"。但《明史》《罪惟录》等史籍在提及朱宸濠的出身时，均说："其母，故为娼。"即他的生母，原本是妓院里的妓女。

而且，朱宸濠刚刚出生就遭到祖父朱奠培的厌恶，差点要将他溺死。史书也载："濠幼有禽兽行，其父康王屡欲杀之。"即非但其祖父朱奠培要将他溺杀，其父亲康王也多次要杀了他。不过，康王终生只有他一个儿子，为避免除国，最终留下了他，并封他为世子。

多行不义必自毙，康王虽然留下了朱宸濠一条小命，朱宸濠却铤而走险，走上了叛逆道路，最终还是国除身死。

名臣杨廷和有没有谋杀明武宗嫌疑

明武宗朱厚照是大明王朝第十任皇帝，名声很臭。

清朝统治者往往把他当反面教材教育皇子，只要皇子读书稍有懈怠或思想开小差，就是劈头盖脸一顿好骂："你到底想怎样？！是不是想学败家子朱厚照？！"

不过，很奇怪，清朝统治者说明武宗是败家子，但明武宗在世时，明朝并未败亡，非但没有败亡，还政治清明，国力日上。

事实上，明武宗朝也算是多事之秋，初有以太监刘瑾为首的"八虎"之乱；又有安化王、宁王两大藩王效仿明成祖起兵；还有山东盗起、义州军变，固安、永清、霸州、文安等地动乱，河北霸州刘六、刘七起义，动乱波及南北直隶、山东、河南、湖广等地；更有蒙古人不断犯边入寇，所谓"多方变起，维城荜生"是也。

但是，在明武宗的领导下，这些乱象全被顺利清除。

在抗击蒙古人入侵中，明武宗更是身先士卒，亲自拎刀子冲锋在前，砍死一名蒙古人并割下其头颅带回。

这种悍勇作风，止见于开国皇帝；盛世帝王里，可谓绝无仅有。

我们都知道，清高宗乾隆帝号称"十全老人"，有"十全武功"，但这"十全武功"中，哪一功是清高宗亲自披坚执锐建下的？

还有，清圣祖康熙帝也以文治武功称道于世，其本人更喜欢以个人武力在人前矜夸，自称："朕自幼至今已用鸟枪弓矢获虎一百五十三只，熊十二只，豹二十五只，猞二十只，麋鹿十四只，狼九十六只，野猪一百三十三口，哨获之鹿已数百，其余围场内随便射获诸兽不胜记矣。朕于一日内射兔三百一十八只，若庸常人毕世亦不能及此一日之数也。"

就算康熙说的是真，就算在捕获这些猎物时全是他一个人独力而为，没有其他士兵、侍卫帮忙，他不也有"鸟枪弓矢"可以倚仗吗？

明武宗没有条件开展这种大场面的围猎活动，却力健胆豪，敢赤手空拳入虎笼与猛虎搏杀。

可见，从这个角度来说，明武宗应该也有其可取之处。

然而，就是这个敢于与猛虎较劲的败家子朱厚照，在正德十四年阅边还归宣府时，《明实录》还记："帝东西游幸，历数千里，乘马，腰弓矢，涉险阻，冒风雪，从者多道病，帝无倦容。"改年，就一病不起，延宕数月，一命归西——这也就成了大明王朝的一大疑案。

关于明武宗之死，一般人脑海中的印象就是这样：明武宗领大军平定宁王朱宸濠作乱后，返回京城，途经清江浦，一时兴起，驾小舟在积水池中撒网捕鱼。突然小船翻倒，失足掉落水中。虽然很快被周围的太监和侍卫救起，但还是喝了不少水。时值秋天，池水有些凉，落水后又受了惊吓，当晚，就患病了，并且发起了高烧。回到北京之后，尽管一直接受太医的治疗，但病情却始终不见好转，身体状况每况愈下，甚至突然吐血。到了第二年的三月，终于在一场狂吐血后驾崩，年仅三十一岁。

武宗正值盛年，而且身强力壮，不过落水生了一场病，怎么就这样轻易死去了呢？

而且，从落水到病死，并非突然死亡，中间相隔了四五个月，有大量时间进行医治、调理，整件事让人觉得不可思议。

且让我们通过《明武宗实录》来看看这四五个月时间里武宗的病情变化，以还原这场死亡事件背后的真相。

《明武宗实录》记载武宗于清江浦落水在正德十五年九月十五，而十月初六抵达天津卫（"上至天津"）。

沿大运河从淮安清江浦到达天津卫距离约八百公里，从九月十五到十月初六，共二十一天，武宗銮驾规模数万人，以平均每天四十公里的行程，速度很快。

按照这个速度推测，可能是病情严重，争取早日回京。

但是，《明武宗实录》却记载，武宗到了天津，滞留了十天，于十月二十六日移驾通州。在通州滞留时间更长，十二月十五日，在通州将宁王正法，十二月二十日才宣布还京。

为什么在通州滞留了这么久？又为什么等不到回北京城而在通州就处死宁王？

《明武宗实录》透露了一句："传者皆以江彬将复邀上北幸，故欲速决此狱云。"即江彬邀武宗北巡宣大。

《明史》卷二百九十九《方伎》可更清楚地证明这一点："……扈归通州，时江彬握兵居左右，虑帝晏驾已得祸，力请幸宣府。"

虽然《明史》卷二百九十九《方伎》也说武宗到了通州，"疾已深"，江彬"虑帝晏驾已得祸"，御医吴杰后来又力劝武宗，说"疾亟矣，仅可还大内"，但按常理推测，若武宗真是已经到了病危关头，是不可能在天津、通州停留这么长时间的。

很可能是武宗的身体状况并没有什么大碍，才有再巡宣大的计划，其在通州处决宁王，就表明有过京师而不入的意向了。

不过，武宗最终被吴杰的"疾亟矣，仅可还大内"所恫吓住，放弃再巡宣大的行动，于十二月二十日正式启程还京。

《明武宗实录》记：当日，"文武百官迎于正阳桥南。是日大耀军容，俘诸从逆者及家属数千人陈辇道东西，陆完、钱宁等亦皆裸体反接。以白帜标姓名于首，死者悬首于竿，亦标以白帜，凡数里不绝。上戎服乘马立正阳门下，阅视良久乃入。诸俘者自东安门逾大内而出，弥望皆白，识者讶其非美观云。"

看，明武宗身着戎装，骑高头大马立于正阳门下，阅视军容，良久才入城。

应该说，身体和精神状况都还不错。

但《明武宗实录》正德十五年十二月二十三（丁酉）条又记："大祀天地于南郊。初献时，上拜，呕血于地，不能终礼，遂扶归斋宫。"即仅仅三天之后，明武宗就在大祀天地的现场发病吐血，无法完成祭祀之礼，而由卫士扶归回宫。

这病情，发作得出人意料。

这之后，直到十二月二十八，武宗才视朝。

到了正德十六年正月初一，武宗亲自致祭奉先殿、奉慈殿，拜见皇太后并出御奉天殿接受文武群臣及四夷朝贺。

因为武宗的这两次出现，大臣们似乎没有对武宗的身体有太多的担心。

如正月初十，大学士杨廷和等人就上疏称："臣等伏睹皇上于前月二十八日及正旦令节，两次视朝。犬马之情，无不欣庆！"

正德十六年正日二十日，刑科给事中顾济还上疏劝武宗"膳羞药饵，必令检点，或时赐召对，以通下情。其余淫巧杂剧之伎，伤生败德之事，一切屏去。则保养有道，圣躬不患不安矣"。似乎，这期间明武宗还有充分的精力干"淫巧杂剧之伎，伤生败德之事"。

虽然在二月初十、三月初一又出现了"上疾未平""上不豫"等字眼，但三月初七，武宗又发出命令："以三月十五日殿试。"打算主持殿试。

而几天之后，即殿试前一日（三月十四），"上崩"，明武宗驾崩了。

很多人从武宗的意外死亡过程来看，认为他是死于谋杀。

至于谋杀的凶手，一开始，多数人认为是江彬。

理由很简单：江彬有杀人动机。

在宁王叛乱中，王守仁擒住了宁王，在王府中搜到一份朝中众臣收受宁王贿赂的名单，上面有江彬的名字。既然江彬与宁王有勾结，则宁王倒台，江彬肯定要想法自保，于是铤而走险，买通太医，下毒暗杀了武宗。

似乎，这一分析很有道理，毕竟江彬是武人，武人行事，只顾眼前，不顾后果。

但是，江彬毒害武宗的嫌疑，经不起推敲。

自土木堡之变后，以于谦为代表的文官系统独大，武官集团受到了打压。江彬本是明朝边将，陡然登上高位，是得到了武宗的宠爱，被武宗收为义子，赐姓朱，封为宣府、大同、辽东、延绥四镇的统帅，足以在朝堂上与文官系统抗衡。

想想看，如果不是明武宗的支持，江彬别说能在朝堂上与文官系统分庭抗礼，可能还在边塞吃沙子。

再有，武宗去世时，江彬早已被杨廷和调到了通州，并不在现场。

最重要的是，武宗死后，江彬毫无思想准备，轻而易举地被皇太后张氏和文官系统代表杨廷和秘密捉获，后来被处以磔刑。

况且，江彬也谈不上和宁王勾结，他不过出现在宁王的受贿名单中，那份名单中，共有朝廷众臣一百余人，单为这个，就作出弑君谋反的事，成本太高。

所以，江彬作案的可能性不大。

实际上，内阁首辅杨廷和的名字，也出现在宁王的受贿名单中，谁人敢断定，这份受贿名单不是宁王疯狗乱咬、故意诬陷好人而作呢？

或者，如果说江彬因为这份受贿名单而萌生弑君之意，那是否杨廷和也同样有可能萌生弑君之意呢？

甭说，还真有人怀疑到了杨廷和的头上。

杨廷和弑君的理由比江彬还充分。

即明武宗执政后，不愿意文官系统过度膨胀，为扩张皇权，大力提拔了武将系统的江彬、宦官钱宁等人来压制文官系统。则以杨廷和为代表的文官系统不甘就范，就串通太医下毒杀死了明武宗。

关于杨廷和谋杀明武宗的缘由，以厦门大学教授傅小凡先生的分析最为精彩："皇帝朱厚照的突然驾崩，使得皇帝重掌朝廷军事大权和重建武将势力的努力夭折了。同时朱厚照没有儿子，迎立外藩的权力就完全掌握在杨廷和的手中，必然会给文官集团势力的进一步膨胀带来机会。因此，皇帝朱厚照的突然驾崩，最大的受益者正是文官集团，当然也包括杨廷和自己。综合以上几个理由，我认为，皇帝朱厚照落水只是个意外，虽然朱厚照因此感冒发烧，或者得了急性肺炎，却给以杨廷和为代表的文官集团提供了绝好的机会。杨廷和先以治病为借口，控制了皇帝的行动，甚至将皇帝软禁起来。然后，在杨廷和的授意之下，经过太医的精心调治，最终，年仅三十一岁的皇帝朱厚照驾崩了。朱厚照的死意味着，皇帝与文官集团争夺权力的斗争，以文官集团取得完胜而告终。"

傅小凡先生的分析的确精彩，但其中还是存在有巨大的缺漏。

和江彬谋杀明武宗可能性不成立一样——谋杀付出的成本巨大，收获却不对等。

自古以来，弑君是祸及九族的大罪，如果没有丰厚的利润回报，是没有人会轻易主动付诸行动的。

也就是说，通常的弑君行为，要么就是自己的性命、包括家人性命受到威胁，被逼搏个鱼死网破；要么就是自己已经具备了篡位自立的实力，要取而代之。

以上两点，杨廷和均不沾边，要说他会行弑君之大恶，真是匪夷所思。

并且，说杨廷和弑君的目的只是为了维护文官集团的利益，犯得着吗？拿自己一家老小的性命去换庞大文官集团的利益，杨廷和傻掉了吧？！

就算杨廷和真傻到了这个地步，他又焉知继位的新皇帝是个什么样的角色？新皇帝一定比明武宗差？一定比明武宗容易摆布？

事实上，杨廷和是明武宗在东宫读书时的老师，两人感情一直都很好，换了个新皇帝，到时用不用你杨廷和还另说呢。

所以，杨廷和谋杀武宗之说根本不成立。

让我们去掉可怕的阴谋论，换另外一个角度来看这个问题吧。

不错，明武宗可以征战，可以乘马巡边，还敢于跟猛兽叫板，但他的身体真的像我们想象中那样强壮吗？

根据相关史料，我们可以一路追踪明武宗成长过程中的患病经历。

《明孝宗实录》卷一百九十三记，弘治十五年十一月，内阁大学士刘健等进言："今冬以来因东宫进药，上廑圣虑，数日之间奏事益晚，今经两月未复前规。"即这一年尚在东宫的朱厚照患病，医治了两个月才见好转。

《明武宗实录》卷二十一又记："正德二年正月，上不豫，传旨暂辍视朝。"

《明武宗实录》卷四十七记："正德四年二月丙子，鸿胪寺请御经筵，上曰：朕偶感微嗽，姑俟三月以闻。"

武宗的贴身御医吴杰为武进人，《武进县志》中吴杰的传记，有"上病喉甚危，按名召杰，进上清丸一服而愈，自是得幸"，有"上射猎还，口出血，杰进犀角汤，愈"，"试马御马监，腹卒痛，杰疗之无不立愈者"等记载。

由此种种，可见武宗自小就落有病根，极容易在冬天发病。

再联想朱厚照做太子时，孝宗为他开了特例，每到入冬就不出来接受群臣朝拜，究其原因，就是其在冬天容易受寒得病。

发生在正德十四年三月的"南巡事件"，《明外史》中的吴杰传记里又记："帝欲南巡，杰谏曰：圣躬未安，不宜远涉。帝怒，叱左右掖出。"

也是因为这一次的任性，吴杰被赶走，以至于正德十五年九月清江浦落水，最先给武宗看病的不是吴杰，而是太医院院判卢志。

卢志是苏州昆山人，《苏州府志录昆山志》有记："武宗南巡，不豫，召志诊视。志趣告诸大臣，言：冬得夏脉，于法不治，愿定皇储，以安国本。"

按照《黄帝内经》里的说法，"冬得夏脉"，就是得了不治之症。也就是说，落水只是诱因，其实武宗早有重疾在身，已到了病入膏肓的地步，所以卢志才会说出"愿定皇储，以安国本"之类的话。

其实，武宗十五岁登基，三十一岁驾崩，在长达十六年的时间里一直没有子嗣，从这个侧面，也知他身体底子不好。

的确，遍观明朝诸帝画像，最清奇羸瘦的就是武宗，说他是一副病夫相，也不为过。

《明外史》记，明武宗到临清后就火速派人进京召取自己最信任的太医吴杰前来治病。也出现了上面提到的《明史》卷二百九十九《方伎》所记吴杰力劝武宗"疾亟矣，仅可还大内"之语。

卢志、吴杰两位太医都给出了绝症的报告，即武宗死亡真相已经很清楚了。

《明武宗实录》卷一百九十四记武宗还京之日"戎服乘马立正阳门下，阅视良久乃入"是不错，但他其实是在勉力支撑。因为，礼部此前曾拟定一个正式的献俘仪，"上可其奏，值上弗豫，弗果行"，因病重而取消。

同卷书记，三天后（十二月二十三日），武宗挣扎着出郊祭天，结果"呕血于地，不能终礼"。

上文提到，武宗曾于十二月二十八视朝，但《明武宗实录》记载的文字让人揪心："上力疾视朝。"即强行支撑病体视朝。正德十六年正月初一，武宗又亲自致祭奉先殿、奉慈殿，拜见皇太后并出御奉天殿接受文武群臣及四夷朝贺。

正是因为武宗的这两次出现，大臣们以为武宗的身体已经没有大碍了。

大学士杨廷和在正月初十说的"臣等伏睹皇上于前月二十八日及正旦令节，两次视朝。犬马之情，无不欣庆"，其实是内阁对皇帝的近况一无所知，全凭内竖转达的缘故。

而从《明武宗实录》卷一百九十五、《明武宗实录》卷一百九十七有杨廷和"欲令臣等拟旨博访精通医药者"、司礼中官魏彬等"国医力竭矣，请捐万金购之草泽"等语，可知群臣是后来才知悉武宗病情严重的。

持阴谋论者说，杨廷和下毒杀害武宗后，才和皇太后商议兴献王世子朱厚熜嗣皇帝位的。

《明武宗实录》卷一百九十七有明确记载：武宗在去世前五天，亲自下诏让兴王世子朱厚熜预袭王位——这已经是明确表态由朱厚熜嗣皇帝位了。

把武宗死亡前后事捋清楚，就不难发现，是武宗本人身体素质不好，久病成绝症，最后不治身亡。

一句话，阴谋论可以休矣。

 ## 豹房是不正经场所？它其实很正经

很多人认为，《明史》是清朝史官修的，清朝为了彰显其得国之正，必定会不遗余力地抹黑明朝，尤其会专注于抹黑明朝的皇帝。

所以，对于发生在明朝的许多事，宁愿选择相信《明实录》而不愿相信《明史》。

但是，只要想想明成祖三修《明太祖实录》的事儿，就知道《明实录》也不一定可靠。

当然，明成祖《明太祖实录》不会存在什么抹黑行为，顶多是文过饰非，篡改一些历史细节罢了。

明朝的第十位皇帝明武宗朱厚照却惨遭《明史》和《明实录》双重黑。

明武宗命不好，死后没有子嗣，帝位传给了堂弟明世宗。

明世宗即位后，组织史官编纂《明武宗实录》，故意把一些明武宗留中的奏折交付给了修实录的史官，这些留中的奏折全是指责明武宗的，用意不言而喻。

明世宗为什么会这样做呢？

已故史学家李询一针见血地指出：明世宗以藩王入承大统，标榜改革武宗朝"弊政"，其在实录中对于武宗朝的弊政揭露得越多，越能争取人心。

纂修诸臣也是反对武宗朝"弊政"的，世宗既已给《明武宗实录》的编纂方针定了调，则他们抹黑起武宗来那是毫无顾忌。

可以说，明武宗的身后评价，在明朝皇帝中是最差的了。

《明史》和《明武宗实录》对武宗黑得最多的地方，就是兴建"豹房"。

豹房营建于正德二年八月丙戌，在紫禁城西北，又叫新室、新舍。

关于兴建豹房的念头，《明史·钱宁传》指称是钱宁使的坏主意："（宁）请于禁内建豹房、新寺，恣音伎为乐，复诱帝微行。帝在豹房，常醉枕宁卧。百官候朝，至晡莫得帝起居。密伺宁，宁来，则知驾将出矣。"。

《明武宗实录》则记："盖造豹房公廨，前后厅房，并左右厢房、歇房。时上为群奸蛊惑，朝夕处此，不复入大内矣。"

两书这么写，意在点出豹房是在"群奸蛊惑"下建造出来的建筑，属于不正经的场所。

豹房到底有什么魔力，可以让武宗"朝夕处此，不复入大内矣"呢？

《明武宗实录》给出的理由是：里面蓄养有大量女人供武宗享受。

书中还煞有介事地记：锦衣卫都督同知于永是色目人，"善阴道秘术"，他向武宗进言说回女"晰润而瑳灿"，比中土的汉族女人更狐媚动人。其时都督吕佐也是色目人，于永矫旨索要吕佐家里善西域舞的十二名回族女子，全部进献给武宗。后来又鼓动武宗下令召诸侯伯家中色目籍的女子到内宫传教跳舞，凡合眼缘的，一律留归己用。

参与纂修《明史》的清朝史官毛奇龄另写《明武宗外纪》作补充，说武宗为修建豹房花费了大量白银，豹房地下建造密室，密室中除了蓄养野兽，还蓄养有大量貌美如花的女子。武宗就在里面和这些女子同喝同眠，醉生梦死。

但是，这是事情的真相吗？

首先，豹房并非钱宁或武宗的独创，元朝时期皇室已有筑高墙豢养虎豹等猛兽以供玩乐的风气，不但有豹房，还有虎房、象房、鹰房等处，后又讹称为坊，如羊坊、象坊、虎坊等，北京至今尚存此类地名。

其次，从大学士杨廷和日记中，我们可以把豹房的作用看得很清楚。

正德十四年（1519），太监张永敦促杨廷和到豹房面谒武宗，杨廷和悲愤交加地答："我辈止知圣驾在乾清言，不知豹房何在。闻公等朝夕奏事豹房，不知所奏何事。我辈名为大臣，凡事不得与知，每日票本送上，辄从中改，不知何人执笔。看来我辈只当六部中都吏，誊稿而已！"

杨廷和为什么会发这样的牢骚呢？

原来，在土木堡之变中，明朝开国武人勋贵集团和靖难功臣集团基本被一网打尽。此后，明朝文官集团经过北京保卫战一枝独大，成为国家的主宰。

武宗登位，感觉到了这个问题的严重性，有意削弱以内阁大学士为主的文官集团控制军方及中央政府的权力，既施政自主，又要重振明初尚武传统，以使兵政恢复到明初时居于显要地位，但遭到了文臣的大力干涉。为了摆脱文臣们的掣肘，不得不在禁城之外另建宫殿和行政官廨——豹房。

即豹房官廨其实是武宗的军事总部和行政中心。

这么一来，情况就如杨廷和所说，豹房的官廨设立，大内朝廷形同虚设，内阁大臣们地位大降，毫无行政权力，就跟誊稿的小吏相似。

这教杨廷和如何不愤怒？！

这又教杨廷和底下的大大小小文臣们如何不愤怒？！

所以，文臣们，包括修《明武宗实录》的史官们，不可避免地要恼羞成怒，刻意掩盖豹房这一行政作用，而把武宗刻画成终日受到群小摆布，只知沉湎于酒的愚人。甚至出现了这样的贬损："上嗜饮，常以杯杓自随，左右欲乘其昏醉以市权乱政，又常预备瓶罂，当其既醉而醒，又每以进。或未温，也辄冷饮之，终日酗酗，其颠倒迷乱，实以此故。"

不过，同是一部《明武宗实录》，在讲到武宗巡视西北边，从宣府返回北京时，却又写："自宣府抵西陲，往返数千里，上乘马，腰弓矢，冲风雪，备历险厄，有司具辇以随，也不御。阉寺从者多病惫弗支，而上不以为劳也。"

"终日酩酊，其颠倒迷乱"与"腰弓矢，冲风雪，备历险厄"的形象对比，分明就是天下第一昏君隋炀帝与天下第一明君唐太宗的对比。哪一种更接近武宗本人，就由读者自己理解了。

官员眼里的桀纣，却是百姓心中的尧舜

万历皇帝朱翊钧是明朝的第十三位皇帝，也是明朝在位时间最长的皇帝，庙号为明神宗。

关于这位皇帝，长久以来，一直围绕着许多褒贬相异、正反不同的争论，官员骂他是桀纣，百姓却称他是尧舜。

万历当政时，内阁首辅沈一贯批评他"视财太重，视人太轻；取财太详，任人太略"。

吏部侍郎冯琦抨击他"奸内生奸，例外创例，不至民困财殚激成大乱不止"。

工科给事中王德完说他"令出柙中之虎兕以吞噬群黎，逸圈内之豺狼以搏噬百姓"。

大理寺左评事雒于仁甚至上《酒色财气四箴疏》指责他是"酒色财气"四毒俱全。

清高宗乾隆在《明长陵神功圣德碑》中则说："明之亡非亡于流寇，而亡于神宗之荒唐。"

《明史·神宗本纪》也一脉相承地说："明之亡实亡于神宗。"

《中国通史》跟着评价为："明神宗在位四十八年，前十年奋发图强，中间十年由勤变懒，最后近三十年'万事不理'。他的主要特征，是贪酒、贪色、贪财而又贪权。"

《中国全史》也说："明神宗怠政时间之长，程度之严重在明代皇帝中是前所未有的。由于他长期不理政务，政府'曹署多空'，加之党派纷争，宦官横行，致政治混乱腐败已极，国力衰弱殆尽，明王朝已无可避免地走上了灭亡之道。"

......

可是，生活在那个时代的民众却否认上述说法。

出生于万历二十八年的文人丁耀亢在清康熙八年写了《古井臼歌》长诗，其中有这么一句：

"神宗在位多丰岁，斗粟文钱物不贵。门少催科人昼眠，四十八载人如醉。"

是说神宗在位期间，人民丰衣足食，物价低廉，罕有税吏上门催收钱粮赋税，百姓可以放心地睡懒觉，四十八年里的生活让人沉醉不愿醒。

另一首《长安秋月夜》写：

"忆昔神宗静穆年，四十八载唯高眠。风雨耕畯歌帝力，边廷远近绝烽烟。"

万历在位的四十八年里，人民生活安静祥和。百姓耕作如常，社会太平。

明末大才子吴伟业的《木棉吟》则写：

"眼见当初万历间，陈花富户积如山。福州青袜鸟言贾，腰下千金过百滩。"

万历年间富豪的财富堆积如山，福州的富商携带千金坐船外出经商，招摇过市，河边的女子莺莺呖呖，评头论足，说商船来了。

生活在万历年间的文人顾梦游写《秦淮感旧》：

"余生曾作太平民，及见神宗全盛治。城内连云百万家，临流争僦笙歌次。"

在顾梦游的眼中，万历时期就是中国的太平盛世。

明末清初出现了一本通俗历史小说，名叫《樵史通俗演义》，里面是这样描画万历时期的太平盛世的：

> 且说明朝洪武皇帝定鼎南京，永乐皇帝迁都北京，四海宾服，五方熙攘，真是个极乐世界，说什么神农、尧、舜、稷、契、夔。传至万历，不要说别的好处，只说柴米油盐鸡鹅鱼肉诸般食用之类，哪一件不贱？假如数口之家，每日大鱼大肉，

所费不过二三钱，这是极算丰富的了。还有那小户人家，肩挑步担的，每日赚得二三十文，就可过得一日了。到晚还要吃些酒，醉醺醺说笑话，唱吴歌，听说书，冬天烘火夏乘凉，百般玩耍。那时节大家小户好不快活，南北两京十三省皆然。皇帝不常常坐朝，大小官员都上本激聒，也不震怒。人都说神宗皇帝，真是个尧、舜了。一时贤相如张居正，去位后有申时行、王锡爵一班儿肯做事又不生事，有权柄又不弄权柄的，坐镇太平。至今父老说到那时节，好不感叹思慕。

不难看出，万历皇帝就是老百姓心目中的尧舜！

生于万历二十二年的一代史学家谈迁在《国榷》中追忆万历时代，感慨无限地写道："现在的士民众口嗷嗷，追念万历时的宽政，讴吟思慕，即使已经改朝换代仍念念不忘！"

樊树志先生在《万历传》中则这样总结："万历皇帝在位的万历一朝四十八年，在明代历史乃至在中国历史上都是很辉煌的一段。经济的迅猛发展，商品经济的高度发达，人文蔚起，能人辈出，令世人瞩目！"

最后，让我们以万历颁发的诏书中的一句话结束本文吧。

万历二十七年，万历皇帝下令将抗倭援朝战争中俘虏的倭寇六十一名正法，向全国发表诏书："我国家仁恩浩荡，恭顺者无困不援，义武奋扬，跳梁者虽强必戮。"

曾几何时，陈汤的一句"犯强汉者虽远必诛"成为西汉时代的最强音。而万历这一句"我国家仁恩浩荡，恭顺者无困不援，义武奋扬，跳梁者虽强必戮"当为大明朝的最强音。

 ## 为什么说明朝是中国历史上最刚烈的王朝

北大教授杨奎松先生有一篇专门写"清朝末代皇帝溥仪如何怕死"的文章。

的确，溥仪是很怕死的。

伪满时期，溥仪怕死，每次去见日本关东军高参吉冈安直，都要占卦问吉凶；甚至外出或接见伪大臣，走路先迈哪条腿，夹菜先夹荤还是先夹素，都要占卦问吉凶。

做了日本人的"儿皇帝"，凡事都要听日本人吩咐，甚至连自己的祖宗都不能认，祭拜的只能是日本的"天照大神"。

溥仪在自传中颇富阿Q精神地解释说，他心中一直把祖宗放在第一位，"每逢动身去神庙之前，先在家里对自己的祖宗磕一回头，到了神庙，面向天照大神的神龛行礼时，心里念叨着：'我这不是给它行礼，这是对着北京坤宁宫行礼。'"

但是，他害怕日本人要了他的命，就只能找"天照大神"保佑，张嘴闭嘴就是"天照大神之神麻，天皇陛下之保佑"。

吉冈给溥仪洗脑。

左一句："日本犹如您的父亲，嗯，关东军是日本的代表，嗯，关东军司令官也等于是陛下的父亲，哈！"

右一句："关东军是你的父亲，我是关东军的代表，嗯！"

不用说，在中国，这是最侮辱人的话。

但溥仪跟咸丰、慈禧、光绪这些人都是同样的德行。平日骑在人民头上作威作福，一旦被外力所征服，马上就会为了保命而割地赔款，只是管人家叫爷爷、叫爸爸这类的事又算得了什么？

最让人不可思议的是，溥仪在1945年8月16日准备逃往日本时，在沈阳机场被苏军拘捕。当时他首先想到的只是千万不要落到中国人手里，说是"若到了中国人手里，则准死无疑"。

被拘捕后，他像当年极力表示效忠于日本人那样，竭力去讨好苏联人。他一面积极指证日本人的罪行，一面把自己带在身边的价值连城的金银首饰主动上交以作"战后基金"，卑躬屈膝，千恩万谢。

文章的结尾这样写："一个专制封闭的政权结构，终究是会堕入近亲繁殖的物种退化泥潭而无以自拔的。无论始祖皇帝如何了得，其一代不如一代，势不可免。"

但是，明朝后面的几位皇帝却与清朝末期这些统治者形成了鲜明的对比。

明朝皇帝最令人称道的地方是："天子守国门，君王死社稷。"

明初，成祖亲征大漠归来，意气风发地说："我朝国势之尊，超迈前古，其驭北虏、西番、南岛、西洋诸夷，无汉之和亲，无唐之结盟，无宋之纳岁薄币，亦无兄弟敌国之礼。"

成祖将都城从南京迁到北京，目的就是要"天子守国门"，让大明天子亲自在第一线守国门。

他的子孙也真没有辜负他的愿望。

大明王朝历经 276 年的风风雨雨，自始至终没有向任何势力屈服过——哪怕是暂时的。纵然出现过皇帝被俘的大事，仍是不赔款，不纳贡，不用女人换取和平，更不肯割让一寸土地。

即使后金皇太极已经剽掠到了家门口，也从没放弃过"全辽可复"的愿望；即使是李自成重兵摧压京师，也不肯妥协，宁死不迁都。

那位被后人深为诟病的崇祯帝，用五尺白绫来诠释了"天子守国门，君王死社稷"这十个字。

崇祯帝之后，还有弘光、隆武、绍武、永历四帝。

这四位皇帝，在对待死亡上，都表现出了"视死如归"的气概。

先说弘光帝。

这位皇帝，是被东林人士黑得最惨的。

张岱斥责弘光，说："自古亡国之君，无过吾弘光者，汉献之孱弱、刘禅之痴茸，杨广之荒淫，合并而成一人。"

陆圻还说弘光昏庸淫乱，不理朝政，"深拱禁中，惟渔幼女，饮火酒，杂伶官优人为乐。"

但张岱、陆圻这些人并无与弘光宫闱密切接触的机会，他们所记不过是道听途说甚至自心臆测。

弘光政权覆灭后，时人史惇曾接触宫中内侍林尔亮，知道弘光是被世人冤枉的，即在其所著《恸余杂记》中特别作出过注释："一岁之中，但传弘光宫中诸可笑事。谓其昏庸乃尔。身走家亡，不足恤也。后遇林尔亮云，亦不昏庸，自言我本不肯做皇帝，他们要我做，又一事不听我行。我为他们所误。"

弘光朝的给事中李清从弘光政权的建立至灭亡一直生活在南京,目睹弘光主政全过程,对于外界盛传的流言蜚语,不胜愤慨,提笔为弘光辩白,说弘光"于声色罕近也",只不过"章奏未能亲裁,故内阉外壬相倚为奸,皆归过于上。"

有人非议清军兵临南京城下之日,弘光有弃城出逃的可耻行为。

于此,李清在《三垣笔记》里记,起初,弘光是要与城共存亡的,他慨然道:"太祖陵寝在此,走安往?惟死守耳!"是司礼监韩赞周力劝,他才在马士英等人的扈卫下出逃的。

至于弘光被清军捉获后,面对清豫亲王多铎的审问,文秉在《甲乙事案》中只简简单单地写"终无一语"四个字,但从这四字,已充分表现了弘光不妥协、不投降、不求饶、不屈从、不配合的坚定态度,为他自己的国家及人格保留了应有的尊严。

值得一提的是,原先为维护自己及东林党地位的钱谦益曾极力反对弘光即位,但其在弘光惨遭杀害后,时常感念弘光宵衣旰食、勤政操劳的作风,为世人的诬蔑和丑化而感到心伤,曾作诗《一年》悼念。

弘光被俘之后,明朝士庶又推举了唐王朱聿键为帝,是为隆武帝。

隆武帝遇害于汀州(今福建长汀)。

当时,清贝勒博洛自统大兵取福州,另遣总兵李成栋率轻骑追杀隆武帝一行。

李成栋的追骑急如星火,于半夜杀入汀州府堂,挥兵齐射,隆武帝与众后妃全都倒在血泊中。

隆武帝殉国,大学士苏观生及广东布政使顾元镜等人又在广州推举隆武帝之弟朱聿鐭即位,是为绍武帝。

绍武帝是南明四帝中骨头最硬的。

绍武帝即位只四十天,广州城就被佟养甲、李成栋率领的清兵攻破,他自己也成了阶下囚。

李成栋在汀州射杀了隆武帝,错失了向清廷头子献俘的机会,待捉到了绍武帝,就提供上等饭菜相待,准备押解京师讨一份丰厚的封赏。

绍武帝铁骨铮铮，傲然说道："吾若饮汝一勺水，何以见先帝于地下。"从容自缢而死。

拥戴绍武帝即位的苏观生也很有节气，听说清军已经入城，他既不躲，也不逃，闭门大书"大明忠臣义士，固当死"于墙，投缳而死。

史家向来评价永历帝，说他性格软弱，遇事动辄痛哭流泪，遇险就东奔西躲。

但是，永历帝却是南明四帝中在位时间最长的一位——永历政权支撑时间长达十五年，可谓坚韧不拔。

而当落入了吴三桂手中，被处以弓弦绞首之刑，永历在生命的最后时刻，心如止水，平静面对。

永历的儿子年仅十二岁，在行刑前痛骂吴三桂道："黠贼！我朝何负于你？我父子何负于你？乃至此耶！"

永历本人一言不发。

吴三桂处死永历父子后，命人运薪木至城北门外，将尸体焚化，然后尸灰四扬。

这就是所谓的"挫骨扬灰"。

在中国，非有杀父杀子的血海深仇不做此断子绝孙、绝情寡义的恶行。

吴三桂践此恶行，其后发动"三藩之乱"不得人心，亦在情理之中。

第八章　名臣与佞臣

人人都说于谦是忠臣，但皇帝还是要冤杀他

清朝文士袁枚游西湖，拜谒岳飞的祠庙和于谦的坟墓，感慨之余，赋诗一首，云：

> 江山也要伟人扶，神化丹青即画图。
>
> 赖有岳于双少保，人间始觉重西湖。

于谦与岳飞齐名，世称"岳于双少保"。

岳飞之死，世人皆知其冤；于谦之死，却总有些不明不白。

按照历史资料上的说法："土木之变，英宗被俘，郕王朱祁钰监国，擢兵部尚书。于谦力排南迁之议，决策守京师，与诸大臣请郕王即位，为明景泰帝。瓦剌兵逼京师，身自督战，击退之。论功加封少保，总督军务，终迫也先遣使议和，使太上皇得归。"

于谦之所以被杀，《明史·于谦传》记，那是参与夺门之变的徐有贞力主朱祁镇必须杀于谦。

当时，朱祁镇只说了一句："谦实有功。"

徐有贞却说："不杀于谦，此举无名。"翻译成白话就是：如果不杀掉于谦，我们夺门之变就没有正当的名义。

朱祁镇于是下令把于谦在闹市处死并弃尸街头，抄了他的家，家人都被充军边疆。

于谦虽然官至兵部尚书，但生活过得清贫如洗，抄家的时候，家里没有多余的钱财，只有正屋锁得严严实实。打开来看，都是皇上赐给的蟒袍、剑器，在场的锦衣卫无不黯然落泪。

于谦死的那天，阴云密布，全国人都认为他是被冤枉的。有一个叫朵儿的指挥，本来出自曹吉祥的部下，他把酒泼在于谦死的地方，恸哭。曹吉祥发怒，鞭打他。第二天，他还是照样泼酒在地表示祭奠。都督同知陈逢被于谦的忠义感动，收敛了他的尸体。

补一句，于谦还是一位好丈夫，他在妻子过世之后，从此不再娶妻纳妾，可见他对妻子感情的专一和真挚。

皇太后开始时不知道于谦的死，听说以后，叹息哀悼了好多天。

朱祁镇也表达了深深的悔意。

不过，忏悔归忏悔，假如时光可以倒流，可以让朱祁镇在杀与不杀于谦之间再做一次抉择，估计还是会照杀不误。

从封建礼教，从宗法制度，从朱祁镇的角度来说，于谦那是非死不可。

土木堡之变后，孙太后已下旨，立英宗长子朱见深（原名朱见濬）为皇太子，任命郕王朱祁钰代总国政，大事皆告孙太后。

以于谦为代表的一大帮文臣，却以皇太子朱见深年幼无法理政、孙太后女流无法亲政为由，坚持要另立郕王朱祁钰为皇帝。

本来，朱祁钰初为监国，已经惶恐不安，于谦等人决意要将政治赌注押在朱祁钰身上，强赶鸭子上架。朱祁钰声色俱厉地拒绝说："有皇太子在，卿等何敢乱法？"于谦顶撞到底，说："臣等诚忧国家，非为私计，殿下弘济艰难以安宗社，以慰人心。"

老实说，现任皇帝尚在人世，于谦等人却堂而皇之地另立新君，而且抛弃了名正言顺的皇太子，从宗法制度出发，怎么也逃不开"谋逆"二字。

虽然，于谦等人一口一句"国有长君，社稷之福"，说得光明正大、冠冕堂皇，但当时内阁机制已经成型，皇帝暂时缺席，太子幼小，国家机器依然能照常有效运转。

于谦等人之所以要坚请朱祁钰登位，是担心孙太后和朱祁钰联合摄政，文臣操控朝政的权力旁落；而朱祁镇在瓦剌人之手，会有回归的可能，则文臣也难于对瓦剌展开针锋相对的斗争。而一旦拥立生性懦弱的朱祁钰登帝位，一来断绝了孙太后分权干政之路；二来可以拉朱祁钰上自己的"贼船"，除了同舟共济，别无退路；三来断绝朱祁镇回归执政之路。

为此，于谦不惜以最恶毒的话来诋毁朱祁镇。说："（英宗）失国得罪祖宗，恐不足以示天下后世。"曹吉祥曾反驳说："然则故太子如何？"于谦又不容置辩地说："罪人之子也，已废不复。"

所以，不管于谦在北京保卫战中起过多大的作用，朱祁镇的内心深处都是无法原谅他的。

给于谦冤案昭雪平反的是朱祁镇的儿子朱见深，即明宪宗。

明宪宗在赐给于谦的祭文中说："当国家多难的时候，保卫社稷使其没有危险，独自坚持公道，被权臣奸臣共同嫉妒。先帝在时已经知道他的冤，而朕实在怜惜他的忠诚。"赠给于谦特进光禄大夫、柱国、太傅，谥号肃愍，赐在墓建祠堂，题为"旌功"，由地方有关部门年节拜祭。

明宪宗这道祭文，完全为父亲开脱，把于谦的死因归结于徐有贞、石亨等人的迫害。

最后补充一细节，世人皆传于谦作有《石灰吟》七绝诗："千锤万凿出深山，烈火焚烧若等闲。粉骨碎身浑不怕，要留清白在人间。"

实际上，明初姚广孝的《逃虚类稿》收录有另一首《石灰吟》七绝诗："工夫打就出深山，烈火曾经煅一番。粉骨碎身都不问，要留明白在人间。"为宋末元初信忠禅师作的"偈"。

即这首数百年来人们一直传颂的《石灰吟》并非于谦原创作品。

实际上，于谦的《于忠肃集》也没收有《石灰吟》，但有一首《咏煤炭》，其所表达愿为百姓不惜自我牺牲的精神是一样的，诗云：

> 凿开混沌得乌金，藏蓄阳和意最深。
> 爝火燃回春浩浩，洪炉照破夜沉沉。
> 鼎彝元赖生成力，铁石犹存死后心。
> 但愿苍生俱饱暖，不辞辛苦出山林。

俞大猷弃文练武，横挑少林寺

武术界向来有"天下武功出少林"的说法。

千年以来，少林武功俨然就是中华武学的象征。

可是，却有人吃熊心豹胆，单枪匹马横挑少林寺。

说起来，这人出身并非武学世家，其本人原先也只是福建晋江（今福建泉州）的一介文士，曾在十五岁时考上秀才，被称为晋江十才子之一。二十岁时对武学产生了兴趣，弃文从武，研习《易》学，用《易》推演出剑术、棍术，乃至用兵打仗的兵法，著有《剑经》《兵法发微》《续武经总要》等书，三十一岁中武举，三十二岁中武进士第五名。

《剑经》一书，虽然名为"剑经"，因尊"棍为艺中魁首"，故主旨在讲棍法及长兵器的用法。内容包括"剑（棍）""射""阵"三法，强调随时以"奇正相生"的变化，以静制动，后发而先至。

有武学同道读《剑经》，喜不自胜，击掌酣呼云："千古奇秘尽在于此，近用此法教长枪收明效，极妙！极妙！"

剑（棍）如何以静制动，如何后发而先至，体会最深的莫过于少林寺僧众。

在有史料可查的横挑少林寺过程中，此人将剑术融入棍法，棍亦是剑，剑亦是棍，剑棍合一，力制少林群僧，因此对少林方丈小山上人放话说："你们这里以剑技名扬天下，但是已经失去真传了。"

少林寺僧众输得心服口服，无一人表示出异议。

住持小山上人除了自认少林武学已失真传外，还派遣了青年寺僧普从、宗擎二人拜倒在其门下，以学习真传。

此人也不吝施教，将二僧带回，亲自传授"阴阳变化之真诀"。

三年后，普从、宗擎回归少林，将所习真诀遍传寺僧，少林武技由此精进，逐渐重掌武学牛耳。

少林武学的光大，全赖《剑经》一书的著作人——该著作人即是我们所熟知的抗倭名将俞大猷！

俞大猷，字逊尧，号虚江，和戚继光合称南北二将，人称"继光如虎，大猷如龙"。

俞大猷棍法世间无双，剑法天下第一。

因有指教少林僧人学习棍法的因缘，后来在倭患严重时，少林寺分批次派僧人下山，帮助俞大猷打击倭寇。

少林僧兵里面，比较著名的抗倭英雄有天真、天池、天启、月空等人，都是擅长棍法的僧人。

晚明名将陈璘，辟土开疆功盖古今

说起陈璘，今天的很多年轻人都不大知道他是什么来头了。

但在晚明，陈璘绝对是一个重量级的人物。

陈璘出生于 1543 年，自小习武，膂力绝伦，喜读兵书，胸有韬略。

1562 年，潮州盗匪张琏、杨朝曦勾结倭寇在粤东沿海烧杀抢掠，无恶不作。十九岁的陈璘毅然从军，走上杀贼报国之路。

年轻的陈璘入伍之初，隶属名将俞大猷，只身深入敌巢，劝降张、杨余党，得两广总督张臬嘉奖千金，"时服其勇"。

此后，陈璘相继参与了剿灭"清远贼""西山贼""普宁南陂贼""揭阳官岭贼""饶平海贼"等一系列战斗，战功卓著，任高州参将。

1592 年，日军侵犯朝鲜。陈璘熟悉倭寇战法，提为神机七营参将，没多久，提拔代理都督金事，充任副总兵官，协同防守蓟镇。

1593 年正月，陈璘被命统领蓟镇、辽阳、保定、山东各军，抵抗倭寇保卫海防。

当时，朝廷致力于和日本和谈。

1597 年，和谈失败，陈璘统率五千广东兵入援朝鲜，其子陈九经亦从军随父抗倭。

1598 年，陈璘升御倭总兵官，尔后，提督水军，与麻贵、刘綎以及董一元分路并进，领兵一万三千多人，战舰数百艘，分布在忠清、全罗、庆尚各海口。

该年十一月，丰臣秀吉病逝。日军无心恋战，全军大撤退。

陈璘令部下邓子龙和朝鲜将领李舜臣在露梁水域对撤退的日军和前来接应的日本水师实施伏击作战。

露梁海战相当激烈，邓子龙和李舜臣双双战死。

陈璘不为形势所动，纵火大烧敌船，毁倭船七八百艘，斩溺倭兵两万余人，击杀倭寇首领石曼子，生擒倭帅平正成、平正秀，取得了露梁海战的彻底胜利。

这一场规模巨大的海上歼灭战被列为世界古代八大海战之一。

此后，陈璘又率军登陆，在锦山、乙山，歼灭了大批残敌，为长达七年的"壬辰御倭战争"画下了圆满句号。

朝鲜国王感激涕零地对明朝使者说："若将天朝比为父母，则朝鲜，孝子也，日本，贼子也。"

其实，"壬辰御倭战争"不仅粉碎了日本吞并朝鲜并进而侵略中华的狼子野心，还在战后二百年里使日倭不敢觊觎中华。

朝廷论功行赏，陈璘第一，刘綎第二，麻贵第三。陈璘被提升为都督同知，世代荫封指挥金事。

该年，播州之乱爆发。陈璘任湖广总兵官，平定了叛乱，得加封左都督，世袭指挥使，后又因平定苗民有功，赠太子太保，再荫封为百户。

1607 年，陈璘病死在广东任上。

万历皇帝赐予国葬，葬于广东省云浮市云安县六都镇莲花山。

此外，万历皇帝还恩准在陈璘的故乡广东翁源龙田村建造"龙田城"，城内设"太保祖祠"和"太保祠"。

太保祠建好，万历皇帝再赠联一副。

上联为：辟土开疆功盖古今人第一；

下联为：出将入相才兼文武世无双。

1644年，李自成攻陷大明帝都北京。随后，吴三桂引清兵入关。

陈璘之孙陈泳漆不愿为清廷效力，为躲避迫害，乘槎东渡黄海，蛰居朝鲜。

朝鲜人民为纪念陈璘对自己重生再造之功勋，在陈璘灭倭寇的全罗南道海南郡的皇朝里（现称德松里）建造有陈璘别庙。

所以，陈泳漆就带领家族定居在皇朝里。

由于陈璘受到李氏朝廷和当地人民的拥戴和爱护，陈泳漆一家得到了很好的安置，最终融入了当地的生活。

 ## 手杀倭国三大悍将的李如梅，威名淹没于史册

李成梁是与戚继光并列于世的名将，史书曾称其"师出必捷，威振绝域"。但因为其"义子"努尔哈赤崛起于辽东，名声大损，为后世所诟骂。

李成梁的长子李如松骁勇善战，曾指挥过万历二十年的平定宁夏哮拜叛乱以及闻名世界的壬辰抗倭援朝战争，战绩远胜乃父，威名本当垂范千古。但因二弟李如柏在萨尔浒大战中畏敌退缩，累及将门家风受到了巨大影响。

但，不管如何，在萨尔浒大战之前，李成梁一家乃是大明王朝举国瞩目的将星家族，光芒四射。

李如松共有九兄弟，二弟李如柏、三弟李如桢、四弟李如樟、五弟李如梅、六弟李如梓、七弟李如梧、八弟李如桂和九弟李如楠，犹如《忠烈杨家将》中的"七狼八虎"，个个身手不凡。

这里单表李如松的五弟李如梅。

李如梅，字子清，膂力过人，弓马娴熟，有一手百步穿杨的绝技，百步之外开弓射敌，百发百中。

凭这一手绝技，李如梅在壬辰抗倭援朝战争屡建奇功。惜乎映照于父兄的光环之下，功绩不大为世人所注意。

在整场壬辰抗倭援朝战争中，李如梅最出彩的表现，莫过于在碧蹄馆之战连射倭国三悍将。

彼时，明军主帅李如松杀敌太猛，领数二千骑兵一头扎入三万六千倭军的包围之中，左冲右突，苦不得出。

一金甲倭将率倭众围死李如松。李如松单拳难敌众手，岌岌可危。

在此千钧一发之际，李如梅单骑冲入阵中，弯弓搭箭，一箭将金甲倭将射杀。

此金甲倭将一死，其身后倭众顿散，李如松之困遂解。

李如梅所杀金甲将并非泛泛无名之辈，乃是日本有名悍将小野成幸。

小野成幸，通称喜八郎，是日本战国时代后期、安土桃山时代武将，立花家臣，在日本名气大得惊人，却悄无声息地死在李如梅的箭下，出人意料。

不过，小野成幸死得也不冤，至少，他是死在将门虎子李如梅之手，而且，黄泉路上，他走得也并不寂寞，同属日本战国时代、安土桃山时代名将，同属立花家臣，而且名气比他大得多的安东常久和十时连久也紧随其后，死在李如梅的箭下。

安东常久，通称善右卫门，在碧蹄馆之战中，表现得非常嚣张，身披重甲，手提倭刀，骑烈马，纵横驰突，斩杀明军极多，鲜血透甲，凶悍异常。李如梅在战阵中觑得真切，再展神射绝技，一箭射穿安东常久咽喉，当场取其性命！

十时连久，通称传右卫门，又拥有异名"生摩利支天"，威风八面，霸气十足。李如梅射他，被他闪得快，只射中左胸，但箭矢劲道迅猛，洞穿甲胄，戳中心脏。

十时连久惨呼一声，捂着伤口撤退逃命，侥幸未死在战场。但回到本部，失血过多，一命归西。临死只有"下一任家老兼武者奉行请主公交给内田统续……"数句遗言。

李如梅神射之技，不亚于汉飞将军李广，奈何过早谢世，病殁于万历四十年，未能参加后面的萨尔浒大战，致使威名不扬，李氏将门家风坠落，惜哉。

 ## 熊廷弼：身兼文、武两科解元的牛人

我国科举制度创始于隋朝。

唐承隋制，不但将文举制度发扬光大，又于武则天长安二年推出了武举考试。

自此以后，文举和武举考试为大多数封建王朝所承袭，成为封建国家网罗储备人才的重要制度。

不过，宋、明两朝重文轻武，文举和武举考试并不能并重。

特别是明朝，虽说在明王朝建立前一年，即吴元年（1367），明太祖朱元璋就颁布了文、武两科取士的诏令，但武举考试正式出台，却是在这之后的九十七年，即天顺八年（1464），明宪宗刚刚即位的那一年。

明宪宗深以父亲英宗在"土木堡之变"被俘为耻辱，锐意重武，于该年十月推出了明朝第一部《明武举法》，正式开科取士。

遗憾的是，竟无一人应试。

此是社会上"右文左武"的风气所致，世人皆以文举为荣，不屑于武学和参加武举科考。

这种情况到了武宗、世宗两朝才得以改变。

不过，武举制度也只发展成乡试、会试两级考试制度，没有殿试。

万历年间的牛人熊廷弼是一位世间罕有的文武通才，其人身长七尺，有胆知兵，善左右射。早年参与了湖广武乡试，获第一名，即人们所说的武解元。因得不到应有的重视，愤然弃武就文，中万历丁酉（二十五年，1597）湖广乡试第一名，是为文解元。次年参加文科会试，登进士。

身兼文、武两科解元，历史上绝无仅有。

人们因此称誉其为："三元天下有，两解世间无。"

熊廷弼出身贫寒，自小放牛读书，跻身仕途，一意为国。

万历二十六年（1598），新科进士熊廷弼得授保定推官，一上任，就尽释被税监王虎冤系狱者多人，并上《撤矿疏》，以才能擢为监察御史。

万历三十六年（1608），熊廷弼巡按辽东。面对后金势力的兴起，他提出实行军屯以保卫辽东的方略，三年内屯积粮谷三十万石，修建七百余里的边墙，军心大振。

正是由于有这样的成绩，万历四十七年（1619）萨尔浒之战后，熊廷弼升兵部右侍郎兼右佥都御史，代替打了败仗的杨镐，为辽东经略。

熊廷弼虎胆雄心，单骑巡沈阳、抚顺，很快就安定了人心。此后，他督造军器，修缮城堡，以守为主，稳扎稳打，步步推进，使辽东局势起死回生，迫使后金军一年多内不敢轻进。

明光宗泰昌元年（1620）八月，明神宗驾崩，明光宗即位。努尔哈赤趁明政府忙于政权交接，率大军猛攻沈阳。熊廷弼毫无惧色，亲自督阵，一番较量下来，把努尔哈赤打得七荤八素，仓皇逃遁。

可以说，只要有熊廷弼在，努尔哈赤就无计可施，成不了气候。

可是，明朝很快就做出了自毁长城的事来。

明光宗即位不过才一个月，就得病暴毙。

于是，熹宗上台，东林党得势。

杨镐的叔父杨渊恨熊廷弼不肯保奏杨镐，联合了一伙同僚，不断弹劾熊廷弼，致使熊廷弼遭到革职。

接替熊廷弼的是按察使袁应泰。

袁应泰是纯文人出身，不懂军事，在天启元年（1621）不到一年的时间里，辽东重镇沈阳、辽东首府辽阳相继失陷，袁应泰本人畏罪自杀。

无奈，明熹宗只好再度起用熊廷弼。

辽河以东全部沦为后金所有，实行军屯以保卫辽东的方略已经不可能再实施，熊廷弼于是又设计出了一个规模宏大的三方布置策：在广宁（今辽宁北镇）厚集步骑以牵制后金主力；在天津与登、莱（今山东蓬莱、掖县）各设巡抚，置舟师，乘机入辽南；在东面联合朝鲜从后方打击后金；在山海关设经略，节制三方。

如果这三方布阵的构思能实现，就依然可以锁死努尔哈赤，顺利收复整个辽东半岛。

可是，明朝党争渐炽，东林党首领叶向高的弟子王化贞为巡抚，分守广宁。

经略与巡抚都是辽东事务的大员，经略的官衔略高，但巡抚却是中央派出官员，不受经略辖制。而且，王化贞背后有强大的东林党撑腰，拥重兵于广宁，根本不听熊廷弼调度，使熊廷弼徒拥经略虚名。

"经抚不合"的恶果是相当严重的。

天启二年（1622）正月，努尔哈赤亲率五万人马，渡过辽河，攻西平堡，陷广宁。

守土有责的熊廷弼和王化贞由此同时被下狱。

明眼人都看得出，导致战局糜烂的人是王化贞，熊廷弼纯属受牵连。

下狱后的熊廷弼起初也只是饱受牢狱之苦，并没有死。

可是，魏忠贤的阉党兴起，正欲搞垮死对头东林党。

熊廷弼虽然不是东林党人，但千不该万不该，他不该为脱离牢狱之灾而托东林党人汪文言去走关系，不清不楚地和东林党扯上了关系。

魏忠贤以之为搞臭搞倒东林党的突破口，兴起"汪文言狱"，斩杀了熊廷弼。

史称"六君子"的东林党人杨涟、左光斗、魏大中、周朝瑞、袁化中、顾大章也都死于这场冤狱中。

熊廷弼的头颅竟被传首九边，示众三年不得归葬，因负有"贪污军饷"的罪名，长子被"追赃"逼迫自杀。

清乾隆帝是熊廷弼的铁杆粉丝，称赞熊廷弼"晓畅军事，为明代巨擘"，说熊廷弼之冤"观至此为之动心欲泪"，下诏起用熊廷弼的子孙，在江夏修贤乡建享堂，于纸坊广坊岭修祠墓。

《明史》也称熊廷弼有"盖世之才"，评价说："假使廷弼效死边城，义不反顾，岂不毅然节烈丈夫哉！"

 ## 汪乔年遭李自成五牛分尸

俗话说，乱世出英雄。

承平时节，众生优游嬉戏，和气一团，良莠难辨。

一旦天下有变，龙蛇惊扰，高低立判。

明末清初，风起云涌，英雄豪杰之辈层出不穷。

先不说李自成、张献忠之类的草莽豪雄，也不提皇太极、吴三桂之类的野心家。

单说大明王朝缤纷呈现出的忠臣良将、救世英豪，如袁崇焕、杨嗣昌、卢象升、孙传庭等等，足让人叹为观止。

这其中，有一个虽然不是那么耀眼，却也在明末夜空用自己的鲜血抹下绚丽一笔的人物，颇让人肃然起敬。

此人，就是浙江遂安人十四都汪家桥人（今浙江淳安县汾口镇汪家桥村）汪乔年！

汪乔年出身官宦子弟，父亲汪时和为明熹宗朝刑部司郎中。但汪乔年截然不同于那些充当"啃老族"的官二代、富二代。他自幼饱读诗书，举天启二年（1622）壬戌科殿试进士，名列第六，非常牛气。

崇祯初年，西北大旱，民变频起，清军又屡屡叩关侵扰，汪乔年预感到国难将至，在为官任上，"习弓刀击刺，寝处风露中"，磨砺自己，希冀可以为朝廷捐躯效命。

崇祯十四年（1641），陕西总督傅宗龙奉命向河南进兵，于项城被义军围杀。时任右佥都御史、巡抚陕西的汪乔年火线上任，接替傅宗龙之职，提升为陕西总督。

汪乔年为文士出身，豪雄气概却远胜逞凶斗勇的武夫，明知李自成翼羽已成，势大难挡，仍作出了一个惊世骇俗的举动：命人挖掘李自成祖父李海和父亲李守忠的坟墓，并将骨骸"聚火烧化"。

这时李自成的军力空前膨胀，已飙升到几十万人，克洛阳，屠福王，迫使"督师辅臣"杨嗣昌自杀，紧接着围困汴梁，大败左良玉，威势赫赫。

相较之下，明廷的各种部署不过一个空壳子而已。

汪乔年选择在这个时候毁李自成祖坟，实是有泼天之勇！

中国人最讲究的是死后入土为安，汪乔年此举，不但背负着诸如天打雷劈之类的诅咒，还将面临着被李自成千刀万剐的疯狂报复。

但汪乔年为了给军队打气，示自己不成功便成仁的必死之心，以"毁其龙脉、破其王气"为名，毅然为此下作之举。

明朝军队斗志因此大为提升。

该年十一月，李自成二围开封。

崇祯令汪乔年火速出关与左良玉部夹剿民军。

汪乔年明知敌我实力悬殊，出战无异于以肉饲虎，但明知山有虎，偏向虎山行！

崇祯十五年二月，汪乔年率贺人龙、郑嘉栋、牛成虎等三万余人进抵洛阳。

左良玉先于汪乔年一步入援开封，攻陷了已被李自成占据的临颍，屠杀了守城闯军。

李自成按捺不住，舍开封而掉头猛攻左良玉，将左良玉部包围在郾城。

从情理上说，左良玉以引火烧身之险来解开封之围，开封守军在解围后，应该出兵从后面解救左良玉。但开封方面并没有这样做，则左良玉形如危卵，命悬一线。

汪乔年来得还算及时，但兵弱将寡，不敢强挑，遂采取了围魏救赵之术，率军突袭了李自成老营襄城。

李自成早对汪乔年恨之入骨，又听说其率军攻襄城，马上放弃郾城，亲率主力找汪乔年拼命。

汪乔年以为郾城之围既解，自己就可以和左良玉前后夹击李自成了。但左良玉还气恼于开封不救之恨，根本不肯出兵。

这样，汪乔年岌岌可危矣。

即使这样，汪乔年还是凛然不惧，自己据守襄城，遣贺人龙、郑嘉栋、牛成虎分三路御敌。

可是，汪乔年不惧，贺人龙、郑嘉栋、牛成虎三人却很惧，看到来敌气势汹汹，便争相逃遁，一哄而散。

汪乔年因此被围死在襄城，孤立无援。

汪乔年抱必死之心，召集散亡士卒二千，据城拒守。

二十余万闯军围住襄城，猛烈攻城。

汪乔年亲自在城上督战，火炮击倒了汪乔年的帅旗，部下跪求汪乔年回避。

汪乔年用脚踹部下的头，怒骂道："汝畏死，我不畏死也！"

崇祯十五年（1642）二月十七日，城破，汪乔年持刀进行巷战，手刃数"贼"，看到闯军不断涌入，知大势已去，疾声大呼："臣力竭矣。不能杀贼而反为贼所贼，死固吾分也。"举刀自刎，刀入颈脖，鲜血喷溅，人却未断气，被闯军俘获。

被俘后汪乔年坚贞不屈，见李自成拒不下跪，破口大骂。

李自成命人挖其膝盖骨，割其舌头。

汪乔年犹以血喷之，骂不绝口。

最后，李自成命人将之押至襄城西五牛分尸。

之所以是五牛分尸而不是五马分尸，汪乔年家谱上载："李自成怒其挖祖坟，云其不配五马分尸。"

 ## 曹化淳本可拯救国运，惜被分解

金庸先生作《碧血剑》替大明督师袁崇焕抱冤叫枉，痛斥崇祯朝廷的黑暗与无耻。

在金庸先生的笔下，崇祯帝实在是一个可憎、可恨、可恶、可斥、可悲复可怜的反面角色。

说崇祯帝可憎、可恨、可恶、可斥，是因为他贪婪成性，敲骨吸髓，狠加赋税，盘剥百姓，导致天下大乱，清军叩关，民军遍起。

即使在这种情况下，崇祯帝还是长舞于将倾之厦，清歌于漏水之舟，自毁长城，残杀可挽狂澜的大英雄袁崇焕。

说崇祯帝可悲复可怜，是他最后众叛亲离，只好孤零零地在煤山歪脖子树上终结了罪恶的一生。

金庸先生还用皮里阳秋之手法写了一个细节：崇祯帝最宠最爱太监

曹化淳，结果，李自成兵临北京，曹化淳首开城门，迅速迎接李自成入城。极大地揶揄了崇祯帝的颟顸和昏聩。读者读起来非常解恨、非常过瘾。

说起来，"曹化淳打开城门迎闯王"的情节并非金庸先生虚构。

蔡东藩先生写的《明史通俗演义》中也是这么写的。

这么写，到底有无史料依据呢？

有的。计六奇的《明季北略》就记："贼攻西直门，不克，攻彰义门，申刻门忽启，盖太监曹化淳所开。得胜、平子二门亦随破。"

不过，《明季北略》乃是私家著史，属于野史，所记之事不一定正确。而《明史》对此事无载，曹化淳其人甚至未入《明史》"宦官列传"中，此事比较可疑。

北京城陷时的大明宫中侍卫王世德于明亡后著《崇祯遗录》，书中则说："（北京）外城西南隅，地名烟阁，皆回回所居。（崇祯十七年三月）十八日，贼攻广宁门（彰仪门）急，群回倡乱开门，外城遂陷。次日，贼自东直门角楼缘城而上，大城遂陷。野史云，阉官献城，非也。"完全否定了宦官开门献城之说。

实际上，曹化淳早就在崇祯十二年上疏告假回乡了。崇祯十七年甲申之变，曹化淳已经在武清故乡退休五年之久，根本就不可能"开门献城"！

《武清县志》明确记载有曹化淳的生平：

曹化淳，祖籍江苏省徐州宿迁县，明永乐二年迁居顺天府武清县王庆坨。曹化淳十二岁净身入宫，陪侍当时还是信王的崇祯帝朱由检。崇祯帝即位后，曹化淳曾任司礼监大司礼，负责平反魏忠贤时期冤案，共处理了两千余件。还曾代皇帝兼管过北京地区的军事防守。崇祯十一年，曹化淳任司礼秉笔太监、东厂提督，到了人生的巅峰。但崇祯十二年，曹化淳上疏告假回乡。现在，王庆坨曹氏宗祠还保存有崇祯帝亲笔御赐"公清直亮"匾额一方。

真正给李自成开门献城的，乃是兵部尚书张缙彦。李自成兵迫北京城下之日，张缙彦自忖大明朝已不可保，为了改换门庭，投靠新主子，命人打开正阳门，迎接刘宗敏部入城。

对曹化淳来说，大明王朝虽亡，但一直不忘故主。

清兵入关，定鼎中原后，曹化淳还赴都向顺治帝请求妥善处理崇祯帝后陵寝。

清廷恩准，专门委内官监冉肇总理其事。

但是，有关"曹化淳开门"的流言已经四处散布，并广为文人士大夫口传笔录。到了今天，"曹化淳开门"的谣言仍被当成事实广泛收录

在《流寇传》《国榷》《痛史本崇祯长编》《崇祯实录》《明史纪事本末》等各种古籍中。

曹化淳有口难辩，跳进黄河洗不清，临终之前作《感怀诗》感慨其事：

> 报国愚忠罔顾身，无端造诬自何人？
> 家居六载还遭谤，并信从前史不真。

曹化淳自称"报国愚忠罔顾身"，的确，在报效大明朝诸工作中，他都是兢兢业业，全力以赴。

这里，特别说说他代皇帝兼管北京地区军事防守的一件事。

原本，大明朝的军制中有一支直属于皇帝、由内廷负责指挥的禁军，称腾骧四卫，选拔的士兵全都是虎背熊腰、身强力壮之辈。嘉靖年间，腾骧四卫被改编为勇士营和四卫营，由御马监管理。

曹化淳为司礼监掌印太监时，兼御马监印务总督勇卫营。他看到这两支军队战斗力已经下降严重，便大力整顿，精心网罗忠诚勇敢之士入伍，日日进行高强度训练。

数年时间下来，勇卫营中涌现出了诸如孙应元、黄得功、周遇吉等杰出人才，勇卫营也成了一支虎狼之师。

崇祯九年清军入塞寇边，勇卫营脱颖而出，首战建功。

崇祯十年，起义军进入河南，声势浩大。勇卫营请战出征，连战连捷，成为"剿寇"战场上战绩最佳的军队。

崇祯十一年，清军再次入塞。勇卫营北上抗清，在各部明军纷纷避战之时，一枝独秀，与清军大战于吴桥。

清军入寇，起义军复起。崇祯十二年，张献忠重新起义，明军在战场上屡战屡败，连秦良玉的白杆兵也全军覆没。但勇卫营却在丰邑坪大破罗汝才，成就了荆湖战场上的第一功。

不过，明军在整体的失败使勇卫营的处境也越来越艰难。

崇祯十五年，勇卫营大将孙应元与起义军激战于罗山，孤援无助，力战而死。

崇祯十七年，李自成率大顺军东渡，沿途明将降者如云，唯有周遇吉坚决守武关不去，与李自成所率领的大顺军反复较量，硬是以四千人阻止李自成声称的"百万大军"十数日，最终弹尽粮绝，壮烈牺牲。

即使北京已经陷落，大明王朝已经灭亡，勇卫军的另一大将黄得功仍不遗余力地为南明小朝廷效死力，在铜陵大破左良玉叛军，并在荻港迎战清军中含恨捐躯。

勇卫营的辉煌属于每一个勇卫营的将士，但也不应该忘记曹化淳的功劳。

 ## 吴三桂献关对清朝的贡献真那么巨大吗

中国历史的发展影响着世界历史的发展。

所以，外国学者从来都没放弃过对中国历史的研究。

美国人费正清和英国人崔瑞德共任全书主编的《剑桥中国史》是外国人研究中国历史得出的最为全面、最为系统的著述。

《剑桥中国史》第九卷《剑桥中国清代前中期史（上）》在论述明朝灭亡的原因时，说了这么一句话："明亡是历史的偶然，满清只不过刚好抓住了这一次机会。"

这个机会是什么呢？

书中提到了吴三桂。说吴三桂引清兵入关并与清兵合作，这才使清兵击败李自成，从而定都北京，统治了全中国。

明史研究权威专家顾诚先生在其代表作《南明史》中论述山海关战役胜败原因时，也说："介于顺、清之间的吴三桂部具有举足轻重之势：降顺则李自成的兵力约为来犯之清兵一倍，而且山海关要隘不致拱手让敌，即便在同清军作战中局部失利，大顺政权可征调的增援兵力较清方要大得多；吴三桂叛投清方，双方兵力对比和态势就颠倒过来，清、吴联军在数量上也占了优势。"

事实真如此吗？

我们不必着急下结论，先看看自努尔哈赤起兵叛明以来，明清双方之间都经历过些什么。

1616 年，努尔哈赤自上尊号，正式建立后金。1618 年四月，以"七大恨"誓师伐明，率两万步骑出征抚顺，不到一个时辰便结束战斗，攻陷抚顺，迫降明游击李永芳，掠人畜三十万。同年七月，发动清河之战，屠杀明守军万余。

作为反击，1619 年三月，明集结起十二万明军，号称四十万，揭开萨尔浒大战的序幕。

此战，明军分兵四路，其中三路全军覆没，唯剩一路逃遁，文武将吏死三百余人，军士死四万五千八百余人。

1619 年六月，努尔哈赤挟萨尔浒大胜之威，率四万兵马进击东北重镇开原，明总兵马林及守城将士全部战死。

七月，努尔哈赤进击铁岭卫，尽屠城中军民，劫掠到的人畜财物运了三日犹未尽。

1621 年三月，努尔哈赤取沈阳，明总兵贺世贤、尤世功战死，明军丧生七万人。随后，由川中秦良玉训成的石柱白杆兵和江浙戚家军组成的援辽大军与后金军在浑河南岸展开激战，万余将士全部被歼。

沈阳一失，辽阳便暴露在后金的兵锋之下。

五天后，后金一鼓作气，将之攻克，尽歼明兵数万，明经略袁应泰自焚死。

辽河以东大小七十余城随即闻风降服。

明清交战的战场也由此转移到辽西。

1622年正月，努尔哈赤领兵五万直取雄峙辽河西岸的广宁城（辽宁北镇）。沿途血洗哨所西平堡，三千明军全部阵亡。又在沙岭歼灭了赶来救援的明军三万余人。

明朝守军主要集中在广宁，广宁溃散，宁远、锦州等地无兵可守，整个辽西尽落后金手中。

侥幸的是，王化贞培养出一名悍将——毛文龙。

毛文龙领一百九十七名勇士，横跨海峡，深入敌后，夜袭镇江（即今辽宁省丹东市）成功，尔后退兵皮岛，开设东江镇，从敌后牵制后金。

努尔哈赤一则粮饷难继，二则担心老巢有失，鉴于后金的八旗兵力不足（也就五六万人），也不敢分兵驻守广宁，匆匆东归。

也就是说，努尔哈赤兴兵辽西，虽然劫掠了大量牛马人口及财物，却未能消化和经营这广袤的辽西大地。

接任辽东经略一职的孙承宗得以与辽东巡抚袁崇焕一唱一和，几乎倾尽大明国力打造了一条把宁远、锦州与山海关联结成一体的关宁防线。

1626年正月，努尔哈赤统兵五六万进攻宁远，终因天气太过寒冷，坚冰将城墙死死冻住，后金兵无法破坏城体，且毛文龙在后方屡屡骚乱出击而收兵。

此前，努尔哈赤于明军是予取予求，攻无不克、战无不胜，唯在宁远这一次没有得手。故此，明廷把此战定性为宁远大捷，以振作士气。

事实上，明军方面的捷报仅仅是："宁远捷功奴夷首级二百六十九颗，活夷一名，降夷十七名。"

清方也承认此战明军"伤我游击二人、备御官二人，兵五百人。"

即这场"大捷"是被夸大了的"大捷"。

努尔哈赤在撤离宁远后，尽掳右屯储粮三十万石，戮尽觉华岛上三万余军民，又将河东堡、笔架山、龙宫寺、觉华岛的粮食付之一炬。

八个月后，努尔哈赤病逝。继位的皇太极发起"丁卯之战"，打服朝鲜，重创毛文龙。随后挥师西进。

皇太极兵尚未至广宁，大凌河和小凌河的明军军心大溃，弃城遁走。

皇太极追杀至锦州城下，四面合围，实施"围城打援"，尽克来援明军。

其中，尤世禄、祖大寿率领的四千援军全军覆没。

不过，毛文龙虽在"丁卯之战"中遭受重创，余勇犹在，尽出精锐袭击昌城、辽阳，锦州之围遂解。

这是后金方面第二次没有达到预期目的的战斗，明方又将这次战斗定性为"宁锦大捷"。

从此也不难看出，毛文龙实是后金的腹背之患。

不过，1629 年六月初五，袁崇焕蹈海岛斩杀了毛文龙，致使皇太极再无后顾之忧，振旅西征。

皇太极取道内蒙古，绕开大明朝砸锅卖铁打造出来的关宁防线，自北向南，直奔北京，纵略良乡、固安等，连下迁安、滦州、永平及遵化四城，大败明军，抢掠人畜财物无数。

熟门熟路的后金骑兵其后又发动了多次大规模的奔袭战，分别是：

1634 年的入口之战。皇太极亲率九万余众，绕道内蒙古，从长城北部诸口入边，突袭宣府、大同地区，蹂躏逾五旬，"杀掠无算"。

1636 年的京畿袭扰战。阿济格率师八万余，从独石口入边，袭击延庆、昌平、良乡、安州、雄县、密云、平谷等地，"遍蹂畿内"，掠人畜十八万，从建昌冷口出边。

1638 年的冀鲁袭扰战。多尔衮、豪格分两路进关，自北而南，深入河北南部，转入山东，转掠二千里，攻下七十余州县，掠人畜四十六万余，金银百余万两。

1642 年的山东骚扰战。阿巴泰率师十万余入关，经北京地区，直入山东，连克三府、十八州、六十七县。掠人口三十六万余、牲畜五十五万头。

其间，皇太极兵围大凌河，明将祖大寿率军民三万余人坚守三月后被迫投降。

1640 年，皇太极又围锦州，再次祭起"围城打援"战术，要在野战中把来援明军消灭净尽。

这次，皇太极成功了，他尽歼来援十三万明军，俘获明统帅洪承畴，破松山城，克锦州城。

1643 年十月，清军攻下宁远，挡在前面的障碍仅余一座山海关。

1644 年三月十九日，李自成陷北京城，崇祯帝殉国。

也就在这个时候，拥重兵坐守山海关的吴三桂成了历史的焦点。

很多人都认为，这时的吴三桂就跟楚汉相争时的韩信差不多。刘邦和项羽争斗趋白热化之际，韩信帮刘邦，则刘邦胜；韩信帮项羽，则项羽赢。

事实是不是这样呢？

貌似是。

吴三桂"冲冠一怒为红颜"，投入了清朝的怀抱，与清军联手，大败李自成的大顺军，"凡杀数万人，暴骨盈野"。

1645 年，清军西击西安。李自成仓皇奔走于湖北通山县九宫山，亡命于牛迹岭。曾经煊赫不可一世的大顺政权由此烟消云散。

清军兵锋南指，过泗州（今江苏泗洪县），克扬州，明内阁大学士、兵部尚书督师史可法殉难。

扬州既得，清军越长江天险，占领南京，南明弘光朝覆亡。

其后，清军攻江阴，杀明军民十六万余人；屠嘉定，下杭州，取绍兴及温州、台州等地。

1646 年，清军取延平、福州，南明隆武帝汀州死难。

该年十二月，清军入广州，收肇庆、梧州。

不过，必须要说明的是，清军自灭了李自成大顺政权、攻下南京后，八旗精锐主要经营北方，负责在南方追剿南明残余力量的，主要是由明、顺降兵降将构成的"新清军"。

这些"新清军"，以金声桓、李成栋为例，他们在为清廷效劳时，追杀南明军异常厉害，怎么打怎么有，可是，一旦反正归明，就变成了豆腐军，被清军蹂躏得没半点脾气。

真正能跟清军干上几仗的是李定国。

李定国两蹶名王，复全州，拔桂林，迫死清靖南王孔有德，又在衡州击杀清敬谨亲王尼堪。

但不管怎么样，女真人满打满算还是不足一百万人，他们定鼎北京后，主要还是依靠投降过来的明朝降兵来完成统一中国的大任。

有人做过统计，整个明清战争中，满人在战场中损失的，不超过十万，而汉人却以千百万计。

一个很残酷的真相凸现出来：满洲八旗的战斗力实在太恐怖了。

东北地区"林木障天，明昼如晦"，女真人以渔猎为生，个个体魄强健、弓马娴熟、机警勇猛、坚忍顽强。

相较之下，以农业为生的汉民族，他们面朝黄土背朝天地重复着枯燥乏味的劳作，安天乐命，对于任何迁移和变动都会发出本能的怀疑与恐惧。

不难想象，这两大民族发生冲突时，哪一方的斗争气势更盛。

另外，史书记载："奴酋练兵，始则试人于跳涧，号曰水练，继则习之以越坑，号曰火练。能者受上赏，不用命者辄杀之。故人莫敢退缩。"

努尔哈赤还结合了渔猎生涯中的特点，贯彻了打虎亲兄弟、上阵父子兵的原则，以血缘亲族为纽带发展成各种基层战术单位，构建起八旗军事组织，让士兵在战斗中相互支援，同生共死。

由此，我们完全可以怀疑，站在命运十字路口的吴三桂，即使选择了跟李自成站在一起，能否真的抵挡得住清八旗军的进攻。

让我们把视线移回到那个特殊的历史关口：

崇祯帝缢死煤山的消息传到沈阳，多尔衮便召开了王公大臣会议，商议出兵与李自成争夺天下。

多尔衮从未与李自成交过手，不知李自成底细，向明朝降将洪承畴咨询。

洪承畴曾长期与李自成、张献忠等起义军作战，对起义军的特点再熟悉不过，他曾有好几次将李自成等人杀尽斩绝的机会，但都因皇太极入关捣乱而功败垂成。在他看来，李自成军其实不过是一群得势辄聚、失势辄散的乌合之众。遥想当日，他和曹文诏、卢象升等人打起起义军时是何等的得心应手、何等的威风八面，但一旦与清军对阵，就只有受碾压的份。曹文诏、卢象升在剿杀流民军时，甚至带领十几名骑兵就把成千上万的流民军追砍得屁滚尿流，但他们遇上了清军，瞬间阵亡。

现实就是：清八旗军战斗力至刚至强、明政府正规军中规中矩、李自成的起义军其实不堪一击。

李自成从西安杀向北京，一路咋咋呼呼，号称百万，声势很大，弄得沿途明朝州县官员纷纷开城投降。

李自成上京之路遭遇到的唯一抵抗者就是宁武关总兵周遇吉。

周遇吉领四千宁武军与李自成展开激战，李自成的"百万大军"损失惨重。

不过，仗着人多势众，李自成终于还是把周遇吉耗死了。

不管怎么样，李自成军的战斗力和清军比，差得很远。

听了洪承畴的分析，多尔衮再无顾忌，率满洲、蒙古八旗大部和汉军八旗的全部，及明降将孔有德、尚可喜、耿仲明三王的兵马鸣炮出征。

最初选择的进关路线是绕开山海关，西经蓟州、密云等地直扑北京。

不过，阴错阳差，途中遇上了吴三桂派来的乞降使者，多尔衮改变了主意，改道向山海关进发，随后在山海关发生了数百年来人们谈论不休的山海关大战。

这场大战，李自成是吃了败仗，但他且走且战，尚可从容返还北京，并在北京称帝，过了一把皇帝瘾。

其实，假设吴三桂真的选择和李自成合作，老老实实镇守在山海关，那么清军按原计划从山海关西面破长城而入，出李自成不意，且截断李自成返还陕西的归路，则李自成只能被活活困死在北京，死亡更快，大顺军的伤亡更大。

说吴三桂是决定历史走向的人，严重夸大其词。

 ## 皇太极真有施反间计以除掉袁崇焕吗

关于袁崇焕的忠奸之辩，数百年来一直都没有停息过。

本文不想再参与辩驳，毕竟，此前写过辩驳的东西太多了。

只想在此指出，以乾隆四年（1739）《明史》定稿刊刻为分水岭：

《明史》诞生前，世人对袁崇焕贬多于褒；《明史》诞生后，世人对袁崇焕誉多于毁。

下面举几个例：

先说《明史》诞生前的明朝遗臣的作品。

《朱舜水集》如此痛斥袁崇焕："贼臣杨镐、袁崇焕前后卖国，继丧辽阳、广宁，滋蔓难图。"

《爝火录》则将袁崇焕与南明大奸臣马士英相提并论，说："此二人者（指袁崇焕与马士英），诞生一处，同为误国之臣。"

《国榷》对袁崇焕的评价也是相当不屑："袁氏便宜从事，天下闻之，诧为奇举，居亡何而郊原暴骨者如莽。"

《明季北略》甚至把袁崇焕比成臭名昭著的奸臣秦桧，说："崇焕捏十二罪，矫制杀文龙，与秦桧以十二金牌矫诏杀武穆古今一辙。"

《石匮书后集》认为袁崇焕比秦桧更加不堪，称："崇焕以龌龊庸才，焉可上比秦桧！"

接下来，我们看看《明史·袁崇焕传》对袁崇焕的评价，云："我大清举兵，所向无不摧破，诸将罔敢议战守。议战守，自崇焕始。""自崇焕死，边事益无人，明亡征决矣。"

再看《明史》诞生后——主要是近代人的评价。

梁启超在《袁督师传》中盛赞："若夫以一身之言动、进退、生死，关系国家之安危、民族之隆替者，于古未始有之。有之，则袁督师其人也。"

阎崇年《袁崇焕传》称："袁崇焕是中国历史上一位大仁、大智、大勇、大廉者。袁崇焕的仁与智，令人赞颂；勇与廉，令人敬佩。这种爱国精神，同他的浩然正气密切相连。袁崇焕留给后人熠熠永辉的思想、薪火永传的精髓，是'正气'，就是'浩然正气'……通俗地说，'浩然正气'就是正大刚直、合乎道义、充满天地、超越时空之气。"

金庸《袁崇焕评传》则赞："袁崇焕真像是一个古希腊的悲剧英雄，他有巨大的勇气，和敌人作战的勇气，道德上的勇气。他冲天的干劲，执拗的蛮劲，刚烈的狠劲，在当时猥琐萎靡的明末朝廷中，加倍地显得突出。”

……

看看，爱袁崇焕者，将之捧上天；恨袁崇焕者，则将之踩入地。

这些年来，随着越来越多的人对袁崇焕的深入研究，袁崇焕的形象又有所下降——有人说这是翻案，其实是还原——袁崇焕的历史地位先低后高，现在又开始降低，这是还原，不是翻案。

袁崇焕的身后名声、历史地位之所以升降、沉浮，其实和《明史·袁崇焕传》里提到的一个情节有密切关系。

这个情节就是：“会我大清设间，谓崇焕密有成约，令所获宦官知之，阴纵使去。其人奔告于帝，帝信之不疑。”

即后来世人津津乐道的“皇太极巧施反间计杀袁崇焕”的故事。

关于这个故事的描述与评论，柏杨《中国人史纲》里颇为生动传神，其文曰：最重要的一次入塞是第一次，由皇太极亲自率领，直抵北京城下，给骄傲自大的明政府带来最大的震恐。袁崇焕这时已擢升为辽东军区总司令（辽东督师），他得到消息，立刻统率五千骑兵向北京驰援，日夜不停地奔驰四百公里，到达北京时，人与马都疲惫不堪，但仍在广渠门（北京城门之一）外，击退后金兵团的攻势。可是北京那些勇于内斗的官员们并不感谢他，反而认为他应负不能阻挡敌人攻破长城的责任。而被攻陷的喜峰口（河北迁西北），却是属于另一个军区——蓟州军区。皇太极对这个屡次阻挠后金军事行动兼杀父之仇的袁崇焕，尤其恨入骨髓。将一个小说上虚构的反间故事，移上真实的政治舞台。熟读《三国演义》的皇太极，运用“周瑜计赚蒋干”的方法，实施他的阴谋。这个阴谋中扮演蒋干角色的是两个被俘虏的明王朝宦官，他们在睡梦中隐约听到看守他们的后金卫士如下的耳语对话。一个问：“今天怎么忽然停战？”一个答：“我看见可汗骑马走向敌人阵地，有两个人迎上来相见，密谈了很久。大概袁崇焕有什么秘密信息，事情很快就会解决。”两个宦官不久就自以为很幸运地逃出牢笼，回到北京，向第十七任皇帝朱由检告发。不但朱由检大大的震怒，几乎所有的官员都额手称庆叛徒的奸谋败露，使北京得免陷落。袁崇焕被捕，在舆论沸腾中，受到磔刑处死。过了十六年，后金汗国（那时已改称清帝国）攻占北京，公布这场公案的内幕，用以炫耀自己的聪明，嘲笑明王朝官员愚蠢如猪。

柏杨因此下结论：朱由检死亡前一直哀叹自己没有岳飞式的救世英雄，其实他有，就是袁崇焕，可惜被愚蠢和无知的他给杀害了。

可见，"皇太极巧施反间计杀袁崇焕"故事的真假，对袁崇焕身后名声至关重要。

那么，"皇太极巧施反间计杀袁崇焕"的故事最先出自哪儿呢？

应该是《满文老档》。其上记载为："二十九日，遣杨太监往见崇祯帝。杨太监以高鸿中、鲍承先之言，详告明崇祯帝。遂执袁都堂，磔之。"

此外，《清太宗实录》也记："先是，获明太监二人。令副将高鸿中、参将鲍承先、宁完我、巴克什违海监守之。至是还兵。高鸿中、鲍承先遵上所授密计。坐近二太监。故作耳语云；'今日撤兵。乃上计也。顷见上单骑向敌。敌有二人来见上，语良久乃去。意袁巡抚有密约。此事可立就矣。'时杨太监者，佯卧窃听，悉记其言。庚戌，纵杨太监归。后闻杨太监将高鸿中、鲍承先之言详奏明主。明主遂执袁崇焕入城，磔之。"

这两段记载，粗粗一看，好像没什么问题。

但是，仔细一想，不对啊。

如果真是史实记录，那作为后金一方，只能记其施行反间计的过程，对于杨太监（或二太监）回去后，能不能见到皇帝、有没有向崇祯皇帝报告，只能是推测，不能全知全觉地写太监怎么向崇祯汇报，然后崇祯如何相信，再然后把袁崇焕"磔之"。

再者说了，后金方面实施反间计是在崇祯二年十二月，"磔"袁崇焕却是在崇祯三年八月，这轻描淡写的一句"详告明崇祯帝。遂执袁都堂，磔之"，就把长达八个月的时间跨度抹杀了，可见不是实时记录，而是事后诸葛亮式的推测。

也就是说，《满文老档》对这件事的记载时间不会早于崇祯三年九月。而后金实施反间计与袁崇焕被"磔"二者间是否有因果关系，就很难确认了。

比如说，你憎恶某人，于是晚上点了炷香，向天祷告，让老天赶紧收了他。结果，某人第二天真的出车祸死了，那是否可以说，某人就是死在你的诅咒之下呢？

关于"反间计"的影子，《崇祯长编》也有记："提督大坝马房太监杨春、王成德为大清兵所获，口称'我是万岁爷养马的官儿，城中并无兵将亦无粮饷，昨日选了一千匹马去了，还有一二百废马。'次日，大清兵挑选百余匹用。大清兵将春等带至德胜门鲍姓等人看守，闻大清兵与满总兵战，得了马二百匹，生擒士将一员。次日各给书二封，一令春向德胜门投递，一令王成德向安定门投递，内言南朝万历时节屡次着王喇嘛讲和，总置不理，前些年袁崇焕杀了我们些人，我们恼恨得紧，又问毛文龙擒了台士兵，我们所以提兵到此，今要讲和要以黄河为界。"

可见真有一个叫杨春、一个叫王成德的马房太监被后金擒获，并代为送信，但没有提到反间计，更没有向崇祯汇报、告密什么的。

那么，有一种可能，是后金实施了反间计，但被纵归的太监并没有见到崇祯，即这只是一条"烂尾反间计"——后金方面以为自己妙计成功了，实际上明朝方面根本就没出现这一笔。

也许，皇太极们根本就搞不清明朝内宫有多少太监，太监有多少个工作部门，哪些工作部门的太监才有资格面见皇帝。在他们的头脑里，大明皇宫就是个村子，崇祯是村长，太监是村民，村民回到村里，就一定会见到村长，想得忒简单了。

还有，他们哪里会料到，崇祯上台，雷厉风行地铲除了以魏忠贤为首的阉党，最恨阉人染指军政大事，岂会轻信两个替"万岁爷养马的官儿"的"弼马温"的话?!

如果崇祯真的中了反间计，那么，在判定袁崇焕罪行时，肯定少不了"通敌叛国"这一条——支持反间计取得漂亮结果的《明史·袁崇焕传》的确有记"法司坐崇焕谋叛"——但《崇祯长编》里关于袁崇焕的罪名，只有"付托不效，专恃欺隐，以市米则资盗，以谋款则斩帅，纵敌长驱，顿兵不战，援兵四集，尽行遣散，及兵薄城下，又潜携喇嘛，坚请入城"等种种罪恶，并没有"通敌叛国"这一条。

所以，后金实施反间计之事就算真有实施过，也是只有开头，没有结尾，不了了之。

再补充一下，李霨为范文程写的《内秘书院大学士范文肃公墓志铭》还特别为范文程表功，说向皇太极进献反间计的，就是范文程。其文为："是时，明宁远总制某将重兵居前，公进秘谋，纵反间，总制获罪去。"

但是，《满文老档》清清楚楚有记："令参将影俄尔岱、游击李思忠、文馆范文程统备御八员、兵八百人，留守遵化。"

《清太宗实录》也记："令参将影俄尔岱、游击李思忠、文馆范文程统备御八员、兵八百人，留守遵化。"

《内秘书院大学士范文肃公墓志铭》自己也记："太宗自将临永平，留公守遵化。"

即后金入寇，攻陷了遵化，范文程和影俄尔岱、李思忠等人一同留守遵化，并没能跟到北京城下，那么说范文程在北京城下向皇太极献反间计是不可能的。

然而，比范文程墓志铭晚出二十多年，由黄宗羲为钱龙锡写的《大学士机山钱公神道碑铭》，还是以讹传讹，不但写了献计之人是范文程，还详细写了献计过程："己巳之冬，大安口失守，兵锋直指阙下，崇焕提援师至。先是，崇焕守宁远，大兵屡攻不得志，太祖患之。范相国文程时为京章，谓太祖曰：'昔汉王用陈平之计，间楚君臣，使项羽卒疑范增而去楚，今独不可蹈其故智乎？'太祖善之，使人掠得小阉数人，置之帐后，佯欲杀之。范相乃曰：'袁督师既许献城，则此辈皆吾臣子，不必杀也。'阴纵之去，阉人得是语密闻于上，上颔之，而举朝不知也。崇焕战东便门，颇得利，然兵已疲甚，约束诸将不妄战，且请入城少憩，上大疑焉，复召对，缒城以入，下之诏狱。"

黄宗羲这段记载的错误和漏洞之多，让人不忍卒读。

其中一个最大的漏洞就是：范文程献计的对象竟然是"太祖"努尔哈赤！

无语了，真的无语了。

还有，里面提到："阉人得是语密闻于上，上额之，而举朝不知也。"既然是"举朝不知"，那您黄宗羲又怎么得知了？这简直就是写演义小说的笔法，如何能教人信服?!

上面《满文老档》《清太宗实录》提到，范文程留守遵化时的身份是"文馆"——这文馆是皇太极当政后，于崇祯二年（天聪三年，1629）四月所设；而按《清史稿·职官四》所记，"章京"是天聪八年才出现的称呼，职衔高则为总兵，低则为备御，中间有副将、参将、游击，高下差别很大。

所以，"范相国时为章京"的叙述也是错误的。

由此可见，黄宗羲的《大学士机山钱公神道碑铭》所记，根本就是随心所欲的信笔乱记，缺乏作为史料证据的资格。而从其所记反间计一事来看，也可知世事以讹传讹、三人成虎的可怕。

第九章　奇人异士

 ## 两朝皇帝亲自过问的满仓儿案

话说，明朝弘治年间，有一个名叫吴能的武官，膝下有一儿一女。

这里单表他的女儿，这个女儿不但聪颖过人，诗书琴画兼熟，而且姿容出众，算得上是个漂亮的才女。

吴能的官职是千户，属于五品官员，品级是不低了。但他在彭城卫所任职，并非朝廷亲军，不隶属都督府，地位比较低下。

最主要的是，吴能年纪大了，已经退役，家境非常贫寒。

于是，吴能和妻子聂氏都把改变家庭状况的希望寄托在女儿身上，给她取名"满仓儿"，意思是希望她能给家里换来满仓满仓的粮食，怎么吃也吃不完。

可惜的是：吴家有女初长成，养在深闺人未识。

吴能家贫亲疏，纵然满仓儿华容绝代，却无人得知，也因此无人上门提亲。

时间一年年过去，吴能夫妇一年年苍老，满仓儿一年年成熟——再不成亲，就会成为剩女，身价即将贬值。

吴能夫妇看在眼里，急在心里。

在古代中国，基本上每一个地方，都会有一个能说会道的媒婆。

吴能所居住的街道，就有一个专门替人作媒的媒婆张媪。

"不如，就让张媪替满仓儿物色一个合适人家?"吴能和妻子聂氏商议。

也只能这么办了。

生活中，有些人热衷于为青年男女牵线搭桥，这些人并不指望得到什么回报，完全是一副热心肠，属于行善积德，我们会尊称他们（她们）为月老或红娘。

但也有些人，会把作媒当成一项事业来做，从中牟利，收取种种好处，这类人，视作媒为职业，眼里只有钱，未婚男女往往会成为他们摆布的对象。

媒婆张媪属于后一种。

她欺负吴能一家社会地位低下，属于弱势群体，做了一件伤天害理的事：把满仓儿介绍给与自己同姓的乐户张氏，并隐瞒了真相，骗吴能夫妇，说对方是周皇亲周彧家。

《水浒传》里著名的媒婆王婆把潘金莲说给了西门庆，成了千夫唾骂的对象。

这个媒婆张媪为了钱，把好人家的女儿说给乐户，心眼比王婆坏多了。

要知道，明朝的乐户是一种半妓半伶（表演）的低贱职业，政府规定他们只能戴绿色的头巾，一旦进入乐籍，便世代相传，不得除籍。乐户不能享受正常人的权利，不能做官，不能参加科举，不得与非乐籍的良人通婚，不能进入祠堂，名字不得入族谱……除了"绿头巾"这个称呼，乐户还被冠以"王八""龟家""行道""吹鼓手"等蔑称。

媒婆张媪把满仓儿说给乐户家，那是把满仓儿往火坑里推了。

吴能夫妇被蒙在鼓里，完全不知情，领了"彩礼钱"，就把女儿交付给了媒婆张媪。

媒婆张媪，不，"人贩子"张媪就这样明目张胆地将满仓儿卖给了乐户张氏。

一开始，满仓儿哭哭啼啼，每日寻死觅活，张氏生怕她死了自己落个人财两空，就转手卖给了乐工焦义。

焦义面临与张氏同样的处境，同样没辙，再次转手将满仓儿卖给了乐工袁璘。

到了袁璘这一站，满仓儿已经对自己的人生认命了，不再哭啼了，听从袁璘的安排，出入欢场卖笑，渐渐适应了新的生活。

前面说了，满仓儿聪颖过人，诗书琴画兼熟，而且姿容出众，替袁璘赚了不少银子。

吴能"嫁女"后不久，就患病辞世了。

吴能妻聂氏和儿子吴政相依为命。

大概过了两年时间，聂氏一直不见女儿回家探亲，好生奇怪，就到周皇亲周彧家寻女。

一来二去，打听出了女儿被人倒卖成了歌妓，不由得气恨交加。

改日，聂氏和儿子吴政到袁璘处找到了女儿，要接女儿回家。

满仓儿以为是父母串通人贩子将自己卖了的，对母亲心存怨恨，拒绝回去。

聂氏母子就强行把满仓儿押回了家。

满仓儿是袁璘花钱买来的，就这样回家了，袁璘当然不同意，前来与聂氏交涉，表示愿出十两银子赎回满仓儿。

聂氏第一次受骗卖女，已经懊悔得肠子都青了，如果要了袁璘这十两银子，就属于第二次卖女了，良心哪里过得去？宁死不要！

袁璘是个法盲，认为满仓儿是自己花钱从焦义那儿买来的，自己理所当然拥有满仓儿的所有权，法律会支持自己，因此，无所畏惧地将聂氏告至刑部。

负责审理此案的是刑部郎中丁哲。

丁哲和员外郎王爵会同审理此案，弄清了满仓儿被卖的真相，判满仓儿回家。

其实，《大明律》有明文规定：如果以收养过房为名，买良家子女转卖者，处杖刑一百，流放三千里。

但丁哲觉得袁璘也不是什么大奸大恶之徒，就没有对之定罪，只要求其不得再向吴家索要赎金。

袁璘却不服，强词夺理，大闹公堂。

丁哲于是对袁璘处以笞刑。

袁璘不经打，回家后不久，竟因伤势过重死去。

御史陈玉、刑部主事孔琦上袁家验过尸体，确认是笞刑致死，也没有多说什么，让袁家尽快安葬。

话说，满仓儿在袁璘家做歌妓时，经常陪宿东厂太监杨鹏的侄儿杨彪。

杨彪私下与丁哲有嫌隙，认为这是整倒丁哲的大好时机，唆使袁璘的妻子向东厂上告。

杨彪还亲自出马，找到媒婆张媪，要她咬定满仓儿是她亲妹妹，并已经卖给周皇亲。

并另派贾校尉，找到满仓儿串通供词，还撺掇她离家出走，到外面躲藏起来。

案件经杨鹏上奏，发交锦衣卫镇抚司审理。

袁璘妻指控说，聂氏母子从自己家强行带走的歌妓并不是聂氏的女儿，而是张媪的亲妹妹，聂氏的女儿已经卖给了皇亲周氏。丁哲故意杀害无辜，必须偿命。

镇抚司受杨鹏叔侄操控，对丁哲和王爵两人严加鞠问，最后拟罪，奏覆皇帝。

明孝宗并没有糊涂透顶，他觉得案情如果真如镇抚司所报，那是简单明了，不至于牵扯到刑部官员落水，命都院、大理寺、刑部三法司，会同锦衣卫联合审理，必究其实。

会审官员通过交换意见，一致认为，吴能的女儿是本案的关键人物，必须传讯到场。

既然张媪和袁璘妻都说，吴能的女儿卖到了周皇亲家，不妨到周皇亲家将之带来。

周家从头到尾都不知道这件事，矢口否认家里有"吴能的女儿"。

"三法司"和锦衣卫官员找不到"吴能的女儿"，就难以结案，案子就久久拖着，悬而未决。

这样一桩小案，竟然拖延、推诿了三个多月。

明孝宗大为不满，传旨交由部院大臣和谏官们组织"廷讯"，再由都察院拟具处置办法，报批执行。

这一次，会审官员不敢马虎，大力侦查，终于找出了满仓儿，经过一审再审，张媪和袁璘妻也吐露了实情，真相宣告大白。

但左都御史闵珪畏惧东厂权势，不敢秉公处理，更不敢将杨鹏叔侄绳之以法，他维持锦衣卫原判，再一次拟定：刑部郎中丁哲"因公杖人死"，处徒刑；会同审理丁哲首审此案的员外郎王爵、为袁璘验尸的刑部主事孔琦、监察御史陈玉，以及聂氏、吴政、满仓儿一家，均处杖刑。杨鹏叔侄和媒婆张媪、乐户张氏、焦义和袁璘却判定无罪。

这样的处理结果明显有失公平。

不过，迫于东厂权势，举朝虽不平其事，而莫敢言。

最后，是刑部小典吏徐珪站了出来，独上疏直之。

徐珪指出：

一、袁璘咆哮公堂，理应处以杖刑，丁哲的处断清楚公正。

二、杨鹏在背后指使镇抚司拷讯聂氏，镇抚司与东厂相互勾结，欺君罔上。三法司与锦衣卫同样惧怕东厂，不敢明言，有串供事实。

三、满仓儿诬陷自己的亲生母亲，按罪当诛，丁哲等无罪反判其刑，可谓轻重倒置。

四、东厂和锦衣卫镇抚司这些年来，挟私诬陷、收受贿赂、徇私舞弊，种种恶行，伤天害理，善恶必报。

五、请革去东厂，限制宦官的权力，废除弊政。处死杨鹏叔侄、贾校尉，谪戍锦衣卫镇抚司官员到边疆。对于刑部郎中丁哲、刑部员外郎王爵、御史陈玉、主事孔琦等人，应各晋升一级。

明孝宗读了徐珪的奏疏，认为这个案子事关重大，再交都察院审理。

都御史闵珪等人却坚持说这是徐珪诬陷会审官员，其所奏与事实严重不符。

最后，徐珪背上"奏事不实"的罪名，被发回原籍为民。

不过，丁哲等人也得以从轻发落。

丁哲补偿袁家安葬费，罢官为民；刑部员外郎王爵、御史陈玉、主事孔琦处杖刑，赎刑后官复原职。

满仓儿处杖刑后发交浣衣局执役。

媒婆张媪、乐户被判无罪，逍遥法外。

更让人愤慨的是，杨鹏叔侄、贾校尉一根寒毛也未伤到，依然坐在原来位置上，继续作恶。

为此，在刑部观政的进士孙磐又上疏，就徐珪上书揭发东厂遭到罢官一事展开讨论。

御史胡献的上疏尤其尖锐，他说："东厂校尉，本来的职责是惩办奸恶之人，现在却成了宫中太监和外戚发泄私愤的工具。"弹劾杨鹏等宦官借小事制造冤案，打击异己，请求罢除东厂。

一年后，清宁宫发生火灾，刑部主事陈凤梧借机为徐珪鸣冤，希望能够给他官复原职，或者授予他其他官职以安慰他。

明孝宗经过再三考虑，同意下令授予徐珪正八品职衔，任浙江桐乡县丞。

又过了一年，为了平息官愤、民愤，杨鹏被削职为民。

弘治十八年（1505），明孝宗病逝。其子朱厚照继位，帝号武宗，改元为正德。

明武宗于正德二年（1507）查办宦官刘瑾，听人说起徐珪于弘治九年呈交有"革去东厂，限制宦官的权力"的奏章，便找出翻阅，为徐珪的谏言所动，下令：撤销东西两厂、限权宦官，明令宦官不准干预朝政。

也在这一年，丁哲所受的冤屈才得以平反。

山寨皇后王满堂

说起明武宗朱厚照，人们对他的第一印象就是：荒淫无耻。

这也不能怪别人，要怪就怪他自己。

他不但是明朝皇帝中的另类，还可以称得上中国历朝历代皇帝中的另类。

他特立独行，喜动不喜静，京城里坐不住，三天两头爱往外头跑。

民间因此出现了关于他四处乱窜的演义小说，如《正德下江南》《正德巡国记》等。

当然，单单爱往外头跑，还不能和"荒淫无耻"四个字挂靠起来。

明武宗最能勾起人们的偷窥欲及让人过耳不闻的事迹就是兴建"豹房"。

这"豹房"里面有什么奇观，直到今天，专家学者还说不出个所以然。

但绝大多数人一口咬定，这是大规模的金屋藏娇，里面必定养了不少绝色美女。

以此猜想为发端，《庭闻述略》放飞想象的翅膀，说："武宗初年尝宿豹房，刘瑾等以蚖蛇油萎其阳。"

另外又有更爆眼球的说法，指称明武宗和江彬等一帮男人在豹房"同卧起"，有女人，又有一帮男人，画面太辣眼。

明武宗在大内建有豹房，还喜欢外出逛荡，这里面大有文章可写。

于是，《客窗闲话》写：宣化女子李凤姐当垆卖酒，明武宗微行私访，为凤姐美色所迷，突起抱凤姐入室。凤姐则"梦身变明珠，为苍龙攫取"，任帝阖户解襦狎之。此后，正德皇帝将凤姐归豹房，爵其父三品卿，赐黄金千两。以后的京剧《游龙戏凤》《梅龙镇》则改编自这则故事。

另有《明武宗外记》又写明武宗出巡太原，每天夜里出行，看见高大房屋就跑进去，或者索取饮食，或者搜寻妇女。

……

以上故事，多是私人笔记或民间演义传说，不足为据。

下面，说一个出自《大明武宗毅皇帝实录》的真人真事，惊爆眼球。

话说，河北霸州小民王智，生有一女，名叫王满堂，明艳美丽。

王智认为，这么漂亮的女儿，必须皇帝才配得起。

王智的想法有意无意地影响到王满堂本人。王满堂也坚定地认为：小女子我天生丽质，非天子皇帝不能娶。

因此，当明武宗发诏令在天下选妃时，王智踌躇满志地把女儿送到了京师。

梦想是丰满的，现实却很骨感。

不知具体是什么原因，以美艳著称的王满堂却在大选中落选了。

父女好不沮丧，心理落差巨大。

父亲王智稍微理智一点，很快想开了：选不上就选不上，这是命，认命吧，找好人家嫁了算了。

女儿王满堂还停留在梦里：怎么会选不上？我这么完美的女孩子，除了天子谁还能娶?!

既然这么想着，就死不肯嫁人。

既然这么想着，脑筋就出了问题，就容易发梦，发皇后梦。

在梦中，有神人对王满堂说："你这辈子是要当皇后的，你听着，无论谁下聘礼娶你都不可答应，除了一个叫赵万兴的。"

王满堂梦醒，把"神人"说的话汇报给老爹。

王智听女儿说得有鼻子有眼，而且，还明确点出"赵万兴"的名字，选择了相信，觉得前途一片光明。

神奇的是，这之后不久，有客人前来王家投宿，名字就叫赵万兴！

这真是意外加惊喜！

《大明武宗毅皇帝实录》是这样写的："智家欢呼罗拜之，即妻以满堂。"

王智一家上上下下无不欢呼鼓舞，把这个名叫赵万兴的客人拥上高座，叩头罗拜，并不由分说，许配王满堂给他为妻。

赵万兴喜得娇妻之后，也处处表现出其不同常人之处，其屡次在人前人后展示谶书，无限神秘地说自己是受命于天的真龙天子。

王满堂父女深信不疑，欢喜不尽。

非但王满堂父女相信赵万兴的话，村里的许多人也都相信赵万兴的话，而且，随着时间推移，周围十里八乡的许多人也都相信赵万兴的话。

考虑到在霸州行事不便，赵万兴携带王满堂一家及愿意追随他的民众迁徙到山东峄县，在牛兰、神仙两座山上兴建山寨，招兵买马。

赵万兴的大旗扯起，又有山东儒生潘依道、孙爵等人策杖相从，称以"臣主"。

赵万兴觉得时机已经成熟，就宣布立国，改元大顺，登位称帝，立王满堂为后。

甭说，王满堂的"皇后梦"成真啦！

但是，赵万兴的"山寨"只是一个山寨帝国，兵不过数百，控制范围仅局限于两座大山！

而当他们惊动了地方官府，官兵前来征剿，山寨人众立刻溃散，各自逃生。

经过官府审问，赵万兴现出原形。

原来，赵万兴并不姓"赵"，也不叫"万兴"，而叫"叚錄"，是个道士。

叚錄道士有个和尚朋友，交情很好。

这个和尚朋友原先出入王满堂家，无意中听说了王满堂的"皇后梦"。某日见到叚錄道士，就把这个"皇后梦"当成了笑话来说。

"皇后梦"在和尚嘴里是个笑话，在道士耳里不但是桩美好姻缘，还是称孤道寡的大好契机。

道士于是改名为"赵万兴"，风风火火地导演出了纳美、称帝一系列令人哭笑不得的情节。

道士叚錄，儒生潘依道、孙爵等人被斩于市，王满堂被发到宫中浣衣局为奴，后又被安排入豹房服侍明武宗。

明武宗崩逝后，明世宗继位。

明世宗派人清理豹房，又把王满堂送回了浣衣局为奴。

王满堂，是一个因想做"皇后"而走火入魔的人。

 ## 两高官子弟的生死搏杀

明朝王世贞和严世蕃都是官二代，彼此瞧不上。

王世贞的父亲王忬是兵部右侍郎。

王忬的部下、兵部武选司杨继盛是个眼里容不下沙子的硬汉子，看不惯严世蕃的父亲、严阁老严嵩的种种作为，毅然上疏弹劾。

杨继盛在《请诛贼臣疏》中列举了严嵩的十大罪、五大奸，触怒了嘉靖皇帝。嘉靖皇帝命人打断了杨继盛的双腿，并把他丢入了诏狱大牢。

严嵩和严世蕃恨杨继盛，禁止任何人到狱中探望杨继盛。

这样，杨继盛在狱中无人理睬，生不如死。

王忬是个正直的人，他冒着被严氏父子打击报复的危险，到监狱看望了杨继盛。

回头又向嘉靖皇帝上了一道奏折，对杨继盛的狱中待遇做了些争取。

这还不够，王忬还嘱咐自己的儿子王世贞，要他多到狱中探望杨继盛。

王世贞得到了父亲的指示，频频到监狱里看望杨继盛。

这么一来，严、王两家算是结上了梁子了。

嘉靖三十三年，蒙古铁骑骚扰边关，烧杀抢掠。

王忬以兵部侍郎之职，兼任蓟、辽总督，前往边关御敌。

据说，父亲请缨御边，王世贞这边也没闲着，在家捣鼓出了一本千古奇书——《金瓶梅》。捣鼓这本书的目的，就是要害死严世蕃，即利用严世蕃爱看淫书、且有蘸唾沫翻书页的习惯，他在书页上涂满了毒药，让人设法送入严府，企图毒死严世蕃。

当然，这事儿只是坊间传闻。

事实上，到了今天，谁也弄不清楚《金瓶梅》究竟是出于何人之手。

嘉靖三十六年冬，王忬用兵失误，遵化、迁安、蓟州、玉田四城失陷。

由此，弹劾王忬的奏章雪片一样飞到了嘉靖帝的龙案上。

王忬被押解回京，下了大狱。

王世贞大急，到处找关系捞人。

有人给他指了条路：这种形势下，只有严氏父子出面求情，才能峰回路转、柳暗花明。

王世贞如梦初醒，赶紧带着弟弟王世懋跌跌撞撞地赶到相府向严嵩求救。

严嵩年事已高，倦于政事，且王忬的失职之罪是明摆着的，拒绝了王世贞的请求。

王世贞和王世懋兄弟又找严世蕃求救。

严世蕃却余恨未息，闭门不见。

王世贞和王世懋兄弟只好跪倒在严世蕃府门，连跪了两天两夜，最后昏厥倒地。

严世蕃却铁石心肠，熟视无睹。

王忬被判发配充军的重罪，严世蕃认为不够，指认王忬是通敌卖国。

最终，王忬就死在了通敌卖国的罪名上，被押赴刑场处斩。

王世贞痛哭流涕，扶父亲灵柩回乡，发誓不报此仇，誓不为人。

王世贞是怎么报仇的呢？

他和他的门生创作了一部揭露严嵩父子专权纳贿、祸国殃民的大型戏剧《鸣凤记》。

此剧一出，严嵩父子声名狼藉，从此永远被钉在了丑恶的"十字架"上。

 才情盖世的徐文长，却杀妻自残，潦倒一生

他本不该来到这个人世的。

因为他的父亲是一位很不负责的人。

他的生命，是他父亲利用社会地位逼迫一位卑贱的婢女孕育的。

最主要的是，他父亲在做这一不道德行为时，已经是一个年过花甲的老翁，可谓为老不尊。

以至于他自呱呱坠地那天算起，不足一百日，他的父亲已经因为年老病故。

尽管他的父亲也留有一定的房产、田产，但已经注定了他这一生的颠沛流离、穷困潦倒。

理由说出来也不奇怪。

他的父亲早在四十多年前就已娶妻生子，在他前面，已经有了两位已经成家立业的哥哥。

而他的母亲，只是一个身份低微的小婢女。

他的父亲在辞世前，也匆匆把他母亲的婢女身份改成妾，但并没给他们母子带来实质性的东西。

甚至，他的母亲早早就被家里的嫡母扫地出门了。

这也使得他小小年纪就养成了抑郁、执拗和偏激的性格。

不过，自古以来的老少配，似乎生下的孩子就特别聪明。

他也一样，聪颖过人，文思敏捷，六岁读书，九岁便能作文，十多岁时仿扬雄的《解嘲》作《释毁》，时人惊诧，将之与东汉的杨修、唐朝的刘晏相提并论。

他也因此在世态炎凉、郁郁寡欢之中，孤傲自赏，目空四海。

二十一岁那年，他入赘绍兴富户潘氏，并随任典史的岳父游宦阳江（今属广东），协助办理公文，开阔了视野。

他还与山阴文士沈炼、萧勉、陈鹤、柳文等结为文社，被时人称为"越中十子"。

沈炼对他的才情赞叹不已，夸奖他说："关起城门，只有这一个。"

但是苍天作弄，命运多舛。

纵然他才华盖世，却在科举道路上屡遭挫折。

而最要命的是，他的爱妻潘氏又得病溘然去世了。

这一年，他才二十六岁。

也就是说，他生命中最美好的时光只有短短五年。

人亡家破，功名不就。

为了谋生，他不得不招收学童，教私塾以糊口。

嘉靖三十三年（1554），倭寇进犯浙闽沿海，他的家乡绍兴府成为烽火之地。

吟诗作对、绘画作文、编排戏曲，都是他特有的天赋。

其实，军事也是。

他奋然投笔，投入浙闽总督胡宗宪的幕府，充当幕僚，为胡宗宪出谋定策，一举擒获倭寇首领徐海、海盗汪直。

这是他人生辉煌成就之一。

但是，宦海浮沉，翻云覆雨。

嘉靖四十一年（1562），徐阶出任内阁首辅，将胡宗宪列入严嵩党，不断参劾，并于次年锁拿胡至京。

三年之后，即嘉靖四十四年（1565），胡宗宪死于狱中。

胡宗宪幕僚中的众人早作鸟兽散。

他也早已抽身，但胡宗宪的死讯传来，他还是如同万箭穿心，同时也忧惧自己会受到牵连，于是对人生彻底失望，以至发狂。

其间，他写了一篇文辞愤激的《自为墓志铭》，而后拔下壁柱上的铁钉击入耳窍，流血如注，医治数月才痊愈。

后又用椎击肾囊，也未死。

如此反复发作，自杀之数达到了九次之多。

嘉靖四十五年（1566）的一次狂症发作中，他挥动大斧，将继妻张氏砍死，被逮捕归案，关入监牢。

礼部侍郎诸大绶、翰林编修张元忭都是状元出身，却对他的才华倾慕不已，都对他施以援手，大力援救。

实际上，后人认为，有明一代，堪与他相提并论的只有解缙和杨慎，世称"明代三才子"。

他也因之留得了一条残命，戴罪狱中。

七年之后，即万历元年（1573），明神宗朱翊钧登大宝，大赦天下。

他躬逢其盛，终于脱离了牢狱。

万历三年（1575），他还参加了张元忭主持的《会稽县志》编修工作。

万历五年（1577），受担负北部边防重任的旧友吴兑相邀，他翩然北上，赴宣化府充任文书。

其后，又得曾经在抗倭战场上并肩作战的戚继光推荐，转往辽东投奔李成梁。

也是在这段时间，他将自己胸中的百万兵甲和韬略，悉数传授给了李成梁之子李如松。

这也有了后来李如松在抗倭援朝战争中吊打倭兵倭将的奇迹。

战国名将孙膑、庞涓互相斗法，让人大开眼界，从而对他们的老师鬼谷子顶礼膜拜。

那么，无双名将李如松可以随心所欲地碾压倭寇，对于他的老师，我们是否同样多出许多敬意呢？

关外风霜寒苦，已经年近六旬、百病缠身的他难于久留。

经北京回到家乡绍兴时，他受张元忭之招在北京停留过一段时光。

但两人的相处并不愉快。

原因是他的个性张扬放纵，不能受传统礼法的束缚。

偏偏张元忭是个性格严峻、恪守礼教的人，常常以封建礼教相约制。

他一气之下，大吼道："我杀人当死，也不过是颈上一刀，你现在竟要把我剁成肉糜！"

由此，他拂袖而去，回到了家乡山阴，自号为山阴布衣，或青藤道士、青藤老人、天池生、天池山人、天池渔隐、金垒、金回山人、白鹇山人、鹅鼻山侬、田丹水、田水月等等。

张元忭去世时，他也曾往张家吊唁，抚棺恸哭，却不告姓名而归。

他的晚年很惨，贫病交加，所蓄书籍数千卷变卖殆尽，常至断炊。

他的精神病也日益严重，时常自持利斧，毁面破头，污血横流。

万历二十一年（1593），他在穷困潦倒中去世，终年七十三岁。

去世时，身边唯有一条老狗相伴，床上除了些许凌乱的稻草，竟连一张裹身的草席都没有。

一百多年后，扬州八怪之一的郑板桥却羡慕这条老狗，曾刻一印，自称"青藤门下走狗"。

再过三百年，画坛巨匠齐白石老人又说："青藤、雪个、大涤子之画，能横涂纵抹，余心极服之，恨不生前三百年，为诸君磨墨理纸。诸君不纳，余于门之外，饿而不去，亦快事耳。"

另一画坛圣手黄宾虹则说："绍兴徐青藤，用笔之健，用墨之佳，三

百年来，没有人能赶上他。"

是的，徐青藤就是明代奇人徐渭徐文长。

徐渭平生有四负："书法第一，诗第二，文第三，画第四。"

齐白石对于列在第四的画已是如此服绝，则其书、诗、文的造诣可想而知。

对他的书法，陶望龄"称为奇绝，谓有明一人"。

袁宏道则称："予不能书，而谬谓文长书决在王雅宜、文征仲之上，不论书法而论书神，先生者诚八法之散圣，字林之侠客矣！"

徐渭的画，泼墨写意，自成一家。

翁方纲观赏他画的梧桐图，见其仅以泼墨笔法绘其一小部分，却使人马上联想到挺拔正直的参天梧桐，不由得击节大赞："纸才一尺树百尺，何以著此青林庐。恐是磊落千丈气，夜半被酒歌嘘唏。"

甚至，徐渭将书法技巧和笔法融于画中，画中有书，书中有画。

好友张元忭之子张岱叹为观止，说："今见青藤诸画，离奇超脱，苍劲中姿媚跃出，与其书法奇绝略同。昔人谓摩诘之诗，诗中有画，摩诘之画，画中有诗；余谓青藤之书，书中有画，青藤之画，画中有书。"

徐渭的文采主要体现在诗歌和戏曲创作上，创作有杂剧集《四声猿》。

袁宏道尊他的诗为"明代第一"，汤显祖极力推崇他的戏剧。

黄宗羲作《青藤歌》赞叹徐渭的文采，说："岂知文章有定价，未及百年见真伪。光芒夜半惊鬼神，即无中郎岂肯坠？"

一代奇才，身世坎坷，惜哉惜哉。

义仆王环义薄云天

毛宗岗父子评《三国演义》，说此书有"三绝"，即诸葛亮智绝、曹操奸绝、关羽义绝。

诸葛亮智绝和曹操奸绝的确让人叹为观止，关羽和刘皇叔桃园结义，身在曹营心在汉，在华容道私纵曹操又一酬当日赐印赏金之恩，称得上是义薄云天，是义士中的义士，但仅仅这样便冠以义绝之名，似乎有些夸大。

这里，要说一个比关羽更义气深重的明朝义士的故事。

事实上，作为中国古代历史上最后一个由汉人统治的封建王朝，明朝统治阶层既重视儒家教育，又推崇春秋大义，因此，有节气、有傲骨的文臣武将包括下层士子文人、贩夫走卒一抓一大把。

随便举两个例子。

明末文臣袁崇焕和武将毛文龙是一对生死冤家，关于这两人的忠奸对错到现在为止还没拎清楚，本文也不准备对此进行深析。单说围绕着他们的生死而涌现出的那些义士，真让人肃然起敬，恨平生未能与之结交。

当初毛文龙孤悬海外，在东江设镇，以一己之力牵制着后金，袁崇焕等人却弹劾毛文龙不服朝廷节制、尾大不掉、杀良冒功、贪污军饷、勾结后金、图谋造反。

屯田主事徐尔一敬才惜才，以三子一孙的性命向朝廷力保毛文龙无反叛之心。

但是，袁崇焕胆大包天，未经请示，竟然私斩了毛文龙。

徐尔一痛心疾首，上疏力诉毛文龙之冤。

袁崇焕手掌辽东重兵，关系着大明王朝偌大一片江山的存亡，朝廷不敢轻议此事。

徐尔一一怒之下，挂冠而去。

想想看，功名乃是十年寒窗苦读得来的，仅为一个"义"字，就弃官而去，徐尔一当真称得上好汉子。

原先有毛文龙牵制，后金方面在攻打宁远、攻打锦州等行动中，都施展不开拳脚，根本就不可能有倾巢出动、劳师远征的大动作。

而毛文龙死后四个月，皇太极即振旅西征，掀开了风云激荡的"己巳之变"序幕！

袁崇焕也因"己巳之变"锒铛入狱，背上了与后金相通、倚敌议和、胁迫朝廷签订城下之盟等罪行。

兵科给事中钱家修为袁崇焕抱冤叫枉，毅然上《白冤疏》力证其清白。

有名叫何之璧者，更率全家四十余口人为袁崇焕鸣冤，扬言愿替袁崇焕坐牢。

当然，震住天下人的，是一个名叫程本直的北京市民，此人不但写有《漩声记》为袁崇焕鸣冤，还提出愿随袁崇焕而死。他说："臣于崇焕，门生也。生平意气豪杰相许。崇焕冤死，义不独生。伏乞皇上骈收臣于狱，俾与崇焕骈斩于市。崇焕为封疆社稷臣，不失忠。臣为义气纲常士，不失义。臣与崇焕虽蒙冤地下，含笑有余荣矣。"

袁崇焕被磔之日，程本直果然践行了自己的诺言，自尽相随。

毫无疑问，程本直比前面提到的徐尔一、钱家修、何之璧等人更加义薄云天，如果给程本直冠以义绝之名，应该没什么人会反对。

但本文要介绍的主角还不是程本直，而是生活在嘉靖朝一个叫王环的人。

王环，沧州人，长得虬髯铁面，天生神力，善骑射。大明三边总制曾铣久闻王环之名，将之招至幕下，授骑射教练之职。

曾铣其人善于领兵打仗，但却好大喜功，多次要求收复河套。

以当时的形势来说，东南倭乱汹汹，国家财政紧缺，明军根本就不可能进取河套，就算能进取甚至收复河套，也根本守不住。

曾铣所议，完全没有结合实际，曾铣因此遭到了弹劾，又因和首辅夏言走得太近，在夏言倒台后受到牵连，被指以谋反之罪腰斩于市，妻儿则流放边关。

曾铣被逮之日，拉着王环的手，流着眼泪说："现在天庭震怒，我必死无疑。我死是分内事，可怜我妻子儿女从此没了着落。"

这显然是在向王环托孤了。

王环眉头皱都不皱，慨然回答说："曾公不必过虑，我一定会保护他们母子周全。"

有了王环的保证，曾铣再无牵挂，从容走上刑场。

王环为了履行自己的一言之诺，在曾铣妻儿被流放边关之时，"乃以小车载夫人与其二子从间道去。环日则具汤粥。夜则露宿邸舍外。间关数千里。不懈。"

曾铣在嘉靖二十七年（1548）遇害，曾铣案的昭雪是在隆庆元年（1567），时间跨度长达二十年。

在这二十年时间里，王环一直忠心耿耿地服侍和照顾曾铣夫人和两个儿子。

冤案昭雪后，王环又和曾铣妻儿带曾铣的棺木返回曾铣的故乡扬州安葬。

曾家获朝廷追赠册封，酬王环金帛。王环淡然一笑，不受而去。

万历朝礼部尚书兼东阁大学士朱国祯在《涌幢小品》一书中记其事，由衷赞道："曾铣可为识士，托付得人"。

徐霞客单靠"穷游"走遍了半个中国吗

徐霞客是一个好玩、贪玩的怪人。

他爱远足、爱游山、爱玩水、爱探幽、爱访胜、爱冒险，万事喜欢查索出究竟。

最难得的，是他还特别爱玩文字，把自己的见闻、感想用文字记录下来。

他用30年时间走遍大致相当于现在21个省、市、自治区的地域，他写了60万字的《徐霞客游记》，他被人们称为"千古奇人"。

现在，学术界给他冠以地理学家、旅行家和文学家的称号。

更把他开始动手写《徐霞客游记》的日子（5月19日），定为了"中国旅游日"。

而且，徐霞客的影响力并不局限于中国，《徐霞客游记》已被定位为中国最有影响力的20部著作之一，美国、日本、新加坡等国都建立了"徐霞客研究会"。

因为徐霞客与13世纪西方大旅行家马可·波罗有着许多相似之处，他们分别被推尊为"东方游圣"和"西方游圣"。

在人们一厢情愿的想象里，徐霞客应该是风雨一肩挑，靠一双脚，挑着一箱简单的行李，豪迈地走完他的游历生活的。

毕竟，徐霞客在出发前曾抒发过"大丈夫当朝碧海而暮苍梧"的壮志——这是何等豪迈、何等洒脱的志气呢？菩提祖师要传授"筋斗云"给孙悟空，说："自古道，神仙朝游北海暮苍梧。"孙悟空问："怎么为'朝游北海暮苍梧'？"祖师道："凡腾云之辈，早辰起自北海，游过东海、西海、南海，复转苍梧。苍梧者，却是北海零陵之语话也。将四海之外，一日都游遍，方算得腾云。"

徐霞客抒此壮志，就是向世人宣布，自己要靠一己之力，如神仙一样，遍游四方。

另外，还有不少人受清人彭端淑所作《为学》中"蜀之鄙有二僧"的故事所影响，更加肯定了徐霞客芒鞋破钵、衣衫褴褛、风餐露宿的苦行僧形象。

事实并非如此。

徐霞客晚年，曾不无自豪地说："张骞凿空，未睹昆仑；唐玄奘、元耶律楚材衔人主之命，乃得西游。吾以老布衣，孤筇双屦，穷河沙，上昆仑，历西域，题名绝国，与三人而为四，死不恨矣。"

徐霞客此语，不光是对自己坚韧之志的肯定，也包含有对自己投入财力的夸耀。

不是吗？

张骞、玄奘、耶律楚材这些人，虽然也曾游历天下，但都是接受皇命而前，有政府财力和物力的支持，我呢，我不过是一个布衣老百姓，却穷绝河沙，登临昆仑，游历西域，题名绝国！

所以，尽管徐霞客的旅游经历过无数意想不到的磨难，但也不是单纯的"穷游"。

徐霞客是家里的独子，大半生时间都花费在旅游上，家里却从没为生计发过愁。

徐霞客第一次远足是在 22 岁那年，这一年他新婚，娶了富家女许氏，后来又续弦江阴富家之女罗氏，还纳有妾室周氏……总之，徐家是个大家庭，但并不需要他赚钱养家。相反，家里的财富任由徐霞客浪荡游历，尽情挥霍。

明人笔记《共山堂外纪》对徐家家境的评价是"富甲江南"；另一笔记《戒庵老人漫笔》写得更具体，徐霞客祖上为江阴首富，家里田产南到北可以走五十里远。

正是有这强大的财力作为后盾，才可以支撑徐霞客数十年的壮游生活。

那么，徐霞客的出游就不可能是孑然一身了。

每次出游，徐霞客必有童仆跟随，负责饮食起居。另有长随挑夫，负责粗重活计。

遇上挑夫体力不支，中途退出，徐霞客则另雇当地人接替。

洋洋大观的《徐霞客游记》写尽山水姿态、风光旖旎，但偶尔也写游历途中"趣闻"。

下面，我们透过《粤西游日记三十》中的"趣闻"，可以窥知徐霞客旅游式的"洒脱"，应该跟我们许多人想象中的不一样。

明朝有驿站制度，每一地都设驿站，为出行官员提供人力、马轿和食宿。徐霞客不是官，无权享受该项待遇，但他是个土豪，凭借着家族的影响力，得到了地方官赠送的马牌，于是沿路支使村民为他和仆人抬轿赶路。主仆加上行李、差用的夫役得有七八个。村里人手不够时，就让妇女顶上。此外还要供他吃喝，有鱼有肉。

《粤西游日记三十》记，崇祯十年十一月二十四日，徐霞客在众夫役的抬轿上"从坞东南行二里，越一南来小水，又北越一西北来小水，得一村倚东山下"，正悠然自得之间，众役夫不堪其苦，突然罢工，哄然散去。

徐霞客大怒，赶紧下轿，指挥家奴，前阻后追，左右包抄，终于抓住了一个，"縶用绳捆绑之"，牵着进了村。

村中男子得知徐霞客进村，已吓得四下逃遁，躲进深山里去了。

最后，是一个老人出来接待，解释说："这里驿站的铺司姓廖，外出公干了，我应该代替他为您寻找役夫，今天天色暗了，明日再启程吧。"

老人说完，侍候徐霞客"上架餐饭"。

徐霞客当晚记："余不得已，从之。检行李，失二鸡，乃镇远所送者。"

即徐霞客随身行李中，不但有穿的用的，还有吃的，其中还有两只活鸡，在役夫罢工的骚乱中跳笼飞了。

第二天最有意思。

第二天下午，老人为徐霞客征到了役夫、轿夫，"复上行岭畔者三里，又稍下。其处深茅没顶，舆人又妄指前山径中多贼阵，余辈遥望不见也"。

轿夫们抬着徐霞客主仆数人在山间深草处行走，那些深草，几可没顶。轿夫吓唬徐霞客说，前面山径经常有盗贼出没。

说话间，往东南山下走了半里，到一山麓，相同的剧情上演了："舆夫遂哄然遁去。"

"时日已薄暮，行李俱弃草莽中。"没奈何，徐霞客只好招呼家仆背了重要的盘缠下山，重回到村里找那个负责驿传事务的老人。

天色已经昏黑，各家遁入山谷的男子都还没有回来。

徐霞客担心丢在山间的行李被人挑走，领着仆人挨家挨户搜人，拉壮丁。

搜来搜去，搜出了两个妇女。

徐霞客命令她们去搬行李，让老人负责做饭。

徐霞客得意地写"老人惧余鞭其子若孙"（老人担心我会鞭责他的子孙），不得不听从。

吃过晚餐，徐霞客"叱令速觅夫，遂卧"（喝令老人赶紧给我找抬轿子扛行李的夫役，然后躺下就寝了）。

……

以上所记，是徐霞客漫长壮游生涯中的一个小片段、小插曲，却让我们揭开迷雾，更加接近这个大旅游家的真实生活。

英军舰队竟遭明军肆虐

众所周知，发生在 1840 年的第一次鸦片战争中，英国恃仗坚船利炮，闯开中国国门，逼迫清朝政府签订了近代中国的第一个不平等条约《南京条约》，除赔款外，还割让香港岛，并使英国得到领事裁判权。

整个战争过程中，英国出动兵员总共 19000 人，伤亡 523 人。这 523 人中，真正阵亡的只有 69 人。而清朝动用军队近 20 万人，阵亡 22790 人。双方对比悬殊。

其中的虎门大战最引人注目。

虎门的防御工事是晚清名臣林则徐和一代名将关天培亲力亲为打造出来的，自认为固若金汤。

但是，当英舰从海上开来，一顿炮火劈头盖脸的轰炸，镇守在上横档岛上的清军便作鸟兽散。英舰从容进攻和占据亚娘鞋山（武山），然后以偏舷排炮对准威远炮台、靖远炮台轰击。

威远炮台、靖远炮台的清军火炮射程远逊于英舰炮火，而且炮架固定，不能转向，即使在这样短距离的对攻中仍然不能对英军构成威胁。

在双方交火中，清军的炮弹全都落入海中，激起水花连续不断，对英军毫无杀伤；而英军的炮弹落到清军的炮台之上，清军非死即伤，损失惨重。

面对如此不对等的战斗，大批大批的士兵选择了逃跑。

在威远炮台上指挥作战的广东总督关天培不逃。

为了激励士气，他变卖了所有的家产，抬着白银上战场，现场悬赏。

面对英军地毯式的轰炸，他明知炮台必失，也坚不退却。

他用自己的血肉之躯来向侵略者展示自己宁死也要抵御外侮的决心。

在持续四个小时的狂轰滥炸后，炮台失守，关天培战死于靖远炮台，武山一侧的炮台除了关天培和二十多名兵丁的尸体外，空无一人。

虎门防御体系门户宣告被攻破。

此后，清军弃守大虎炮台，主动撤退。

于是，号称中国最强的海门防线，竟然就这样被毁，英国无人阵亡，付出的代价仅仅是：五人轻伤。

自此，英军闯入珠江内河，如入无人之境，长驱直入省城广州……

这是中国近代最触目惊心的一场战争，也是中华民族身上一道永不能磨灭的疤痕。

但是，很多人不知道的是，中国只是在晚清统治下才会遭受英国人予取予求的欺凌。其实，在晚明时期，英国人是被我们教训过的，用枪炮，狠狠地教训过的。

17世纪初，葡萄牙人在远东的商业霸权渐渐衰落，代之而起的是被称为"海上马车夫"的荷兰。

此外，大英皇家舰队崛起之势也非常迅猛。

葡萄牙人的商船在远东屡次遭到荷兰舰队的劫掠，他们渴望利用英国人的力量来牵制荷兰人。

1635年，果阿的葡萄牙总督和英国东印度公司达成协议，同意英商自由出入澳门从事贸易。

这年十二月十二日，英王查理一世颁布训令，任命威德尔上尉为指挥官，率领6艘船舰前来中国。

威德尔船队于1636年四月十四日从伦敦起航，六月二十七日，船队到达澳门以南的十字门外停泊。

本来葡萄牙人只想借助英国人来打破荷兰舰队的封锁，但英国人直接抵达澳门，即意味着英国人由澳门开辟中国市场，将会打破葡萄牙人对中国外贸的垄断，这是葡萄牙人所不希望看到的。

于是，澳门葡萄牙人拒不执行果阿总督的指示，不允许英国人分享澳门的贸易特权。葡萄牙人恶人先告状，向明朝官员诋毁英国人，说他们是荷兰海盗，请中国军队出兵驱逐。葡萄牙人还从澳门派出巡逻艇包围了英船，阻止英国人向中国进行贸易活动。

威德尔不甘心就此回国，于七月底启碇前往广州，想强行闯开中国国门，以武力来开辟中国市场。

八月八日，英船到达虎门亚娘鞋山（武山），虎门炮台明军鸣炮示警。

威德尔肆意妄为，下令降下圣佐治贸易旗，升起英国国王的军旗，摆出一副开战的架势，并真的指挥船队炮轰虎门炮台。

中国军队猝不及防，炮台失陷。

威德尔趾高气扬地扯下中国军旗，挂上英王旗帜，并拆下35门大炮，作为战利品搬到船上。

中国广州当局派人前往交涉，威德尔归还了大炮，却继续指挥英船深入广州内河。

忍无可忍，无须再忍！

九月十日，广东海防当局派出3艘战船冲向英国船队，发射火炮和火箭。

闯入广州内河的英舰共有6艘，以6对3！与3艘中国战船展开激烈对攻。双方你来我往，炮火纷飞，响声不绝。大约半个时辰过后，6艘英舰不支，仓皇遁走。

在逃亡路上，威德尔在虎门地区纵火焚烧，毁坏好几艘中国民船。

实际上，威德尔已无路可去，船队最终还是驶回了澳门。

为了出手此次远航物资，威德尔不得不请求葡萄牙人出面转圜。

十一月三十日，威德尔答应广州当局的要求，同意赔偿白银2800两，并向中国官员提交了一份保证书，对虎门事件表示歉意，并保证完成贸易后即行离去。据此，广州官员决定对其不予追究，令其贸易后尽快离境。

十二月二十九日，威德尔船队离开澳门，灰溜溜地启程回国。

英国著名汉学家李约瑟博士因此说："明代海军在历史上可能比任何亚洲国家都出色，甚至同时代的任何欧洲国家，以至所有欧洲国家联合起来，可以说都无法与明代海军匹敌。"

要与袁崇焕同死的义士后来怎么样了

金庸先生是袁崇焕的铁杆粉。

他早年特别写了《碧血剑》为袁崇焕唱颂歌。

很多人以为，袁承志是《碧血剑》的第一男主角。

其实不是的。

金庸先生坦承，《碧血剑》的第一男主角是袁崇焕，第二男主角是夏雪宜，袁承志只在书中起到穿针引线的作用，性格不鲜明，人物刻画模糊。

写完《碧血剑》，金庸先生意犹未酣，觉得对袁崇焕的歌颂还不够彻底，又写了《袁崇焕评传》，尽情讴歌说："袁崇焕真像是一个古希腊的悲剧英雄，他有巨大的勇气，和敌人作战的勇气，道德上的勇气。他冲天的干劲，执拗的蛮劲，刚烈的狠劲，在当时猥琐萎靡的明末朝廷中，加倍地显得突出。"

无论《碧血剑》还是《袁崇焕评传》，里面都提到了一个人物：程本直。

其中《碧血剑》里的侧面描写尤其让人过目难忘。

《碧血剑》是通过程本直的"弟弟"程青竹来衬托程本直义薄云天的义士形象的。

《碧血剑》中的程青竹不忿兄长程本直被害，设法投身皇宫，当了个侍卫，想伺机行刺崇祯皇帝，为其兄和袁崇焕报仇。不料，行刺不成，反为御前侍卫所擒，幸得有人相救，逃出皇宫，流亡江湖，成立青竹帮。

程青竹与袁承志初相识，便滔滔不绝地说起程本直的事迹来。

他说："先兄与令尊本来素不相识。他是个布衣百姓，曾三次求见，都因令尊事忙，未曾见着。先兄心终不死，便投入督师部下，出力办事，终于得蒙督师见重，收为门生。令尊蒙冤下狱，又遭凌迟毒刑。先兄向朝廷上书，为令尊鸣冤，只因言辞切直，昏君大为恼怒，竟把先兄也处死了。"袁承志"啊哟"一声，怒道："这昏君！"

程青竹道："先兄遗言道，为袁公而死，死也不枉，只愿日后能葬于袁公墓旁，碑上题字'一对痴心人，两条泼胆汉'，那么他死也瞑目了。"

按照《碧血剑》所写，程本直应该是和袁崇焕一同被处决了。

的确，袁崇焕戴罪下狱，程本直为之鸣冤，写《矶声记》称："惟是臣，于崇焕门生也，生平意气，豪杰相许。崇焕冤死，义不独生。伏乞皇上骈收臣于狱，俾与崇焕骈斩于市。崇焕为封疆社稷臣，不失忠；臣为义气纲常士，不失义。臣与崇焕虽蒙冤地下，含笑有余荣矣！"

程本直为袁崇焕门生，门生为座主鸣冤，口口声声以性命相许，如果他不陪袁崇焕同死，都不好意思再活在世上了。

所以，非但金庸认为程本直是陪同袁崇焕同赴刑场，许许多多人也这么认为。

包括清史研究专家阎崇年。

阎老先生在他的代表作《明亡清兴六十年》里写：

那位袁崇焕的门人程本直，写了一篇《漩声记》为袁崇焕辨冤，并且四次诣阙抗疏无效，愤而请与袁俱死："掀翻两直隶，踏遍一十三省，求其浑身担荷、彻里承当如袁公者，正恐不可再得也。此所以袁公值得程本直一死也。""予非为私情死，不过为公义死尔。愿死之后，有好事者瘗其骨于袁公墓侧，题其上曰'一对痴心人，两条泼胆汉'，则目瞑九泉矣。"崇祯成全了他，顺手把他也杀了。程本直，史料记载他的身份为布衣。他自称跟从袁崇焕在队伍里，亲身参加了保卫京师的战斗。有人推断他是袁崇焕的幕僚或侍从。后来，崇祯帝下令将他处死。还有一说，他是在袁督师蒙难后自杀的。《东莞县志》记载张次溪写过《程本直墓记》：今京师袁督师墓右有一茔，无碑碣，相传为从督师死者，姓名不传，此当为程本直墓。

阎老先生先是说"崇祯成全了他，顺手把他也杀了"，但觉得此说并无史料依据，贸然说出，未免孟浪，于是后面又补了一句："还有一说，他是在袁督师蒙难后自杀的。"

到底是被崇祯杀的还是自杀的，没给出明确答案。

不过，阎先生还是抖搂出一个不是证据的"证据"："《东莞县志》记载张次溪写过《程本直墓记》：今京师袁督师墓右有一茔，无碑碣，相传为从督师死者，姓名不传，此当为程本直墓。"

这里说说张次溪其人。

张次溪是张伯桢长子，名仲锐，次溪是他的号。此人秉承父训，一生留意收集整理袁崇焕旧物遗作，曾于1943年出任汪伪淮海省教育厅长等职，名节有污。

张次溪的父亲张伯桢是袁崇焕的铁杆粉，其含"铁"纯度比金庸先生高得多。

张伯桢为东莞人，号沧海，青年从学于万木草堂，为南海康有为之忠实弟子。

1915年，袁世凯政府开礼制馆，重议民国敬祀先哲名单。张伯桢要求在增祀武庙名单中列入袁崇焕，并起草《袁督师应配祀关、岳意见书》，联络当时十八省之将军、督、抚及北京各部、院长官，以至在京粤籍官员、名流、广东地方绅耆共二百人，崇祀袁崇焕于武庙，"以阐幽光""壮士气而励忠贞"。并力促对袁崇焕的崇祀升格为国家级，好与"武神"关羽、岳飞并列。

不过老袁开礼制馆本意不过是在为帝制张目，对此事并不上心。

张伯桢为追尊袁崇焕，极力赞成老袁称帝，成功"考证"出老袁是袁崇焕后裔，要老袁把袁崇焕追谥为"肇祖原皇帝"，并申请为他修建"原庙"。

张伯桢还煞有介事地说，袁崇焕被害后，世间还流传着一句谶语："杀袁者清，亡清者袁。"

袁世凯为了彰显自己顺天应人，就派人修建"原庙"。

张伯桢于是又请出老师康有为，让老师为"原庙"写庙额、庙联、庙诗、庙记。

不过，老袁于 1915 年 12 月称皇帝，仅仅八十三天之后，迫于各方面压力，不得不宣布取消帝制，其本人也于 1916 年 6 月 6 日因病去世。

袁世凯称帝失败，"原庙"是建不成了。

有人写诗讽刺张伯桢，诗云：

> 华胄遥遥不可踪，督师威望溯辽东。
> 糊涂最是张沧海，乱替人家认祖宗。

张伯桢并不受诗的影响，尊崇袁崇焕之心不改，捐资于北京左安门内东火桥广东新义园中之高阜（其地在今北京龙潭湖公园内），兴建袁督师庙。门额"袁督师庙"四字为康有为书，庙内正中嵌袁崇焕遗像刻石，像附袁崇焕临终前"手迹"："心术不可得罪于天地，言行要留好样与儿孙。"

这里重点说说这个"手迹"。

张伯桢辑有《袁大将军督师遗集》，书中也载有这个"手迹"的照片，后面有落款，为"壬申夏月，袁崇焕"。

其实，袁崇焕生于明万历十二年（甲申年），死于崇祯三年（庚午年），一生中并没经历过壬申年。离他在世最近的两个壬申年是在其出生前十二年的隆庆六年（1572），及其死后两年的崇祯五年（1632）。

那么，这个落款为"壬申夏月"的作品绝不是袁崇焕亲笔，而是后人冒名伪作。

作伪者为什么认为袁崇焕临终前的时间是"壬申夏月"呢，估计是受程本直《漩声记》的影响。

这里再说一说清史研究专家阎崇年阎老先生，老先生很可能没研究过程本直其人，也没认真读过程本直的《矶声记》和《漩声记》。

程本直最初为袁崇焕鸣冤的是《矶声记》，作于崇祯二年袁崇焕初下狱时，其中有文字是哀求崇祯帝把袁崇焕从狱中释放，以戴罪立功的，他说："臣故不避斧钺，洒血泣陈。万恳皇上，天威一垂，群疑自解。俾崇焕出而收集诸辽兵将。如侯世禄、张鸿功之例，戴罪立功。"

而《漩声记》是作于"壬申年"，即崇祯五年（1632）的，这时候袁崇焕已经死去两年了。文中因而记："而崇焕今日乃何如也？身凌迟也；家籍没也；后嗣绝也；妻孥兄弟以及七旬之母、数龄之女，方游魂于浙水之上也，复齎魂于黔山之间也！而今或死或生于八闽之外，而莫可问也！"

关于《矶声记》与《漩声记》的区别，程本直在《漩声记》开头也作了解释："大江之涯，其石横出，斗水使怒，曰'矶'。为矶之处，其下有回流焉，曰'漩'。舟楫弗戒，匪触于矶，即汨于漩。与其汨于漩也，宁触于矶，犹可拯也；汨于漩，不可拔也！"

阎老先生所引"掀翻两直隶，踏遍一十三省，求其浑身担荷、彻里承当如袁公者，正恐不可再得也。此所以袁公值得程本直一死也"一语，的确是出自《漩声记》，但此语前面写得清清楚楚："壬申之秋，将赴西市，兰辑诸稿而自为之序，詹詹数言，意为颇悉。"

古代处决犯人是在入秋以后，而明代北京的刑场设置在西四路口，所以"壬申之秋，将赴西市"即是指入秋以后将赴刑场。

所以，程本直并非人们想象的是陪同袁崇焕一起上刑场，更不是自杀，而是在袁崇焕死后两年，才被押赴刑场就死。

不管怎么样，今日读《矶声记》与《漩声记》，尽管里面的某些见识让人无语，但程本直其人之侠肝义胆，跃然纸上，不失为世间罕见的铮铮奇男子。

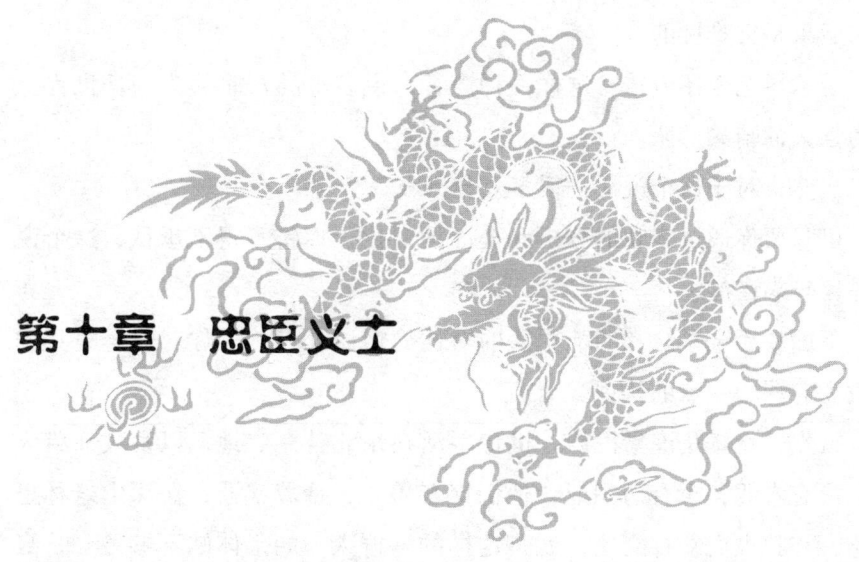

第十章　忠臣义士

 浑河血战，戚家军的余响

天启元年（1621）三月，努尔哈赤大举进攻沈阳。

沈阳是辽东重镇，辽阳的藩蔽，防御十分完备坚固：沈阳城外层层匝匝地挖了十多道深沟，沟壑纵横交叉，深一人许，堑底插尖木，鼠兽难行。就算清除了这些尖木，而深沟内一箭之地，又有一道深壕，壕内侧有一二十人才能抬得动的大木围连成栅。栅内又挖掘有大壕二层，宽五丈，深二丈，壕底同样密密麻麻地遍布着尖桩，沟内侧还筑有拦马墙，排列着炮车，每车安放大炮二门、小炮四门，两车之间又安置大炮五门。

什么叫固若金汤？

这就叫固若金汤！

就凭着这个坚不可摧的防守体系，辽阳明军守将贺世贤有理由让努尔哈赤连城墙都摸不着就滚回去。

可是贺世贤贪功，中了努尔哈赤的诱兵之计，放弃了乘城作战的优势，将军队拉出城外与后金骑兵对练。

后果是灾难性的。

学术界至今还流传着这样一种声音，说后金的八旗兵为同期世界上最为强大的骑兵部队。

当然，对于这个说法，很多人会不服气。

可只要你通过客观的分析和全面的对比，你将不得不承认，这个说法是比较靠谱的。

下面就后金军队和明朝军队的对比简略说几点，让你对后金骑兵的作战力有深层一点的认识。

首先，女真是渔猎民族，世代生活在东北苦寒之地，以畜牧渔猎为生，没有农业，没有纺织业，他们穿着兽皮，拎着武器，在深山老林里转悠，与狼虫虎豹打交道。就是这样的一群人，如果体魄不够健壮，身体素质不够彪悍，缺乏过人的求生能力，没有与狮子老虎搏技的本领，他们早就活不下去了。

在生存的原始动力下，在渔猎活动中，他们一个个力大无穷，精于骑射，堪称丛林的杀手、天生的斗士。打仗对他们来说，就跟平时的一场场大型的围猎没有区别，您见过哪个猎户在出猎之前是战战兢兢，忧心忡忡的？而一旦把这些恐怖的猎手训练成军队，其所迸发出的爆发力，其所展示出来的战斗力将是惊心动魄的！

可以说，对后金骑兵而言，战争就是一种乐趣，战争意味着宣泄，意味着释放，意味着猎取，意味着获得。

事实也是如此，后金骑兵所到之处，无不是杀戮、抢掠，同时，空中还会充满了肆意的嚎叫。

相对而言，大明军队的士兵大都是来自农耕文明的农家子弟，惯用锹犁的手和侍弄庄稼的劳动方式使他们乐于安享现状，原始人应有的暴戾之气已退化得一干二净，你要他们二话不说操起刀子就和后金骑兵拼命而毫无心理障碍，是不是太强人所难了？

虽然明朝军队总体人数占优，在武器装备上有压倒性的优势，炮兵部队的大将军炮、虎蹲炮、佛郎机炮射程远、威力大，骑兵部队又配有火铳，步营则拥有大量鸟铳和多管火枪，并且在冷兵器，如长刀、矛、槊、弓箭等打造上，锋利和抗击打强度、耐度和韧度上均远胜后金，防护器具中的铁甲、皮甲在数量上也远超后金，但决定战争胜利走向的绝对不仅仅是这些，还有一样东西。

这样东西看不见，摸不着，却又无处不在，它的名字叫作"气"——战斗的勇气、战斗的士气、战斗的杀气！

明朝军队里是有很多兵油子的，这些兵油子并不是怀揣着保家卫国的崇高理想来参军的，对他们来说，当兵只是一份职业，一份可以养家糊口的职业，到军队中来，就是为了领那每个月五钱银子的生活费，犯不着一上阵就玩命。

但毋庸置疑的是，明朝军队中也不乏那种素经训练，上阵有进无退的悍兵，如这次全部阵亡的九边边兵、川兵、浙兵等。

但就整体实力而言，其战斗力比后金军队就差得多了。

努尔哈赤在统一女真各部战争中形成了兵民合一的八旗体制，以旗统兵，八旗旗主对旗内兵民拥有绝对的权威，生杀予夺。因而八旗组织就具有极强的凝聚力、收敛力，使得努尔哈赤指挥起军队来得心应手，如臂使指，"虽将百万，可使合为一人也"。

这样的队伍，在战场上冲杀起来当真纵横驰骋、毫无畏惧，其结果将是无往而不利！

所以说，后金八旗军就是一支充满了战斗的勇气、战斗的士气和战斗的杀气的劲旅。

此外，他们还拥有着一样明朝军队难以比拟的东西——骑兵。

因为马匹数量充足，士兵骑术精湛，他们在战斗中倏来倏去，来如雷，去如电，电闪雷击，以极快的速度予对手以杀伤。他们虽然没有明军的枪炮、火铳，但他们的攻击太快了，往往在明军换弹换药之际就"刃已加颈"。

就是这样一支既精于骑射，又长于搏杀，还凶悍无情，而且数量还相当庞大的军队，你说你有什么必胜的把握去跟他们争锋?!

在强大的后金骑兵面前，贺世贤失败了。他浑身鲜血，身中十四矢，被射得如同一个刺猬，悲壮极了。

固若金汤的沈阳坚城，就这样落入了努尔哈赤手中。

明朝损失的总兵、副将、参将、游击等中高级将领达三十余人，下级官兵更是不计其数，城中百姓惨遭屠杀，那些老弱病残孕均无处可逃，干脆就从城上往下跳，死伤遍地，哀号于城下，令人不忍目睹。

不过，这仅仅只是序幕。

一场异乎寻常的惨烈恶战随即开始了。

辽东经略袁应泰得知后金大军进逼沈阳，便命总兵陈策、童仲揆等率领川、浙两军由辽阳北上增援，又遣总兵李秉诚、朱万良等率师从奉集堡北上支援。

川军和浙军号称明朝的两大劲旅，出征萨尔浒前，名将刘綎曾经放话："若得两三万川军，俺可以独挡奴酋！"

而浙兵更是一代名将戚继光严格训练出来的一支铁军，这支铁军，代代相传，无论是在东南抗倭还是在蓟北镇守边地，均屡建奇功。万历三大征中，每当敌我双方的局势僵持不下，或者明军已现败相，只要浙兵出现，战场形势立刻改观。

可惜，当日，川浙军团赶到萨尔浒时，大战已经结束。

从此，这支部队被作为机动部队驻扎在辽阳城外。

川兵带队的指挥官是年近七旬的总兵陈策，川兵中最强悍的石柱白杆兵由女英雄秦良玉的哥哥秦邦屏、弟弟秦民屏率领，浙兵的带队指挥官是副将戚金。

游击周敦吉大呼道："事急矣，请直抵沈阳，与城中兵夹击，可以成功。"

川浙军团虽然都是步兵，但其严整的军纪和求战求胜之心，使他们仅用一天的时间便赶到了沈阳城不远的浑河边。

但还是来晚了。

他们谁也没有料到沈阳城的失陷竟会如此之快。

当沈阳失陷的消息传来，他们都惊呆了。

救援行动转瞬成了泡影，部队在浑河南岸停了下来。

军中高层将领集中在一起，召开临时军事会议。

周敦吉、秦民屏等人神情激愤，高声大叫："我辈不能救沈，在此三年何为！"

上下将领，个个强烈请战。

尽管敌强我弱，陈策、童仲揆两位总兵看见将士们士气高昂，求战心切，最终还是做出了主动进攻的部署。

实际上，他们除了继续进攻，已经别无选择了。

因为后金军轻取沈阳，不会做太大的休整，马上就会出兵攻击辽阳。

要知道，后金骑兵机动灵活，来去如电，一旦发现了前面有明军撤退，定会穷追不舍，紧咬不放。到时，明军主动的撤退难免会演变成一场被动的大溃败，等待他们的，只有惨遭全歼的命运。

所以，他们只能堂堂正正地和敌人打上一仗。

同时，陈策他们知道，在他们之后还有奉集堡总兵李秉诚、虎皮驿总兵朱万良等人率领三万明军援沈，坚持到他们到来，或者坚持到天黑，在夜色的掩护下向朱万良等人靠拢才有生的希望。

好吧，那就打吧。

可是，怎么打呢？

如果只是被动地停留在浑河南岸结阵，那么明军，尤其是以火器见长的浙兵设置防御阵地尚需时间，而前面的浑河却又不是能阻挡敌人的天堑，如果敌人的骑兵在自己设置防线的时候蓦然杀来，失败同样不可避免。

要为主力布置车阵和构筑工事争取时间，就必须派出一支人马主动出击。

于是，这支数千人的队伍被一分为二，周敦吉、秦民屏率领三千余人从浑河浮桥过河，到沈阳城下迎战，部队主力在南岸结阵驻扎。

一场血战即将打响，川浙军团表现的机会来了！

手持白杆长枪的川兵从浮桥上鱼贯向北，留守南岸的戚金则指挥士兵布下明军著名的车阵。顺利拿下了沈阳的努尔哈赤的确没打算在沈阳做过多的停留，他对手下诸将说，"沈阳一战，明朝军队士气全无，此刻我们乘势前进，辽阳指日可下。"

努尔哈赤完全没有料到周敦吉、秦民屏率领三千白杆兵已经杀到了沈阳城下。

听说明军只来了三千人，努尔哈赤并没有掉以轻心，俗话说，来者不善，善者不来，他派出了素以敢战而闻名的正白旗部迎战。

努尔哈赤虽然没有大意，正白旗军却明显轻敌了。

在他们眼里，面前这支明军步兵跟以往被歼的明军没有什么区别，

他们认定，只要他们发起攻击，这支明军就会哭爹叫娘，四散溃逃。

然而，两军一接触，后金的骑兵就被白杆川兵的长枪戳得"纷纷坠马"。

打头阵的精锐红巴甲喇军不信邪，再来，后军骑兵策动铁骑，势如千钧雷霆，疯狂杀向明军。

然而，这些明军殊不畏死，不退反进，挥动长枪，以步制骑。

其结果是又有一批后金骑兵在惨叫声中被挑落马下。

正白旗骁骑数次冲锋都被明军打退。

努尔哈赤明显懵了，赶紧，又派出了自己亲自掌管的正黄旗。

正黄旗的遭遇与正白旗相同，不，应该说是更惨，被"击斩落马者二三千人"。

战事发展到这儿，八旗军上下全部震惊了。

努尔哈赤本人也惊出了一身冷汗。

就在这紧要关口，逆天的一幕出现了：投降后金的原明朝抚顺降将李永芳利用沈阳城中的大墩台以千金急招明军败兵当炮手，居高临下向城下正在血战的川兵发炮，炮声隆隆，"无不立碎者。"

已经把五倍于己的八旗精锐打得鬼哭狼嚎的川军万万没有想到，一向被明军掌握的大炮火器，居然出现在敌人的阵地上，阵势很快就乱了。

努尔哈赤大喜，调援兵后续攻上，辅以铁骑从两翼围杀，白杆兵统帅秦邦屏和明将周敦吉、吴文杰、守备雷安民皆战死，剩下的残部只得退回浑河南岸。

当然，战斗还没结束，一场更为血腥的战斗紧接着展开。

努尔哈赤挥动八旗军渡河强攻，把南岸的明军包围数重。

而南岸明军的车阵已经构筑完成。

车阵是戚继光、俞大猷等人与蒙古鞑靼作战时总结出的一套以步制骑的战法，战车在行军时可以装载粮食辎重，驻扎时可以当营寨的外围防护栏，防御时则可以围成环形防御阵地，士兵以车为掩体，将火炮架在车上，向外发炮。

现在负责构筑车阵的是戚继光的侄子戚金。

戚金长年跟随伯父转战各地，得到伯父的指点和栽培，练兵颇有伯父之风，称得上是戚继光军事学的传人，后来在蓟北戍边担任浙军的作训主官，又曾随浙军入朝与日军作战。在收复平壤一战中，他薄城先登，积战功做到了副总兵。

现在，看见强敌骤至，戚金不慌不忙，指挥明军摆开车阵，沉着应战。

努尔哈赤先以四旗的兵力从左翼发起进攻，最先迎接他们的，是明军浙兵的大口径佛郎机火炮，其次是车阵内弓弩，此外还有各种火铳、火箭、小口径虎蹲炮以及其他各式各样的火器。

这些火器巧妙地运用了火铳三叠阵，保证射击的连续性，后金骑兵被打得人仰马翻。

努尔哈赤急眼了，一咬牙，舍弃了骑兵的机动性，将攻城用的楯车推了出来。

这是一种用长白山松木做成的木头车，车上宽厚坚固的大木能阻隔明军的轻火器射击，后金骑兵纷纷下马躲在车后面努力推车向前。

针对后金这种不要脸的战法，明军亮出了戚家军特种兵器——铁狼筅，从战阵中闪出，逐一将躲在车后的后金士兵钩倒刺死。

几轮厮杀下来，后金伤亡者达三千多人。

胜利之神似乎站在明军这边。

其实不然，明军人数不足一万，而且连日赶路，在沈阳城下又败了一场，目前身陷重围，而敌人有数万之众，背后有坚城沈阳为依托，兵

马粮草均有保证，后续部队正源源不断地投入补充，明军虽然占据了战斗的上风，但只是暂时的，时间一久，如果没有后援部队的接应，终不免全军覆灭。

所以，他们把生存的希望寄托在后面赶来的朱万良、李秉诚两部的身上。

而朱李两部已经开进到离沈阳十几里的白塔铺一带，并且成功地击退了后金的二百名斥候骑兵。

不过，他们了解到浑河南岸战斗的惨烈性，害怕了，停下来观望战局，"既不能解沈阳之围，又不能救南兵之覆"。

努尔哈赤抓住这一有利时机，派出皇太极向朱李两部发起主动攻击。

朱李两部明军"俱执丈五长枪及铦锋大刀，身着盔甲，外披棉被，头戴棉盔，其厚如许，刀枪不入"，装备精良，然而稍经交手便即行溃退，皇太极军仅有数千人，居然将三万明军打退数十里，沿途追杀了三千多人。

这样，后金军再无后顾之忧，放手一搏，准备全力绞杀浑河南岸这支失去后援和退路的明军浙兵。

八旗军轮番上阵，攻击波一波紧接一波，连绵不绝，从中午一直打到黄昏。

明军在后金车轮战术的攻击下，弹尽矢绝，车阵终于被破。面对如狼似虎汹涌而至的后金军，他们仍然毫无惧色，狼筅手、藤牌手、刀手各按方位站好，结成鸳鸯阵，与敌人展开惨烈的肉搏。

饶是后金骑兵以凶悍著名，看到这些明军视死如归的气概，无不心中栗栗，所倚仗者不过人多势众耳。

后金骑兵大声呼喝，既是为自己壮胆，也是为了恫吓对方，重重匝匝，将明军围了个水泄不通。

残阳如血，战事越来越惨烈。

明军的人数越来越少，将领袁见龙、邓起龙、张名世、张大斗，甚至年已七旬的总兵陈策纷纷倒在血泊中。

而后金的损失也不小，其战将雅巴海、布哈、孙扎钦、巴彦、雅木布里、西尔泰、郎格、敦布达哈、木布、禄汪格等均在混战中丧生。

明军总兵童仲揆为南京人，武举出身，掌四川都司，有万夫不当之勇，本来可以杀出一条血路逃生的，但戚金的一句"大丈夫报国就在今日"让他改变了主意，抱定了必死之心重新杀入战场。

暮色四起，明军在戚金、童仲揆的带领下，仅存几十名浙兵，但他们的鸳鸯阵依然不乱。后金每进一步都必定要付出血的代价。

一向残暴凶残的后金骑兵终于怯战了……

他们没有勇气和这仅存的明军继续肉搏，而选择了撤出战阵，四面环集，采取了最无耻的方式来结束战斗——万箭齐发。

"是役，明以万余人当我数万众，虽力屈而覆，为辽左用兵以来第一血战。"（语见魏源《圣武记》）

近于万人的川浙军团全军覆没，而八旗兵死伤人数也与之相当。

《明熹宗实录》上也称："自奴酋发难，我兵率望风先逃，未闻有婴其锋者。独此战，以万余人当虏数万，杀数千人，虽力屈而死，至今凛凛有生气。"

天下将亡，郑成功拔剑而起

提起国姓爷郑成功，很多人都知道他是生活在明末清初的民族大英雄。

郑成功的得意之作，就是一举收复了孤悬海外长达三十八年之久的宝岛台湾。

但大多数人对郑成功的认识，就仅仅停留在这件事上面，对于郑成功更多可歌可泣的英雄事迹知之不多。

收复台湾，无疑是一件壮举。

收复台湾的英雄，无疑是不世的大英雄。

但郑成功的最伟大之处，若以顾炎武的"天下兴亡"观点论，是以一己之力与大清王朝叫板，以一己之力保留住了大明最后的衣冠，以一己之力谱写了大汉英雄赞歌，践行了不可思议的"匹夫之责"！

明末清初，是一个枭雄幻灭的时代。

曾几何时，那个气吞山河、矢志一统河山的闯王李自成死在清军追杀之中；那个杀戮四方，建立大西政权的大西王张献忠死在清军的箭矢之下；那个曾被视为南明中流砥柱的史可法在清军的屠刀前壮烈喋血；那个曾虎踞西南、势力如日中天的孙可望在清军的马蹄下变节俯首；那个曾雄视东亚、纵横海洋的海上枭雄郑芝龙也束手投入了清军阵营；那个曾"两厥名王"、号称明末第一名将的李定国在忧愤之中溘然身逝……南明的皇帝弘光、隆武、永历也都先后殉葬了属于他们朱家的大明王朝。

一时间，清军的刀锋掠遍了中国大地，马蹄所到之处，无人可挡。

顾炎武疾呼说："有亡国，有亡天下。亡国与亡天下奚辨？曰：易姓改号，谓之亡国。仁义充塞，而至于率兽食人，人将相食，谓之亡天下！"

值此天下将亡之际，原为一介书生的郑成功拔剑而起，不挠不屈地与清军苦苦周旋、苦苦支撑、苦苦搏杀，并一度差点翻盘，改写历史。

郑成功，本名森，在南京国子监读书期间，"丰采掩映，奕奕耀人"，名儒钱谦益一见之下，大为激赏，赞叹说："少年得此，诚天才也。"

钱谦益也因此将之"执赘为弟子"，并赠字"大木"。

与钱谦益相似，隆武帝第一次见到郑森，奇其貌，叹赏说："素闻郑家有匹千里驹，果然名不虚传。"

其后，殿前问答，郑森对答如流。

隆武帝抚其背，慨叹说："恨无一女配卿。卿当尽忠吾家，毋相忘也。"当日，赐他姓名为朱成功，封御营中军都督，仪同驸马。从此中外都称郑森为"国姓爷"，或称国姓成功、赐姓成功、朱成功。

郑成功的父亲郑芝龙在清军进逼之时，领兵降清，并多次派人招引郑成功同行。

郑成功复书道："从来父教子以忠，未闻教子以贰。今吾父不听儿言，后倘有不测，儿只有缟素而已。"

不久，郑成功惊悉隆武帝遇难，悲愤莫名，将自己过去穿戴的儒服儒冠携至文庙跪哭焚化，散家财犒师。

这就是历史上著名的"焚衣起兵"！

清朝的势力，已据有中国三分之二以上的地盘，拥百万大军。

郑成功散尽家资招募起来的，不过寥寥数百人，并无一稳固根据地，属于白手起家。

可是，就凭着一颗忠义之心、一腔浩然正气，郑成功担任起兴复重任，充当起"孽子孤臣"的角色，打出了"杀父报国"的旗号，凭恃着几座毫不起眼的小岛，与拥有数百万平方公里、拥有数千万人力资源的大清王朝殊死血战。

英国大使马戛尔尼曾根据自己访华的见闻感受写道："明末的反清并不是民族斗争，不是什么捍卫明朝一姓私利的斗争，而是文明与野蛮的斗争，进步与落后的斗争，是关系到中国后来几百年命运的一场斗争。""在这场斗争中那些坚定反抗满清侵略，为此流尽最后一滴鲜血的英雄，他们每个人的名字永远值得我们铭记在心，他们不仅是中国的英雄，同样也是世界的英雄。"

郑成功在南至粤东、北至江浙数千里的海岸线机动灵活地发起进攻，剽掠如风，神出鬼没，让清军防不胜防。

郑成功甚至于永历十二年（1658 年，清顺治十五年）大举北伐，气焰张天。

可惜，天不佑大明，大军进入长江之前，于羊山海域遭遇飓风，损失惨重，只得退兵厦门。

次年，郑成功再次率大军北伐，顺利进入长江，势如破竹，接连攻克镇江、瓜洲，接连取得定海关战役、瓜洲战役、镇江战役的胜利，包围了南京。

清廷大为震骇，清顺治帝甚至打算退出关外。

如若收复了南京，则人心可待，恢复大明江山便不再是梦想。

可惜，郑成功顿兵于坚城之下，错失良机，最终功亏一篑。

饶是如此，郑成功还是愈挫愈勇，以强人之姿态振翅翱翔，与清军分庭抗礼。

清军无可奈何，最后采取下三滥的手段，倾尽全国之力，封锁由北而南数千公里长之海疆，企图把郑成功困死在区区几个小岛之上。

为此，郑成功把目光投向海峡对岸的台湾宝岛，奋起武士之心，驱逐荷夷，光复台湾，成就了万古不朽之伟业。

收台之后，郑成功网罗了日本人、柬埔寨人、欧洲人与非洲黑人等充作兵员，相当于拥有了一个国际纵队，成为东亚海洋上的无冕之王，以铁之手腕维系东亚之秩序。

意大利学者白蒂说："郑成功在海上贸易中有不容置疑的权威地位，他所拥有的强大的武装力量，使得他成为一个健全完善的政治组织的领袖，一个没有边界的海上王国的主宰。就此而言，郑成功的雄心壮志是惊人的，是不可战胜的。与此同时，郑成功也受到远东诸国的敬畏。"

可以说，郑成功是豪杰中的豪杰，是枭雄中的枭雄，是巨人中的巨人。

康熙皇帝曾说"朱成功明室遗臣，非吾乱臣贼子"，并写了一副楹联："四镇多二心，两岛屯师，敢向东南争半壁；诸王无寸土，一隅抗志，方知海外有孤忠。"

晚清名臣沈葆桢也写有对联一副赞颂郑成功："开万古得未曾有之奇，洪荒留此山川，作遗民世界；极一生无可如何之遇，缺憾还诸天地，是创格完人。"

焦琏以三百骑破清兵数万，居南渡第一功

至今仍有一些人在认识上存在一种误区，认为入关取代了明朝的后金女真人是游牧民族。

前不久，还看到有文章辩解说关外的后金女真人本质上属于农耕民族。

其实都不对。

生活在白山黑水之间的后金女真人，其实是过着一种采集与渔猎相

结合的原始生活。

东北地区纬度高，气候严寒，无霜期短，广大区域内"林木障天，明昼如晦"，"整天不见天日"。《李朝实录》有记载，即使进入明清时代，仍有众多女真人不事农业生产，他们出没在深山老林之间，春秋季捕鱼、采集，冬季狩猎。采集人参、木耳、蘑菇、蜂蜜、松榛、东珠，捕猎虎、豹、熊等猛兽。这样的生存形态，要求他们体魄强健、弓马娴熟、机警勇猛、坚忍顽强方能应付裕如。

女真每有男孩降生，家人便会悬挂弓箭于门前，表示这个家庭又增加了一位勇敢的猎手。年龄稍长，这些孩子便如长在马背上一般，以弓马娴熟夸示于人。所有的女真男人都希望能成为巴图鲁——力能屠熊猎虎的勇士，这是他们崇高的梦想。只有这样的英雄，才会得到那些最美丽姑娘的青睐。因此，他们豪迈奔放、彪悍凶猛、意志坚定，目标始终如一地指向猎取的对象。

相对而言，以农业为生的民族，特别是汉民族，他们的生产与生活高度简单重复，他们面朝黄土背朝天，对神秘莫测的上天充满敬畏，严格地按照节气时历安排自己的生活，无比爱惜脚下的土地，任何迁移和变动都会让他们发出本能的怀疑与恐惧。平和、保守、坚忍、麻木成了他们心灵的代名词，就像他们脚下的土地。

可想而知，当乐于与虎、豹、熊等猛兽搏杀的女真人与安身立命于侍弄庄稼的汉族人发生了战争，结果会是怎样的一种情形。

萨尔浒大战，后金以五万之众分头击破明军好不容易集结起来的十几万大军，刘綎、杜松等名将尽殁于此役。

努尔哈赤率领他的子弟攻沈阳、辽阳，在浑河岸边，全歼明朝最赖以为豪的戚家军、四川白杆兵；取广宁，冲溃王化贞数十万大军；皇太极时代，清兵先后四次闯入关内，纵贯中原腹地，如入无人之境，袭取数百城，掠走上百万人口，劫走财物无数。

明朝的猛人、牛人，如熊廷弼、毛文龙、孙承宗、袁崇焕、曹文诏、祖大寿、卢象升、洪承畴、吴三桂等，更是前赴后继，或伤或亡或降，悉数败在清朝骑兵的铁蹄之下。

什么关宁铁骑，什么天雄军，什么秦兵、洪兵，遇上了清兵全都白搭。

就连李自成、张献忠这些曾经掀起滔天巨浪的乱世枭雄，也都全化作清军兵锋下的亡魂。

有人说，努尔哈赤创建的八旗军，乃是世界上同期军队中杀伤力最为强悍者。

诚然，清廷定鼎北京后，清人马鞭南指，席卷山河，气吞万里。

南明弘光、隆武两朝相继覆亡，南明将帅又在广东肇庆拥戴万历皇帝之孙、桂王朱常瀛之子朱由榔即皇帝位，建立了永历朝廷。

永历朝廷成立于风雨飘摇之中，兵微将寡，无从抵挡清军如潮攻势，只好一逃再逃，从广东逃到广西，又从广西远遁贵州、云南。

永历元年（1647）二月，永历帝从桂林出逃，大学士瞿式耜坚决反对。

瞿式耜的意见是在桂林建立一个稳固的抗清基地，他恳劝永历帝说："广西地处山川上游，敌人难以仰攻。我军兵士大量屯驻在湖南、湖北，而且道路四通八达，可从南宁、太平出云南；也可从柳州、庆远往贵州。另外，左、右江有四十五洞土狼标勇，他们久享国家恩德，三百年来忠心事明，已经足以据守。"

但永历帝已被清军的威势吓破了胆，不但要往西逃走，还拉走了几乎全部军队。

瞿式耜潸然叹息，说："今移跸者再四，每移一次，则人心涣散一次。人心涣而事尚可为乎？"他目送永历帝远去，自己招募民兵独守孤城。

清军来势奇快，很快从平乐推进，顺利占领柳州。

柳州离桂林不过两百里，桂林城内外，一片风声鹤唳。

三月十一日，数千清军杀到桂林城下，没费多少功夫，就破城而入，城中大乱。

危急之际，有明朝服装的将官出现，犹如神兵天降，遇神杀神，遇佛灭佛，杀得清军鬼哭狼嚎、叫苦不迭。

该明将姓焦，名琏，字瑞庭，陕西人。行伍出身，勇猛善战，原平蛮将军杨国威中军官，负责护送永历出逃，到了武冈，心念瞿式耜一介文士，只凭一腔热血守城，向永历帝请示，率三百骑兵回援。

焦琏回到桂林时，清兵已杀入了文昌门。

焦琏二话不说，一马当先，立刻与清军展开巷战，自己单枪匹马，"搏斩冲锋者数十骑"。

手下三百骑士受此激奋，一齐奋起神威，终于把这股清军击退。

瞿式耜彼时高据东城楼，矢集纶巾，得焦琏奋勇解困，大慰平生，当日，设宴招待焦琏，"拊其背而劳之，如家人父子"。

次日，清军云集。

瞿式耜有恃无恐，在城楼上叱骂："狡虏乃敢尔！"连呼焦琏。

埋伏在城下的焦琏应声而出，袒臂、控弦、提刀而出，挽弓射落一名清将，然后领三百骑挟马冲杀。

清兵自渡江东，未有抗衡者；见焦琏如此不要命，无不惊奇错愕。

焦琏引三百骑直贯敌阵，左右冲突，所向披靡。自寅至午，斩首数千级，反复三次分割敌阵。清军散而复聚，合兵围击。

焦琏杀得性起，嘴里酣呼杀贼，戈刃所及，血雨肉飞，杀数千骑，清兵胆落。

瞿式耜在城上率士民击金鼓从之，以助军威。

焦琏愈加神勇，追杀数里，清以数十骑遁去。

此役，焦琏以三百骑破清兵数万，桂林得全；南渡以来，武功第一。加太子少师、左都督，封新兴伯。

可惜的是，这样一员不世出的猛将，不久之后，却被大汉奸陈邦傅暗杀，头颅被陈邦傅完好无损地献到清军帐下。

 ## 明末武进士，只身闹法场，打得张献忠招架不住

关于藏宝，千百年来，都是人们孜孜不倦、乐此不疲的话题。

不说有无机会寻得藏宝，就只分析藏宝的来龙去脉、路线、地点，以及背后的故事，也乐趣无穷，魅力无限。

在中国古代众多藏宝事件中，被公认财富最巨的，乃是张献忠藏宝。

有历史著作评论说：大西皇帝张献忠宝藏之巨，名列世界第三、亚洲第一。

有历史学家粗略估算，张献忠至少拥有白银数千万两。按明末一两白银折合现在的六百元人民币计算，其在当时所拥有的财富，相当于现代数百亿元人民币！

那么，问题来了，张献忠宝藏是从何而来的呢？他凭什么会有这天文数字级的宝藏呢？

张献忠于明崇祯三年（1630）起事，主要以流窜劫掠为目的，被时人斥为"流贼"。其每到一地，必以严酷刑法逼迫官宦富商乃至普通平民交银，叫作"输银助饷"。

其中的崇祯十六年（1643）五月底，张献忠攻克武昌，按赵吉士《寄园寄所寄》中的记载，张献忠"尽取（楚王）宫中金、银各百万，辇载数百车不尽"。

张献忠于甲申年（1644）九月初九攻进成都，建大西国，称"老万岁"，把全川财富掠归己有，劫掠对象包括普通百姓。《蜀记》明确指出："（张献忠）又传令不许私藏金银，如有私藏至一两者，全家斩，有藏至十两者，本犯剥皮，全家斩首！"刘景伯在《蜀龟鉴》中愤然慨叹："饬各州郡籍境内富民大贾，勒输万金，少亦数千金，事毕仍杀之。从古大盗贪酷未有如闯、献之甚者也！"

这海量财富，张献忠在败亡前藏匿于何处呢？可谓众说纷纭，说法多多。

有说藏于成都望江楼，有说藏于龙泉山百工堰，有说藏于彭山江口镇，有说藏于青城山普照寺，有说藏于雅安州府（今雅安市）芦山县青衣镇，有说藏于青城山"神仙洞"……

当然，呼声最高的是藏于彭山江口镇。

2015 年 12 月，中国专家基本确认了彭山"江口沉银遗址"，并立项，进行抢救性发掘。

2016 年 1 月 5 日，人们在"江口沉银遗址"中心区域发现刻有 29 个字的金封册，经鉴定为国家一级文物。

2017 年 4 月 13 日，四川省眉山市彭山江口沉银遗址水下考古工作第一阶段考古发掘正式结束，出水各类文物 30000 余件，证实了"张献忠江口沉银"的历史事实。

说起"张献忠江口沉银"这段历史事实，就不能不提一个人——四川嘉定（今乐山）人杨展。

杨展，字玉梁，膀大腰圆，勇力绝伦，明崇祯十二年中武举，次年成武进士，先后任游击将军和参将。崇祯十六年，为广元守备。

甲申年（1644）四月末，杨展跟随川北总兵刘佳胤入卫成都。

八月初五，张献忠大军攻城，杨展披挂出战，阵斩二十余敌。

但是，城中兵寡，张献忠军攻势如潮，杨展一人改变不了战局。

八月初八成都城陷，杨展被俘，押赴刑场就斩。

刽子手看杨展身上的甲胄明亮鲜妍，大为眼羡，说："大汉，甲胄送我。"

杨展笑笑说："黄泉路上，当为轻装。甲胄送你，正合我意。只是可惜，这明亮鲜妍的甲胄，将被喷血溅污。"

刽子手深以为然，动手解其缚、剥其甲。

一身重甲被解下，杨展舒展神力，夺过刽子手的刀，将之砍杀，大闹法场，杀开一条血路，跳入江中，泅水逃匿。

死里逃生的杨展经新津潜回嘉定，密招亲友，顺岷江而下，拟赴叙府（今宜宾）会其部属。

船至犍为，遇上了假冒张献忠胞弟、自称"二千岁"的劫匪。

该匪帮连舸中流，封江设卡，杀人越货。

杨展的船只顺江而下，无从躲避，迎头撞上。

于是，考验勇力、智力的时候到了。

杨展稳住心神，从容自若，发轻舟直前，一路呵斥道："二千岁何在？领密诏。"

匪众被他的派头和气势所慑，领他登主舰见匪首。

见了匪首，杨展二话不说，挥刀就劈，白光起处，匪首脑袋搬家，匪众们惊恐逃散。

第十章　忠臣义士

285

杨展率众夺其饷，顺利到叙府会其军。

不日，杨展攻占叙府，驱逐了大西军的都督张化龙，引军至嘉定，招揽遗民溃卒，众至数万。

此后，又相继收复了仁寿、简阳、眉州、青神等地，一举而成明末清初西南重要的割据势力，接连被南明政权提升为总兵、华阳伯、锦江侯。

杨展注重恢复农业生产，他一面派人赴黔楚购粮，一面放兵垦荒屯田，粮食丰足，自给有余。

张献忠帝蜀期间，祸乱全川，涂炭生灵。

唯独杨展所据嘉定府一方平安，史书称，城中百姓，饭饱酒足，个个悠然自在。

张献忠以"杀"治蜀，到顺治三年（1646）五月后，已弄得川西平原田荒、民尽、粮绝……而清军在收拾完李自成后，又呼啸南下，直逼四川。张献忠自忖成都已不能再守，打算"举国"沿岷江向乐山转移。

当时的四川盆地，处处都是满目疮痍，唯有杨展治下的嘉定、峨眉一带粮足民乐。张献忠的如意算盘是攻占杨展的地盘，坐享其成。

当年六月下旬，《蜀难纪实》中记："（张献忠）于是括府库民兵之银，载盈百艘，顺流而东。"

《蜀碧》也说："（张献忠）率兵十数万，装金宝数千艘，顺流东下，与（杨）展决战；且欲乘势走楚，变姓名作巨商也。"

离成都约150里的彭山江口镇，是出成都的唯一水路要冲，为兵家必争之地。

杨展侦知张献忠的行动，早早就在彭山江口埋下了伏兵。

大西军拥众十万，战船近千艘，满载多年抢掠积蓄的金银财宝，顺江而下，威势赫赫。

杨展人数虽少，却占了天时地利人和。他兵分两翼与大西军对阵，遣小舟载火器从正面进攻。

战斗一打响，老天帮忙，狂风大作，敌船着火。

杨展之部前锋骁勇无比，突入敌阵，势如破竹。

张献忠见势不妙，急掉转船头逃窜，无奈战场地处有"老虎滩"之称的险恶地段，两岸逼仄，前后数千艘船，首尾相衔，骤不能退，风烈火猛，势若燎原。

《蜀碧》述当时战况："（杨）展急登岸促攻，枪铳弩矢，百道俱发，贼舟尽焚，士卒糜烂几尽，所掠金玉珠宝及银鞘数千百，悉沉水底。"

江口一战，张献忠全线溃败，末路狂奔。

杨展军追到了汉州城附近，见到尸骸遍地，触目惊心，命令部下挖土安葬。

原本，张献忠在大顺二年（1644）曾在汉州城立圣谕碑扬威，该碑正面碑文楷书竖排阴刻"天有万物与人，人无一物与天，鬼神明明，自思自量"。背面原为张献忠的丞相阎锡命写的圣谕六言注释，杨展埋葬了汉州城附近尸骸后，改刻背面为万人坟碑记。碑文为："崇祯十七年（1644），逆贼张献忠乱蜀将汉州人杀戮数十万，于奉命平寇复省，提兵过此痛彼白骨，覆以黄壤，爰题曰万人坟，是用立石。挂平寇将军印左都督杨展题。隆武二年仲冬月吉。"此碑位现存于广汉市房湖公园内。

狼狈不堪的张献忠改由川北出川，计划北上陕西，重回当年发迹之地。不过，在西充凤凰山，不期然遭遇上了南下的清军，张献忠本人被一支突如其来的冷箭终结了罪恶的一生。

史料记载，杨展战胜了张献忠后，从逃脱出来的船夫口中得知江口沉船里装的是金银财宝，便组织士兵进行打捞。针对木鞘装银的特点，他命令士兵用长枪"钉而出之"，收获巨大。

由此，杨展"富强甲诸将"。

可惜的是，顺治六年（1649），杨展被奸人袁韬、武大定谋杀，时年四十五岁，川西南再度陷入军阀混战，直到十多年后才得以平息。

 ## 阎应元慷慨殉难，乾隆隆重赐谥

俗话说，时势造英雄。

又有另一俗话说，沧海横流，方显英雄本色。

若是太平盛世，大家营营役役，都忙碌于养家糊口，图个三餐一宿，则谁是英雄豪杰，谁是凡夫俗子，不大容易分得出。

而一旦到了大厦将倾、山河破碎、神州陆沉、国破家亡的危急关头，芸芸众生号啕痛哭、争相逃命之际，真英雄、真豪杰才会挺身而出，以一己之力扭转乾坤，充当万众瞩目的中流砥柱。

明末阎应元就是这样的一个人。

阎应元原籍通州，到江阴任典史。

这个典史，相当于现在的正科级公安局长。

在任期间，阎应元最为人称道的事迹，就是捕杀过海寇顾三麻子的贼众。

也因为捕杀海盗有功，朝廷本调他转任广东韶州英德县主簿。

但古代交通不便，从江阴到英德千里迢迢，而阎应元的母亲病倒了，故而一直没能成行，全家闲居在江阴城外砂山脚下。

阎应元原本以为，等母亲的病好了，自己还可以继续到英德赴任。

但是，风云突变，李自成攻陷北京城，崇祯皇帝殉国；满清入关，定鼎中原，南明小朝廷崩塌，弘光帝就擒！

一连串的变故犹如电光石火，让人目瞪口呆。

阎应元原来的上司，江阴县县令林之骥知事不可为，不愿降清，解印去职。

清知县方亨前来继任，循例颁布剃发令，其所张贴从常州府发来的剃发文书上，赫然有"留头不留发，留发不留头"的字眼。

江阴士民一片哗然，大呼："头可断，发决不可剃！"

大家在诸生许用的带领下，擒住方亨，斩杀清差，推举当时的典史陈明遇为首，设太祖高皇帝像，且拜且哭，树"大明中兴"大旗，自称江阴义民，正式反清。

陈明遇虽有一腔忠肝义胆，却自感缺乏军事组织才能，极力推荐赋闲在家的前典史阎应元出山，委派十六人连夜前往邀请阎应元。

阎应元二话不说，带领江阴城祝塘少年六百人，执械入城，召集众父老，说："今日之事，非有所强于诸君者，诸君其无以生死计！"

众人振臂应诺。

阎应元于是详加调查全城的户口，挑选年轻力壮的男子组成民兵，力求人尽其才，物尽其用，将各项工作安排得井井有条。

由明入清的降将刘良佐统重兵包围江阴城。

刘良佐本人亲到城下劝降，耀武扬威，喝道："弘光已北，江南无主；诸君早降，可保富贵。"

阎应元高踞城楼，瞋目怒喝道："江阴士民，三百年来食毛践土，深戴国恩，不忍望风降附。阎应元是大明典史，深知大义所在，绝不服事二君。将军位为侯伯，掌握重兵，进不能恢复中原，退不能保障江左，反变身为敌前驱，有何面目见我江东忠义士民乎邪！"

刘良佐老羞成怒，挥军强攻，一时火箭齐发，杀声震天。

但阎应元守城得法，指挥有方，刘良佐终是屡攻不下。

清朝亲王多铎闻知江阴久攻不下，先派恭顺王孔有德率所部兵协攻，又派贝勒博洛和贝勒尼堪带领满洲兵携红衣大炮前往攻城。

贝勒博洛率二十万大军来到江阴城下，命人绑缚明降将黄蜚、吴之葵到城下劝降。

阎应元在城楼俯视二降将，痛叱道："败军之将，被擒不速死，奚喋喋为！"

吴之葵再拜泣下，黄蜚默默无语。

博洛见阎应元义不可动，发起总攻，以竹笼盛火炮，鼓吹前迎，炮手披红挂彩，轮番攻城不息。

阎应元指挥防御，浴血奋战。

这场攻防战历时八十一天，可谓惊天地、泣鬼神。

阎应元以弱抗强，以寡敌众，机变百出，计谋用尽，诈降、偷营、火攻、钉炮眼、草人借箭、登陴楚歌……击杀清军数万人，重挫了清军锐气，钳制了清军主力南下，推动了各地的抗清斗争。

邵长蘅所写《阎典史传》记："凡攻守八十一日，大军围城者二十四万，死者六万七千，巷战死者又七千，凡损卒七万五千有奇。"

而与清军搏杀的江阴军民，不过六万余人而已。

江阴城最终陷落于中秋节后的第七日。

《明季南略》记，城陷前"城中益急，人人有必死之志。中秋，家家畅饮，如生祭然"。

城破之时，阎应元端坐于东城敌楼之上，看见事急，目眦尽裂，下城，向人索笔，在城门上题："八十日带发效忠，表太祖十七朝人物，十万人同心死义，留大明三百里江山。"

题讫，带着千人上马与清兵展开巷战，力尽被俘。

在清贝勒博洛等人跟前，阎应元拒不下跪，胫骨被刺穿，"血涌沸而仆"，壮烈牺牲。

清军进行疯狂屠城，百姓或力战到底，或坦然就义，都以先死为幸，妇女多忠义贞烈，投河而死。七岁孩童皆毅然就义，无一人顺从。

两日后，清军封刀，城内百姓仅剩"大小五十三人"而已。

近世有这样一种声音，说阎应元和陈明遇等人没有辨清形势、没有顺应历史发展潮流，逆时而动，带头生事，负隅顽抗，从而招致了清军的疯狂大屠杀，连累了满城无辜百姓。

江阴被屠后不久，被南明士绅拥戴起来的隆武帝知此事，泪如雨下，顾喟左右："吾家子孙遇江阴人，虽三尺童子，亦当加敬也！"

阎应元江阴守城事分见于《明史》《清史稿》《通鉴辑览明季编年》《小腆纪年》《随园诗话》《明季南略》《南天痕》《圣安本纪》《三藩纪事本末》《续明纪事本末》《畿辅通志》《钦定胜朝殉节诸臣录》《清朝通志》《鹿樵纪闻》《明季三朝野史》《明季遗闻》《南疆绎史》《江阴守城纪》《江阴城守后纪》《蕉轩随录》《爝火录》《东山国语》《清稗类钞》《江上遗闻》等书。

很长一段时间，整个江阴地区的人对清朝采取了不合作态度：不当清朝的官，不应清朝的举。

一百三十年后，乾隆帝为了安抚江阴百姓，实施怀柔政策，给阎应元修祠，主动示好，对阎应元和陈明遇分别赐谥"忠烈""烈愍"。

江阴地区的怨气才稍稍消减，局面才有了改观。

《江阴城守后纪》记："阎应元躯干丰硕，双眉卓竖，目细而长曲，面赤有须。每次巡城，身边有一人执大刀跟随左右，颇有云长再生之感。清兵望见，以为天神。"

闯王在世时名声不显，后来大放异彩的郝摇旗

郝摇旗在姚雪垠的长篇小说《李自成》中是一个非常光彩夺目的人物。

打个不是很恰当的比喻，如果把李自成比喻为刘备，那么刘宗敏就是关羽，则郝摇旗就是张飞。

当然，诚如上面提到的，这个比喻是不恰当的。因为姚雪垠在创作过程中，有意避开传统演义小说的套路，更多地融入现代写作手法，全面、立体地刻画人物形象。

但不管如何，从这个比喻里，我们可以知道，郝摇旗是李自成阵营里一员很重要的战将。"《李自成》迷"喜欢把他与刘宗敏、李过、田见秀、高一功并列为李自成座下五虎将。

按照小说上写的，郝摇旗本名叫郝永忠，是老闯王高迎祥亲手提拔起来的猛将，在一次战斗中，义军在官兵的围攻下死伤惨重，阵地动摇，郝摇旗一怒之下，虎目圆睁，夺过闯王身边掌旗官的"闯"字大旗，摇旗呐喊，奋不顾身，冲入官兵阵中。这么一来，义军军心迅速稳定，跟着他向前冲杀，一下子就扭转了战场局面，把官兵杀得落花流水。"郝摇旗"的绰号从此响彻全军。

老闯王高迎祥牺牲后，义军大权被他的女婿李自成接管。郝摇旗为人粗鲁，又和张飞一样好酒贪杯，屡屡误事，李自成不敢委其大任。而当义军被困潼关南原时，郝摇旗为了自己可以轻装突围，竟学楚霸王项羽，要杀爱妻张瑞莲。郝摇旗此事做得不地道，被李自成夫人高桂英痛责，此后再也得不到重用。直到李自成战死九宫山，郝摇旗这才重新崛起，和李过、高一功撑起反清复明大旗奋战在第一线，最后在攻打四川巫山时壮烈牺牲。

毫无疑问，小说把郝摇旗的勇猛形象塑造得非常成功，简直是栩栩如生、呼之欲出。

但小说大多是虚构的。

首先，老闯王高迎祥和新闯王李自成并非从属关系，两人分属不同

系统的两支义军，在造反的道路上并无太多交集。李自成的第三任夫人姓高，只是巧合，与高迎祥没半毛钱关系。而且，史书上只记李自成的第三任夫人姓高，至于叫什么名，没有交代。"高桂英"这个名字是姚雪垠化用《杨门女将》中著名的巾帼英雄穆桂英而来。

其次，郝摇旗本名叫什么，史料也同样无从考证，至于"郝永忠"之名，是李自成死后，郝摇旗投入南明督师何腾蛟帐下，为南明隆武帝所赐。当时，一同被隆武帝赐名的还有李过、高一功。李过被赐名"李赤心"，高一功被赐名"高必正"。高夫人被封为"一品贞义夫人"。郝摇旗能在青史上留名，也是从投身南明之后开始的。在早年大顺军中，他地位很低，只是偏裨之将，没人知道他原来的名字就是这个原因，由于在军中担任大旗手，被称为郝摇旗。

长篇小说《李自成》着重写李自成的造反事业，因此，书中关于郝摇旗的英雄事迹，全属子虚乌有。

不过，研究南明史料，我们会发现，在南明抗清波澜壮阔的斗争中，郝摇旗也真称得上一个时代的猛人。

话说郝摇旗自得隆武帝赐名永忠后，便成为何腾蛟手下最为得力的干将，授援剿右部总兵官都督同知。

1647年春，清孔有德等部入湘，何腾蛟手下十三镇兵马一溃千里，长沙、衡州、常德先后失守。

郝永忠受何腾蛟之命入闽迎接隆武帝入赣，但到达郴州时，隆武帝已然遇难。

当清军席卷而来，郝永忠兵单势孤，只好且走且战，由郴州撤至桂阳州，由桂阳州撤至永州，又由永州撤至道州，最后从道州退入广西。

这时候，南明皇帝已经换成了永历帝，郝永忠也已被遥封为南安侯。

可是，留守桂林大学士瞿式耜和两广总督于元烨等人质疑郝永忠的身份，说他是"闯贼"的部将，贼性不改，怀疑他入广西是居心叵测、想要对广西图谋不轨。

听说郝永忠的部队来了，他们便四下调兵遣将，准备将郝永忠的部队堵截在广西境外。不过，仓促之间，广西根本集结不起成型的队伍，而郝永忠的部队已穿过兴安、灵川，往桂林而来。

于元烨下令关闭桂林城门，把郝永忠拒之门外，并继续筹集队伍，想将郝永忠的部队剿杀在桂林城下。

不过，于元烨筹来筹去，只筹到督镇标将马之骥手下的数百兵员，无法与郝永忠的三四万之众相抗衡，仗最终没打起来。

郝永忠的部队到了桂林城下，看见桂林城门四闭，约略揣度到了城里的歧视眼光，便派在南下途中收入营中的通山王朱蕴钎、东安王朱盛蒗、督饷金都御史萧琦（后改名萧如韩）、司礼太监王坤等人进入桂林，请求开门。

于元烨固执己见，坚决拒绝郝部入城。

郝永忠被惹急了，率军兵迫桂林城下，摆出攻打的架势。

尽管瞿式耜和于元烨一样反感郝永忠，但他毕竟是一个有大局观的人，知道如若一味排斥，势必会引发祸乱，决定出城。

瞿式耜甫一出城，远远便见郝营上下将士下马避道，遍地罗拜，遂知问题可以解决了。

当日，郝永忠进城，在瞿式耜举行的宴会上与于元烨一笑而叙契阔。

不过，瞿式耜等人对郝永忠的防范心理并没有完全解除，仍不许郝永忠的军队入城，并故意扣发粮饷。

郝永忠为了不让部下发生哗变，只好在桂林一带打粮索饷，搞得民间怨声四起。

瞿式耜等人又暗中指使桂林乡村居民立团聚保，与郝兵对抗。

郝永忠明知是瞿式耜等人捣的鬼，但一心为国，没有翻脸，勉力支撑局面。

十一月，清怀顺王耿仲明、总督佟养和领兵大举进攻广西全州。

瞿式耜等人惊慌失措，不能自持。

沧海横流，方显英雄本色。

危难当前，一直活在桂林人民唾骂声中的郝永忠部发挥了中流砥柱的作用。

郝永忠亲率大军出灌恢道，一面发偏师扼守灌阳，一面亲统主力星驰全州。

十一月十三日，郝永忠于全州城外二十余里的脚山列开阵势迎敌。

等清军的注意力被吸引到脚山，郝永忠虎胆雄心，率精锐由小路包抄全州城北关。

清军的大营正扎在北门，郝永忠身先士卒，率标镇马骑直冲虏营。

在这次战斗中，清军组成主要是由辽东汉人组成的"汉八旗"，属于清军中的"第二精锐"，战斗力仅次于正宗的"满八旗"。

但郝永忠豪气冲天，殊无惧色，一马当先，酣呼"杀贼"，士兵受此激励，无不奋勇争先。几个回合下来，清军奔溃北走。

郝永忠挥军追杀了三十里，杀虏千余级，生擒两名清将，夺大西马三百余匹，小马无算，火炮、弓箭、衣甲、器械不计其数。

战斗结束，尽管对郝永忠抱有成见，瞿式耜也不得不在向永历帝奏捷疏中心悦诚服地赞道："南安侯郝永忠诚不愧标名麟阁。"

驻跸于柳州的永历帝览此奏捷疏，将首功记在郝永忠名下，由衷称赞"全阳奇捷，真中兴战功第一"。

郝永忠虽建奇功，但始终受到戴着有色眼镜的瞿式耜等人的质疑。而南明就在这样无休止的内耗中一点点垮台。

1648年，郝永忠不堪南明官员的排挤，退回荆、襄（今湖北省荆州市和襄樊市）山区，扼守房县（今湖北省房县，位鄂西北）、竹山（今房县西北）一带，转战于两湖和四川之间。1663年，在进攻四川巫山（川东奉节县东）中，被清军俘获，宁死不屈，壮烈牺牲，不负隆武帝所赐"永忠"之名。

明朝的灭亡，竟以李自成家族的覆灭而告终

在传统的说法里，明朝的灭亡时间是公元1644年。

这一年，是黄历（黄帝纪年）4342年，也是大明崇祯十七年。

如果以天干地支纪年的话，属于甲申年。

甲申年的正月初一，草莽大英雄李自成在西安草即位诏，宣布建国，国号大顺，改元永昌。正月初八，大顺军自西安出发，东渡黄河，兵分两路，直扑北京。

三月十八日，李自成挥师攻破北京城；三月十九日，大明崇祯皇帝

自缢于内苑煤山。

史学家因此宣布延续和发展了二百七十六年的大明王朝到此终结。

这里的史学家指的是由清朝组织编写的《明史》的编修班子成员。

清廷是在公元1644年入关的，才一入关，就计划编修《明史》；次年（1645），正式开始编纂。

表现得这么猴急，是因为清政府在中国立足未稳，编写出《明史》，即可以向天下宣告：明朝已经灭亡，无知民众就不要再白费力气地做抵抗新朝的傻事了，尽快放下武器，投入新朝建设中来。另外，灭亡大明王朝的人是李自成，天下应该群起而攻之！

可见，定1644年为大明王朝的终结时间，是一场赤裸裸的阴谋。

崇祯皇帝殉国后，明朝其实还先后出现了弘光、隆武、永历三帝。所以，在"反传统"的说法里，有主张以永历帝于1659年入缅作结束的，有主张以永历帝被俘杀作为结束的，有主张以李定国病死、部卒降清作结束的。

当然，最权威的"反传统"的说法，还是大史学家顾诚先生提出的，以康熙三年（1664）八月夔东抗清基地彻底覆灭作为明朝历史结束的标志。

顾诚先生认为，永历帝虽然在1662年被俘杀，但以明朝为正朔的夔东抗清复明运动仍在继续，他们有永历朝廷委派的全权代表，有相当可观的旗帜鲜明的军队，有永历朝廷委派的总督、巡抚，关南道、大宁、兴山等县地方政权，他们在维护和行使着明朝的制度。

说到夔东地区的抗清活动，就不能不提一个人——永历帝所封的临国公李来亨。

李来亨可是李自成的侄孙！

且说，李自成攻陷北京后不久，大奸贼吴三桂引清兵入关，李自成在山海关一片石失利，一路败退，丢掉了刚刚到手的北京，丢掉了大本营西安，最后在九宫山遇袭身亡。大顺军余部在李来亨的养父李过的统领下，归顺了明朝，抵御清朝。

隆武帝赐李过名为赤心，将部队改编为"忠贞营"。

李赤心带领"忠贞营"的兄弟在湖南、广西一带坚持抗清，并在围攻荆州的战役中给清廷造成了极大麻烦。

为此，清朝多次派人对李赤心进行招降。

李赤心意志坚定，毁书斩使，与清廷誓不两立。

李赤心病逝后，李来亨继承了他的事业，依然高举抗清大旗。

可惜，永历政府内部发生了矛盾，永历朝第一权臣孙可望原是张献忠养子，野心勃勃，大斥异己，攻打"忠贞营"。

无奈，李来亨率军队辗转来到湖北省兴山县的茅麓山地区，与其他抗清队伍相融合，汇集成为"夔东十三家"。

茅麓山遂成抗清的一大根据地。

1658 年，清军大举进攻云南、贵州。为了牵制清军，李来亨两次率领"夔东十三家"围攻重庆地区，因有人叛变，最终功败垂成。

1662 年，永历帝被大汉奸俘杀，南明的抗清运动已趋近尾声，茅麓山地区成了大陆上最后一个抗清根据地。

李来亨仍然以大无畏的气概抗击清军，与三省清军和增援的满洲八旗兵共达十万强敌周旋了一年多。

可以说，清政府为摧毁茅麓山这一弹丸之地付出了极其巨大的代价。

1644 年 8 月，茅麓山寨内粮食已经全部吃完了。

李来亨选择了一种残酷的方式来告别这个世界：他先把妻子杀死，放火烧毁房屋，然后自缢而死。

李赤心、李来亨父子在抗击外来强敌的行动和决心上，表现出了威武不能屈的勃勃斗志。

很多人也没有想到，李自成反明、灭明，但明朝最终却是以李自成家族的覆灭而画上句号的。